AF511209

Edition Bauhaus 63

Mitteldeutscher
Verlag

Friedrich Engemann

Vom Bauhauslehrer zum Burgdozenten

Herausgegeben
von der
Stiftung Bauhaus Dessau

Text: Lutz Schöbe
mit Beiträgen von
Angela Dolgner und
Andreas Butter

Inhalt

Anhang

Vorwort

Der Architekt und Formgestalter Friedrich Karl Engemann (1898–1970) gehört zu den weniger bekannten Vertretern des Bauhauses. Zu Unrecht, denn er verdient aus mehreren Gründen Interesse: Da ist sein schneller Aufstieg vom Studenten zum Vertreter des Bauhausdirektors zu nennen; hinzu kommen seine bis in die NS-Zeit andauernde Einbindung in Lehrinstitutionen der Stadt Dessau, seine prägende Rolle für die Architekturlehre und Formgestaltung in der DDR und nicht zuletzt ein eigenständiges Werk. Dieses Schaffen, das eine Brücke zwischen avantgardistischer, wissenschaftsorientierter Herangehensweise und den Erfahrungswerten des Bauhandwerkers schlug, ist in wesentlichen Zügen in einem Entwurfsnachlass überliefert. Die Auswertung dieses Konvoluts bildet den Ausgangspunkt für die vorliegende Publikation.

Am Bauhaus wurden in der kurzen Zeitspanne von vierzehn Jahren wesentliche Grundlagen des modernen Designs erarbeitet. Die Herausbildung eines neuen Menschen für eine neue Gesellschaft in Verbindung mit einer ästhetischen und sozialen Synthesevorstellung gehörte zu den fundamentalen Zielsetzungen der Institution. Das Herzstück der Lehre war die praktische Arbeit in den Werkstätten. Abgesehen von der grundsätzlichen Ausrichtung, die von den Direktoren ausging, bestimmten in Weimar die Form- und Werkmeister und in Dessau – mit der Ernennung zur Hochschule für Gestaltung – nunmehr Professoren die künstlerische und handwerkliche Grundlagenausbildung. Internationale Bekanntheit erlangten dabei über die Rezeption schillernde Namen wie Wassily Kandinsky, Paul Klee, Josef Albers, Gunta Stölzl, Marianne Brandt oder László Moholy-Nagy. Nicht aber die zweite Reihe.

Daneben aber gab es zahlreiche begleitende Lehrangebote in Basisfächern, sowohl als Bestandteil der Vorlehre als auch im Unterricht in den Werkstätten bzw. in den fortgeschrittenen Semestern. Sie wurden bisher in der Forschung kaum behandelt. Dieser Unterricht war teils obligatorisch, teils fakultativ und wurde in Naturwissenschaften, Psychologie, Soziologie, Bau- und Ingenieurwissenschaften, Ökonomie usw. von hauptamtlichen, mehr jedoch von nebenamtlichen Lehrkräften und Gastdozenten erteilt. Diese stehen oft im Schatten der prominenten Meister, obgleich sie nicht unwesentlich Einfluss auf das Selbstverständnis und die Selbstverständigung der Frauen und Männer am Bauhaus ausübten und durch ihren Lehranteil eigenständig zur Verwirklichung der Institutsziele, besonders im Bereich der beruflichen Bildung, beitrugen.

Zu jenen Bauhauslehrern der zweiten Reihe gehörte der Gewerbeoberlehrer Friedrich Engemann. Mit umfassender handwerklicher und pädagogischer Ausbildung wurde er 1928 Mitglied der Bauhausgemeinschaft, wo er zunächst ein Studium aufnahm und schließlich als Lehrer und Meister bis in die Leitungsebene aufstieg. Nach dem Krieg bestimmte Engemann wesentlich die Entwicklung der Hochschule auf der Burg Giebichenstein in Halle (Saale) (heute: Burg

Giebichenstein Kunsthochschule Halle), eine Institution, die unter wechselndem Namen und nicht ohne Konflikte die Formgestaltung in der DDR prägte.

Es sind nur wenige Unterlagen überliefert, die Engemanns vielfältiges Wirken als Lehrer und Architekt belegen. Dokumente und Materialien, die über seine beinahe zwanzig Jahre umspannende Tätigkeit an der Burg Giebichenstein Auskunft geben könnten, sind verschollen. Lediglich der im Familienbesitz verbliebene Nachlass des ehemaligen Bauhauslehrers konnte 1994 in die Sammlung der Stiftung Bauhaus Dessau integriert werden. Er umfasst Übungen, die Engemann während seines Bauhausstudiums anfertigte, eine Vielzahl von administrativen Dokumenten sowie Entwurfszeichnungen für Architektur, Möbel, Inneneinrichtungen und Design. Nahezu gänzlich fehlen in diesem Bestand Informationen über Engemanns vielfältige pädagogische Aktivitäten.

Von besonderem dokumentarischem Wert sind Protokolle der Bauhauskonferenzen und der Beiratssitzungen (des damaligen Verwaltungsrates), an denen Engemann als Lehrkraft und gewähltes Mitglied teilnahm. Aufschlussreich ist der erhaltene Schriftverkehr zwischen ihm und einigen Bauhäusler*innen sowie die Korrespondenz mit dem Sekretariat des Bauhausdirektors in Studienangelegenheiten, Vorbereitungen zum Unterricht usw. Aus den Materialien geht unter anderem hervor, dass Engemann sowohl in der Ära Hannes Meyer und mehr noch unter dem Direktorat Ludwig Mies van der Rohes das Vertrauen der Bauhausleitung genoss und an der berufspädagogisch-didaktischen Ausrichtung der Institution in Dessau und Berlin wesentlich beteiligt war. Da Mies van der Rohe ihm vertraute, sein Engagement und seine Fachkompetenz offenbar schätzte, ließ er sich zeitweise von Engemann vertreten und befugte diesen außerdem, in den Sommermonaten, kurz vor Schließung der Schule in Dessau, an seiner Stelle Bauhauszeugnisse abzuzeichnen.[1] Als hauptamtlicher Mitarbeiter der gewerblichen Berufsschule repräsentierte Engemann in dieser für das Bauhaus krisenhaften Situation zudem die Bindung an eine angesehene städtische Einrichtung.[2]

Die relativ dünne Quellenlage mag ein wesentlicher Grund dafür sein, dass Engemanns Leistungen erst in jüngster Zeit mehr Aufmerksamkeit zuteil wird. Die Bauhausforschung scheint außerdem den Einfluss des außerkünstlerischen, praxisnahen und berufsbildenden Unterrichts im Allgemeinen sowie der Protagonist*innen der zweiten Reihe im Besonderen zu unterschätzen.

Der Unterricht, den Engemann in Fächern wie Darstellende Geometrie, Technische Mechanik, Bau- und Ausbaukonstruktion sowie im Konstruktiven Entwerfen gab, ist heute, mangels Belegen, im Detail nur schwer zu rekonstruieren. Der Bauhausschüler Hans Keßler berichtet: „bei den bau- und ausbaukonstruktionen geht engemann wissenschaftlich vor; hier kommen nicht eitle erwägungen zur sprache, ob flachdach oder steildach, holzskelettbau oder massivbau ‚erlaubt' sei, nach dem zweck einer sache wird gefragt, und was diesen zweck erfüllt, ist gut."[3] Erhalten sind einige Lehrtafeln sowie studentische Architektur- und Möbelentwürfe, die unter seiner Aufsicht erarbeitet wurden und einen für vielfältige Zugänge offenen Gestaltungsansatz erkennen lassen. Engemann stand in engem Austausch mit anderen Bauhausangehörigen, Lehrenden ebenso wie Studierenden, die ihn in seinem Wohnhaus besuchten.

Zahlreiche Möbel- und Architekturentwürfe lassen Engemanns Qualitäten als Architekt erkennen. Die Spanne umfasst Entwürfe im Geist der strikten Sachlichkeit und kompromisslosen Funktionalität der Bauhausproduktion unter Hannes Meyer (aus der Zeit um 1929/30), zurückgenommen moderne Gestaltungslösungen bis hin zu Formauffassungen in den späteren 1930er Jahren, die das Handwerkliche der Herstellung zu betonen suchten. Der komplexe Gestaltungsansatz Engemanns, der Anfang der 1930er Jahre (unter der Leitung Ludwig Mies van der Rohes) die weitere Spezialisierung der Bauhauswerkstätten entsprechend der Erfordernisse der Architektur mittrug, ist an seinem eigenen Wohnhaus nachvollziehbar. Er entwarf es 1929/30 samt Inneneinrichtung, und es entstand unter Beteiligung einzelner Schüler in den Bauhauswerkstätten.

Im Nachlass von Friedrich Engemann finden sich auch Zeugnisse, die seine Tätigkeit nach 1945 beleuchten, so zum Wiederbelebungsversuch des Bauhauses durch Hubert Hoffmann, Engemann selbst und weitere ehemalige Bauhausangehörige. Hinzu kommen Dokumente, die Engemann als streitbaren Lehrer und Mitgestalter der Entwicklung der traditionsreichen Burg Giebichenstein in Halle ausweisen. Dieser Teil des Nachlasses ist allerdings nur rudimentär fassbar und bedingt geeignet, Engemanns Rolle bei der Entwicklung von Architektur und Formgestaltung in der DDR durch eigene praktische Entwurfsleistungen, über die Lehre, als Organisator und Verantwortlicher in vielen Ämtern und gesellschaftlichen Positionen zu vermitteln.

Wenngleich mit der vorliegenden Arbeit eine erste, noch lückenhafte Untersuchung des Wirkens von Friedrich Engemann in Dessau und Halle in Angriff genommen wird, geht es nicht um seine Eingliederung in eine „Heroengeschichte" des Bauhauses.[4] Der Schwerpunkt liegt darauf, einen Einblick in die Einflüsse und das facettenreiche Leben des Gestalters und Lehrers Engemann zu geben und in eine Biografie, die über eine kurze, aber folgenreiche Zeitspanne mit dem Bauhaus verknüpft war. Daneben war Engemann an zwei weiteren Dessauer Bildungseinrichtungen mit Ausrichtung auf das Bauen tätig, Institutionen, die mit dem Bauhaus in einem nicht immer spannungsfreien Verhältnis standen. Engemanns Rolle in diesen unterschiedlichen Umgebungen wirft ein neues Licht auf diesen bislang meist ausgeblendeten Aspekt der Bauhausgeschichte.

Der wichtigste Schlüssel zum Verständnis von Engemanns Ambitionen liegt in den Gestaltungen selbst, von denen hier erstmals eine Auswahl publiziert wird. Das Anliegen dieses Bandes liegt vor allem darin, die sich hierin abzeichnenden widersprüchlichen Haltungen besser zu verstehen. Sie waren das Ergebnis von Wandlungen, die im Bauhauskontext – man schaue sich nur Richard Paulick an[5] – durchaus keinen Einzelfall darstellen, deren stärkere Gewichtung aber den historischen Befund schärfen wird.

Zu danken ist Christine Engemann, Dessau, für die Übertragung der Rechte am Werk von Friedrich Engemann und für die Unterstützung des Projekts. Die langjährige Leiterin des Archivs der Burg Giebichenstein Kunsthochschule Halle, die Architektin und Kunsthistorikerin Dr. Angela Dolgner, hat dankenswerterweise einen Beitrag zum Wirken Engemanns an der Burg Giebichenstein erarbeitet. Der Kunsthistoriker und ausgewiesene Kenner der Architekturgeschichte der DDR Dr. Andreas Butter steuerte einen Beitrag zum Haus Lott in Möst bei. Außerdem danke ich den Mitarbeiter*innen der Sammlung sowie des Archivs der Stiftung Bauhaus Dessau, Wolfgang Thöner, Dr. Sylvia Ziegner, Rüdiger Messerschmidt sowie Silvia Eigler, für ihre Zuarbeit. Als außerordentlich hilfreich erwies sich der kooperative Kontakt zu Doreen Frauendorf vom Archiv der Burg Giebichenstein Kunsthochschule Halle.

Lutz Schöbe

1
Im Protokoll der Beiratssitzung vom 2.7.1932 heißt es: „Herr Engemann vertritt Mies van der Rohe während der Ferien im Sommer 1932." SBD, Inv.-Nr.: I 8378/1-3 D.

2
Die Technischen Lehranstalten waren aus der in der Bürgerschaft verankerten Kunstgewerbeschule hervorgegangen. Vgl. Elisabeth Kremer, Unsichtbare Orte. Das Bauhaus in Dessau. Kat. zur Freiraumausstellung der Stadt Dessau-Roßlau in Kooperation mit der Stiftung Bauhaus Dessau zum 100. Bauhausjubiläum, Dessau 2019.

3
Hans Keßler, Brief an seine Mutter vom 20.11.1931, in: Hans Keßler, Die letzten zwei Jahre des Bauhauses, Berlin 2013, S. 32.

4
Vgl. Anja Baumhoff/Magdalena Droste (Hg.), Mythos Bauhaus, Berlin 2009.

5
Thomas Flierl (Hg.), Bauhaus, Shanghai, Stalinallee, Ha-Neu: Der Lebensweg des Architekten Richard Paulick 1903–1979. Begleitbuch zur Wanderausstellung (Gegenstand und Raum, Neue Folge; Nr. 1). Berlin 2020.

Abb. 1
Friedrich Engemann und seine Frau Alma-Else in einem Hanomag vor ihrem nach eigenen Plänen erbauten Haus im Dessauer Fischereiweg

Aufbruch in die Moderne

Abb. 2
Friedrich Engemann als Junge (Mitte, xx) auf der Baustelle der Schule in Meuselwitz, 1912

1912

Friedrich Karl Engemann wurde am 13. Mai 1898 als Sohn von Wilhelm Engemann und seiner Frau Emma geb. Richter als eines von fünf Geschwistern geboren. Er kam in Meuselwitz (obersorbisch Mysłecy) zwischen Bautzen und Görlitz zur Welt. Damals zählte das Waldhufendorf, das heute zur Stadt Reichenbach gehört, knapp 430 Einwohner*innen.

Der Vater war Zimmermann, und so stand dem Jungen von Anfang an die Arbeit an einer hochentwickelten Volksbauweise vor Augen: Typisch für die Lausitz sind die Umgebindehäuser, eine Kombination aus Fachwerk- und Massivbauweise, die sich durch hohe Stabilität auszeichnet. Nach der Volksschule erlernte Friedrich Engemann, bis 1915, den Beruf des Maurers im Baugeschäft Öhmichen im nahe gelegenen Reichenbach. Anschließend verdingte er sich als Maschinenarbeiter in der Waggonfabrik Görlitz. Mit achtzehn Jahren wurde er 1916 zum Kriegsdienst einberufen und kämpfte als Musketier an der Westfront.

Als er 1919 körperlich unversehrt zurückkehrte, strebte er eine höhere Berufsausbildung an der 1894 gegründeten Staatlichen Baugewerkschule Görlitz an. Diese Schule war aus der 1836 gegründeten königlich-sächsischen Gewerbeschule hervorgegangen und hatte das Recht, Ingenieurpatente zu verleihen. In den Abteilungen Hoch- und Tiefbau unterrichteten hier hauptsächlich Architekten, Baumeister und Ingenieure in den Fächern Entwerfen, Veranschlagen, Zeichnen, Perspektive, Statik, Baukonstruktion, Baustofflehre, aber auch Modellieren, Naturkunde und dem gerade eingeführten Fach Staatsbürgerkunde[1]. Übliche Prüfungsaufgaben waren, nach streng limitierter Arbeitszeit, der Entwurf frei stehender Einfamilienhäuser, die Konstruktion von Gewölben und Treppen, Füllungstüren, Mansardendachstühlen usw.[2] Engemann absolvierte hier zwischen 1919 und 1922 – als einer von circa 340 Schüler*innen – fünf Semester und hatte anschließend die Option, selbstständig als Baugewerkmeister, angestellter Bautechniker oder Baubeamter zu arbeiten. Zugleich eröffnete sich ihm die Möglichkeit, an einer Akademie oder technischen Hochschule den Architektenberuf zu erlernen und damit einem Wunsch seines Vaters zu entsprechen.[3]

1 Die Forderung nach einer staatsbürgerlichen Lehrerbildung war 1919 in die Weimarer Verfassung aufgenommen und zunehmend im Sinn der Vermittlung einer republikanischen Haltung umgesetzt worden. Matthias Busch, Demokratielernen in der Weimarer Republik, in: Aus Politik und Zeitgeschichte, 27.3.2020, https://www.bpb.de/shop/zeitschriften/apuz/306962/demokratielernen-in-der-weimarer-republik/.

2 Staatliche Baugewerkschule in Görlitz, Jahresbericht Nr. 26, Schuljahr 1919, Ratsarchiv Görlitz, Nr. 1225.

3 Friedrich Engemann, handschriftlicher Lebenslauf, o. J., SBD, Inv.-Nr.: I 8725 D.

Abb. 3
Friedrich Engemann (unten rechts) als Soldat im ersten Weltkrieg, 1916/18

Abb. 4
Prüfungsklasse mit Friedrich Engemann (unten, Dritter von links) vor der Staatlichen Baugewerkschule Görlitz, 1922

Von der Baupraxis in die Gewerbeakademie

Friedrich Engemann blieb zunächst im Baufach tätig und absolvierte ein praktisches Jahr im Architekturbüro von Alfred Hentschel (1880–1954) in Görlitz. Hentschel, Absolvent der Gewerbeakademie Chemnitz, übernahm Aufträge hauptsächlich im Bereich Industriebau, aber auch für Geschäftshäuser und verschiedene Formate von Wohnbauten.

Im Industriebau übte Engemann das auf eine technische Funktion bezogene Bauen ein. Hentschel plante zumeist Hallen mit flachen Sattel- und Pultdächern in Stahlbeton- und solche mit Sheddächern in Stahlkonstruktion, die Fassaden als Ziegelrohbau oder verputzt. Konstruktiv notwendige Bauteile wurden nicht versteckt, sondern bewusst nach außen gezeigt. Pfeilervorlagen und Rücksprünge fassen die zumeist großen Fenster und Belichtungsflächen, die gelegentlich auch als Oberlicht gestaltet sind. Die Bauten des Büros zeichnen sich durch Sockelausbildungen, die Verwendung großer Fenster und die Betonung der Eingänge aus. In der Gestaltung der oberen Giebelbereiche der Hallen, in den Dachgestaltungen der Wohnbauten usw. finden sich Reminiszenzen an die Vergangenheit oder den Bauherrn.

Zu Hentschels bedeutendsten Bauten aus den frühen 1920er Jahren, als Engemann bei ihm arbeitete, zählen die Berlin-Gubener Hutfabrik, die Engemann zeitweise als Architekt vor Ort betreute, die Mechanische Weberei Kosak in Sorau, ebenfalls in Engemanns Aufgabenbereich, ein Bankneubau (1923) und ganze Quartierbebauungen mit mehrgeschossigen Wohnhäusern in Görlitz sowie Einfamilienhäuser und Villen.[4]

Über seine Tätigkeit bei Hentschel, der dem jungen Architekten anspruchsvolle Aufgaben anvertraute, schrieb Engemann später: „Ich kann nicht leugnen, dass mich diese Tätigkeit des Gestaltens und Bauens aus dem Vollen heraus begeisterte. Aber alle diese Landhäuser, Verwaltungsgebäude, Fabrikpaläste und Bauten, so sehr sie auch architektonisch reizten, sie waren nicht das, was ich eigentlich wollte. Ein Winkel meines Herzens blieb unausgefüllt.“[5] Was ihn besonders bewegte, war der unmittelbare Umgang mit jungen Menschen: „Es war wohl kein Zufall, dass ich des Abends oft in die Berufsschule ging, wo ich mich meist still beobachtend in die Klasse eines mir bekannten Lehrers setzte, zwischen dieser Jugend, der ich mich besonders nahe fühlte.“[6] Deshalb bemühte er sich, ausgerüstet mit praktischen Erfahrungen, um eine Weiterbildung im theoretisch-pädagogischen Sektor der Berufsausbildung und bewarb sich an der Gewerbeakademie in Chemnitz um die Aufnahme in die berufspädagogische Abteilung. Er studierte ein Jahr lang „unter besonderer Berücksichtigung der pädagogischen und volkswirtschaftlichen Fächer“ sowie bei „voller Belegung des Unterrichtsprogrammes der Fachrichtung Metallgewerbe“. Als er am 21. Februar 1924 die Staatsprüfung als Gewerbelehrer mit „gut“ abschloss, war er zum ersten Mal in seinem Leben, wie er später feststellte, mit sich selbst zufrieden.[7]

4
Heinz Noack, Der Architekt und Baumeister Alfred Hentschel, in: Denkmalpflege in Görlitz. Eine Schriftenreihe, Heft 11, 2002.

5
Friedrich Engemann, handschriftlicher Lebenslauf, o. J., SBD, Inv.-Nr.: I 8725 D.

6
Ebd.

7
Übersicht Bewerbung Engemann, o. J., 1931, SBD, Inv.-Nr.: I 17226 D und Friedrich Engemann, handschriftlicher Lebenslauf, o. J., SBD, Inv.-Nr.: I 8725 D.

Als Berufsschullehrer noch einmal Student

Im Jahr 1923 erreichte die Inflation in Deutschland ihren Höhepunkt. Die wirtschaftliche Lage war schlecht und wirkte sich dementsprechend auf den Alltag der Bevölkerung aus. Engemann unterrichtete in den folgenden Jahren als Gewerbeoberlehrer an den Berufsschulen in Görlitz, Geringswalde und schließlich in Dessau. Sein Lehrspektrum bezog sich auf den „Gesamtunterricht", der die Fächer Staatsbürgerkunde, Fachkunde, Zeichnen, Rechnen, Geschäftsaufsatz, Buchführung in allen Stufen der Bau-, Holz- und Metallgewerbeklassen für „schmückende Berufe, Ungelernte und Mädchen" einschloss.[8]

Zunächst aber war er 1924 nach Görlitz zurückgekehrt, wo er für zwei Jahre an der Gewerblichen Berufs- und Fachschule mit 28 Wochenstunden als Gewerbelehrer tätig war. Die Schule existierte damals schon über vierzig Jahre, pro Schuljahr besuchten sie 1670 Schüler und 99 Schülerinnen.[9] Engemanns Anstellung, anfangs als „Gewerbelehrer auf Probe", wurde möglich, weil 22 nebenamtlich beschäftigte Lehrkräfte bis Ende des Schuljahres 1923/24 ausgeschieden waren und die Stadt beschlossen hatte, zusätzlich zu den zwölf hauptamtlichen Lehrkräften drei Gewerbelehrerstellen einzurichten. Neben zwei „Flüchtlingslehrern aus Oberschlesien" erhielt Engemann die Stelle, die für die Tischlerausbildung zuständig war.[10] Später unterrichtete er in der dreistufigen Ausbildung alle Berufe des Baugewerbes und pflegte dabei weiterhin seine Vorliebe für die Tischlerklassen.[11]

Engemanns Entscheidung, in der Berufsausbildung zu arbeiten, fällt in eine Zeit, als die Entwicklung öffentlicher Berufsschulen forciert wurde. Damals hatte der Prozess begonnen, die den Volksschulen angeschlossenen Fortbildungsschulen in eigenständige Berufsschulen umzuwandeln. Zwischen 1923 und 1926 expandierte das Berufsschulsystem erheblich, die allgemeine Berufsschulpflicht wurde nach und nach umgesetzt. Dementsprechend bestand einen Bedarf an dafür ausgebildeten Lehrkräften. Die Berufsschule wurde zu einer Institution, vornehmlich für die urbane erwerbstätige männliche Jugend.[12] Ihren Höhepunkt erreichte die Entwicklung im Schuljahr 1928/29, während die Weltwirtschaftskrise Anfang der 1930er Jahre viele Berufsschulen existenziell in Schwierigkeiten brachte.[13]

Das wichtigste Ziel der Berufschulausbildung war es, durch spezifischen Unterricht die fachliche Ausbildung in technischer und pädagogischer Hinsicht zu ergänzen, da eine komplexe Ausbildung im jeweiligen Lehrbetrieb aus wirtschaftlichen und anderen Gründen nicht wirklich möglich war.[14] Man strebte daher ein Lehrkonzept an, das mit der Praxis auf der Baustelle und im Betrieb eng verflochten sein sollte. Teil des Konzepts war die Einrichtung von Schulwerkstätten, in denen Techniken und praktische Anwendungen geübt werden konnten. Gleichzeitig war die pädagogische Arbeit darauf ausgerichtet, Tugenden wie Pünktlichkeit, Sauberkeit, Ordnung und Unterordnung zu vermitteln und die Jugendlichen auf ihre Aufgaben in der Gesellschaft – mittels Staatsbürgerkunde – vorzubereiten.[15]

All dies war nur mit Lehrkräften zu verwirklichen, die befähigt waren, ein derart komplexes Ausbildungsprogramm in Theorie und Praxis gleichermaßen umzusetzen. Zu dieser Zeit unterrichteten Personen mit unterschiedlichster Vorbildung (Akademiker, Volksschullehrer und Handwerksmeister), die erfolgreich ein zweijähriges Gewerbelehrerseminar besucht hatten. Das neue Konzept sah eine Hochschulbildung an staatlichen berufspädagogischen Instituten für Gewerbelehrer*innen vor.[16]

Friedrich Engemann verschrieb sich der Aufgabe, einer jener lehrfreudigen Berufschullehrer mit fundiertem Fachwissen und guter Allgemeinbildung zu werden, dem die Ausbildung der ganzen Persönlichkeit am Herzen lag. „Der junge Mensch, in dem alles gärt und drängt, kann nicht allein ‚fachlich' abgefüttert werden"[17] – damit formulierte er ein Credo, das mehr oder weniger jenem im „Fachblatt für Holzarbeiter" 1928 gezeichneten Idealbild eines Lehrers entsprach, „welcher in dem von Jahr zu Jahr sich wenig ändernden Milieu am längsten die geistige Frische sich erhält, der das hundertmal Gesagte immer wieder anregend sagen kann, der bei einem wiederkehrenden Fehler, bei scheinbar unbesiegbarem Dösen der Schüler nicht die Geduld verliert, den Menschen immer wieder zu fassen sucht, um ihn zu interessieren."[18]

8
Übersicht Bewerbung Engemann, o. J., 1931, SBD, Inv.-Nr.: I 17226 D.

9
Jahresbericht der gewerblichen Berufsschule Görlitz: Schuljahr 1923/24, Ratsarchiv Görlitz, Nr. 1161.

10
Ebd.

11
Friedrich Engemann, handschriftlicher Lebenslauf, o. J., SBD, Inv.-Nr.: I 8725 D.

12
Vgl. Friedhelm Schütte, Berufserziehung zwischen Revolution und Nationalsozialismus, Weinheim 1992, S. 53, 157.

13
Vgl. Sabine Baabe-Meijer, Berufliche Bildung am Bauhaus, S. 122.

14
Vgl. Wolfgang Muth, Berufsausbildung in der Weimarer Republik, Stuttgart 1985, S. 539.

15
Ebd. S. 540.

16
Vgl. A. Blunck, Zur Frage der Gewerbelehrerausbildung, in: Fachblatt für Holzarbeiter, 23. Jg., 1928, S. 123/124.

17
Friedrich Engemann, handschriftlicher Lebenslauf, o. J., SBD, Inv.-Nr.: I 8725 D

18
Vgl. Blunck, Zur Frage der Gewerbelehrerausbildung, S. 126.

Um sich handwerklich weiterzuqualifizieren, nutzte Engemann neben seiner Tätigkeit als Gewerbelehrer an der gewerblichen Berufsschule in Görlitz die Möglichkeit der Weiterbildung in der örtlichen Bau- und Möbeltischlerei Becker und legte 1925 die Meisterprüfung im Tischlerhandwerk ab. Sein Meisterstück ist durch ein Foto überliefert. Es handelt sich um einen Schreibtisch in gründerzeitlicher Schwere, aber vereinfachten Formen. Der Stilmix entspricht dem konservativen Geschmack einer Übergangszeit: An den Frontpartien präsentieren sich zwei geschnitzte Füllhörner – ein Barockmotiv, hier mit expressivem Beiklang.

Zu dieser Zeit, mit 28 Jahren, hatte Engemann drei Berufe erlernt: Baugewerkmeister, Tischler und Gewerbelehrer. Er war dabei, eine Familie zu gründen und heiratete 1925 die aus der Lausitz stammende Alma Else Imboden (1901–1996).

Friedrich Engemann suchte offenbar nach Möglichkeiten, sich insbesondere ästhetisch weiterzuqualifizieren. Zu diesem Zweck begann er ein Studium an der Staatlichen Akademie für Kunstgewerbe in Dresden. Nach eigenen Angaben studierte er 1926/27 Pädagogisches Zeichnen bei Innenarchitekt und Möbeldesigner Professor Erich Zschiesche (1882–1970) sowie Kunstkritik bei Heinrich Goesch (1880–1930).[19] Der Kontakt zu Goesch barg das Potenzial, Engemanns Horizont beträchtlich zu erweitern. Eigentlich Historiker und Jurist, hatte Goesch ab 1915 eine kaum bekannte Theoriearbeit geleistet, die auch die Pädagogik berührte. Zusammen mit seinem Bruder, dem Architekten, Maler und Dichter der „Gläsernen Kette“, Paul Goesch (1885–1940), schuf er zudem ein „allgemein befindliches System der Ästhetik mit mathematischen Grundlagen“. Er war eine Ausnahmeerscheinung; der Schriftsteller Paul Fechter (1880–1958) beschrieb ihn als einen der „reichsten und seltsamsten Menschen aus der Zeit um 1900“.[20] Seine fachlichen wie persönlichen Bezüge brachten Engemann in Berührung mit der Psychoanalyse Sigmund Freuds (1856–1939), der Anthroposophie Rudolf Steiners (1861–1925), der Kunst von Georg Grosz (1893–1959) und Käthe Kollwitz (1867–1945).[21]

Die Zeit an der Dresdner Akademie war für Engemann reich an Impulsen. Gerade war der Maler, Innenarchitekt und Möbelgestalter Ernst Kropp (1880–1945) berufen worden, um eine Fachklasse für Möbel und Raumkunst zu unterrichten. Engemann schrieb sich in die Klasse ein[22] und kam nun mit einer Lehre in Kontakt, die im Technischen ansetzte, aber mit ihrem Pathos des „Wesens“ Parallelen zum frühen Bauhaus aufwies.

19 Friedrich Engemann, handschriftlicher Lebenslauf, o. J., SBD, Inv.-Nr.: I 8725 D.

20 Paul Fechter, Menschen und Zeiten. Begegnungen aus fünf Jahrzehnten, Gütersloh 1948, S. 248.

21 Heinrich Goesch war Schüler u. a. von Leonard Nelson, der den an mathematischer Exaktheit und Stringenz orientierten Kritizismus von Imanuel Kant fortführen wollte. Goesch war auch ein Freund des Psychoanalytikers und Anarchisten Otto Gross und zunächst Anhänger von Rudolf Steiners Anthroposophie. Mit Käthe Kollwitz stand Goesch spätestens seit 1906, dem Jahr seiner Heirat mit Gertrud Prengel, einer Kusine der Künstlerin, in freundschaftlichem Kontakt.

22 Freundlicher Hinweis von Dr. Natalia Kardinar, Archiv und Kustodie der Hochschule für Bildende Künste Dresden, Brief an den Autor vom 12.8.2005.

Abb. 5
Friedrich Engemann,
Schreibtisch, Meisterstück,
1925

Abb. 6
Alma Else geb. Imboden
und Friedrich Engemann,
um 1925

Ernst Kropp: „Wesensgestaltung der Dinge“

Kropp wurde nicht zuletzt wegen seines 1926 vom Deutschen Werkbund herausgegebenen und viel beachteten Buches „Wandlung der Form im XX. Jahrhundert“ zum Professor berufen. Zu seinen Lehrinhalten, mit denen sich auch Engemann befassen musste, kann man sich (trotz Verlust des Archivs der Staatlichen Akademie für Kunstgewerbe Dresden) anhand des Buches eine Vorstellung verschaffen. Kropp vertrat eine Lehre von der „starren Form“, zu der die Menschheit unter dem Einfluss der Technik übergehen würde. In Anlehnung an Gedanken von Wilhelm Worringer (1881–1965), Emil Preetorius (1883–1973) und Hermann Obrist (1862–1927) ließ Kropp sich von der Vorstellung leiten, dass die Naturdarstellung in der Kunst seiner Zeit zugunsten einer Hinwendung zur technischen Form zurücktreten würde. Auf deren Bedeutung hatten vor ihm bereits Friedrich Naumann (1860–1919) und Henry van de Velde (1863–1957) hingewiesen hatten. „In der Technik offenbart sich heute der Geist des neuen Lebens“, schreibt er in seinem mit Abbildungen von Luftschiffen, Flugzeugen, Ozeandampfern, U-Booten, Telegrafenstationen, aber auch von Seeigeln, Muscheln und Schildkrötenpanzern illustrierten Buch.[23] Kropp war einer der Ersten, die in der Technik Gestaltungsmöglichkeiten sahen, die über das rein Zweckmäßige hinausgingen. Für ihn war die zu seiner Zeit erreichte „technische Schönheit“ nur eine Vorstufe einer ganz neuen, durchaus belebten Form, die wiederum die Grundlage für die von der Technik geforderten Formen bildete. Schon damals wies Kropp „mit fast religiöser Eindringlichkeit“ auf die „Einheit allen Gestaltens“ hin, wie der Herausgeber der Buchreihe des Deutschen Werkbundes, in dem Kropps Buch 1926 erschienen war, bemerkte.[24] Der Gedanke von der Notwendigkeit der Einheit allen Gestaltens, die Überzeugung, dass Form „reine Wesensgestaltung der Dinge“ sei und „aus der Wesensbestimmung der Dinge das Schöne zu bilden“ sei usw., lässt eine Nähe zu den Ideen des Bauhauses, etwa zu Gropius’ Konzeption von der „Wesensforschung“ als einende Grundlage für Gestaltung schlechthin, erkennen.

23 Ernst Kropp, Wandlung der Form im XX. Jahrhundert. Dem Deutschen Werkbund gewidmet, Berlin 1926, S. 16.

24 Walter Riezler, Vorbemerkung des Herausgebers, in: ebd., S. 7.

Abb. 7
Friedrich Engemann (Dritter von rechts, sitzend) an der Kunstgewerbeakademie in Dresden, 1927

Auch sonst war das Programm reichhaltig; Engemann hörte Kunstgeschichte bei Wolfgang Balzer (1884–1968), Literatur und Sprache bei Ottomar Enking (1867–1945) sowie Architektur und christliche Kunst bei Architekt und Bildhauer Robert Witte (1881–?). Dennoch brach er sein Studium im Frühjahr 1927, nach nur zwei Semestern, ab.[25]

Dafür gab es einen gewichtigen Grund: Schon im Januar war ihm von der sächsischen Regierung das Angebot unterbreitet worden, die Leitung der Verbandsberufsschule Geringswalde zu übernehmen. Engemann ging darauf ein. Neben seinem Unterrichtspensum von 26 Wochenstunden in Geringswalde besuchte er zunächst weiter die Lehrveranstaltungen an der Dresdner Akademie.[26] Im April desselben Jahres eröffnete sich jedoch die Möglichkeit, an der Gewerblichen Berufsschule in Dessau zu arbeiten.

25
Friedrich Engemann, handschriftlicher Lebenslauf, o. J., SBD, Inv.-Nr.: I 8725 D.

26
Ebd.

An der Gewerblichen Berufsschule in Dessau

Abb. 8
Eingang zur Gewerblichen Berufsschule Dessau im Bauhausgebäude, 1927

Als das Angebot Engemann erreichte, brach er alles andere ab. „Der Gedanke an das Bauhaus in Dessau gab den Ausschlag“, Sachsen zu verlassen und die Stelle im Freistaat Anhalt anzunehmen – „trotz der verhältnismäßig ungünstigen Bedingungen“, denn er fühlte sich von Anfang an unterbezahlt.[27]

Zum 1. April 1927 trat er seine Stelle als Gewerbeoberlehrer mit 28 Wochenstunden an den Gewerblichen Berufs- und Fachschulen der Stadt Dessau an. Zusammen mit seiner Frau bezog er eine Wohnung in der Leopoldstraße (heute Ferdinand-von-Schill-Straße). Die Stadt gefiel ihm: „Die schönen Bauten, die reichen und vornehmen Geschäftshäuser, die breiten bepflanzten Straßen, die herrlichen Anlagen, der Verkehr und die allen Anhaltinern eigenen Lebendigkeiten geben dieser Stadt ein Gepräge …“[28] Die Stelle in Dessau, die nach einem Probejahr in ein Beamtenverhältnis überging, behielt Engemann bis April 1932. Im Auftrag der Anhaltischen Regierung, Abteilung Schulwesen, verantwortete er zudem zwischen 1928 und 1932 den Aufbau und die Leitung pädagogischer Fortbildungslehrgänge für Berufsschullehrer*innen.

Als Engemann seine Arbeit in Dessau aufnahm, kam er sofort mit dem Bauhaus in Kontakt, denn die Gewerbliche Berufsschule hatte soeben als eigenständige Institution einige Räume im Nordflügel des neu errichteten Gebäudes von Walter Gropius bezogen. Engemann war beeindruckt: „Die Wirkung dieses eigenartigen in seiner Form und Zweckmäßigkeit großartigen und in seiner Größe gewaltigen Baues ist verblüffend. So etwas sieht man nicht alle Tage.“[29] Dass Engemann diese Chance erhielt, hing mit Umstrukturierungen und Modernisierungen in der Bildungslandschaft Dessaus zusammen.

27
Ebd.

28
Friedrich Engemann, Meiner Schwester Gertrud zur Erinnerung an ihren ersten Besuch in Dessau, 16. bis 25. Juli 1927, Reisebericht, S. 10, Privatarchiv Engemann, Dessau, Kopie im SBD. Engemann verwendet hier nicht den zutreffenden Begriff „Anhalter“, sondern schreibt von „Anhaltinern“, was sich nur auf das Fürstenhaus beziehen würde.

29
Ebd. S. 11f.

Wer zieht mit in den Gropiusbau?

Die einzelnen Klassen der Gewerblichen Berufsschule Dessau waren bis Mitte der 1920er Jahre dezentral im Gebäude der Handelsrealschule, im Luisen-Institut am Neumarkt und in einem Schulgebäude in der Raumerstraße unterrichtet worden. Der räumliche getrennte Lehrbetrieb für die mehr als 1400 Schüler*innen in engen Räumen war mit vielen Unzulänglichkeiten verbunden gewesen. Der Bau eines neuen Schulgebäudes war immer dringlicher geworden, doch die Planung nahm einige Wendungen. 1924 dachten die Stadtväter noch, Teile der Gewerblichen Berufsschule in das Gebäude[30] der Kunstgewerbe- und Handwerkerschule in der Mauerstraße 36 zu überführen. Im Ausgleich dafür sollte diese einen Neubau erhalten.[31] Gerade als diese Überlegungen sich konkretisierten, bot sich für die Stadt Dessau die Möglichkeit, das Weimarer Staatliche Bauhaus, das kurz vor seiner Schließung stand, zu übernehmen. Neben den Erwartungen der Dessauer an das Bauhaus, unter anderem hinsichtlich von Konzepten zur Schaffung preiswerten Wohnraums, war also die Absicht, einen Neubau zu errichten, im Gemeinderat ausschlaggebend für die Ansiedlung des Instituts. Dazu wurde die räumliche und administrative Fusion der Kunstgewerbe- und Handwerkerschule mit dem Bauhaus ins Auge gefasst, womit sich Walter Gropius einverstanden erklärte. Ihm wurde auch die Leitung der Kunstgewerbe- und Handwerkerschule übertragen, nachdem der frühere Direktor, Richard Kieser (1870–1940), mit vollen Bezügen zurückgetreten war. Für Gropius bestand die Aufgabe darin, einen Neubau zu konzipieren, der zwei von ihm zu leitende Schulen aufzunehmen hatte. Unter dieser Prämisse stellte er im Juni 1925 den Ausschüssen der Stadt Dessau seinen Entwurf für das Bauhausgebäude vor.[32] Noch bis Ende des Jahres sprach man im Zusammenhang mit den Bauplänen vom „Neubau für die Fachhochschulen der Kunstgewerbe- und Handwerkerschule und die Bauhauswerkstätten". Fast zwei Drittel des Bauetats sollten dabei für die Bereiche der Kunstgewerbe- und Handwerkerschule verwendet werden.[33] Die Errichtung des Bauhaus-Nordflügels wie des Brückentraktes als Moment der Trennung und Verbindung zugleich ging vor allem auf den Plan zur Eingliederung der seit Jahrzehnten lokal etablierten Schule zurück.

30 Der 1897 errichtete Backsteinbau nahm ab 1925 bis zur Fertigstellung des Neubaus Unterrichtsräume des Bauhauses und das Büro von Gropius auf. Er wurde im Zweiten Weltkrieg zerstört. Vgl. Andreas Butter, Die unsichtbare Bauhausstadt. Eine Spurensuche in Dessau, Leipzig 2013, S. 36f.

31 Fritz Hesse, Von der Residenz zur Bauhausstadt, Bonn 1963/1990, S. 212.

32 Protokoll über die gemeinschaftliche Sitzung des Bauhaus-, Finanz- und Bauausschusses vom 22.6.1925, Stadtarchiv Dessau, SB/1, Bl. 15f. In diesem Protokoll ist noch von einer „organisatorischen Angliederung des Bauhauses an die Fachschulen der Kunstgewerbe- und Handwerkerschule" die Rede.

33 Brief des Magistrats der Stadt Dessau an das Anhaltische Staatsministerium vom 2.10.1925, Stadtarchiv Dessau, SB/1, Bl. 19.

Doch nach einigen Monaten wurden die Pläne geändert: Mit dem Anschluss einer weiteren berufsbildenden Einrichtung an die Kunstgewerbe- und Handwerkerschule standen nun Räume, die für eine zeitgemäße technische Ausbildung ausgestattet waren, in einem relativ neuen Lehrgebäude[34] zur Verfügung. Daraus folgte die Entscheidung, die Kunstgewerbe- und Handwerkerschule doch in der Mauerstraße zu belassen und die bereits vor dem Krieg eingeführten technischen Fächer zu stärken. Entsprechend änderte sich deren Name im November 1926 in „Technische Lehranstalten".[35] In den Nordflügel des Bauhauses zog dafür die Gewerbliche Berufsschule. Dies ist wichtig festzuhalten, denn lange hielt sich die Fehlzuweisung, die Technischen Lehranstalten wären im Bauhausgebäude untergekommen. Der Passus von der Oberleitung beider Schulen durch Gropius „unter demselben Dach" wurde immer wieder wörtlich genommen,[36] auch wenn der Sachverhalt bereits früher klargestellt worden war.[37]

In Lehre und Struktur unterschieden sich die beiden Institute, die sich nun ein Gebäude teilten, deutlich: Das Bauhaus strebte, aufbauend auf dem Vorkurs, eine Selbstvervollkommnung und stufenweise Differenzierung in konzeptionell verbundenen Arbeitsfeldern an. Man sah sich – zumindest in Dessau – als Laboratorium für die Kultur einer industriell geprägten Zukunft. Die Gewerbliche Berufsschule hingegen vermittelte fest umrissene anwendungsorientierte Qualifikationen im Rahmen einer Fachausbildung. Folgendes Programm bestimmte die ursprüngliche Raumverteilung im Nordflügel:[38] Den Kern bildeten 14 Klassenräume und ein Physiksaal mit zwei Vorbereitungskabinetten; diese konnte auch vom Bauhaus genutzt werden. Hinzu kamen eine Bibliothek, eine Dunkelkammer und das Lehrerzimmer. Platzsparend wirkten die als Raumtrenner zwischen den Klassenzimmern und dem Flur angeordneten Einbauschränke zur Ablage der Zeichenbretter.

34
Gemeint ist hier das 1913 errichtete Gebäude der „Adolph von Heydeckschen Industrie- und Gewerbeanstalt", die sich besonders der Förderung „Unbemittelter" gewidmet hatte; zwei Jahre nach ihrer Gründung wurde sie der Kunstgewerbe- und Handwerkerschule angeschlossen. Vgl. Horst Dauer, Die Geschichte der Handwerker- und Kunstgewerbeschule zu Dessau, in: Anhaltischer Kunstverein Dessau e. V. (Hg.), Wilhelm Danz und die Kunstgewerbeschule Dessau, Dessau 1999, S. 11–23, hier S. 15.

35
Bericht über die Verwaltung und den Stand der Gemeindeangelegenheiten der Stadt Dessau 1925–1928, S. 36, Stadtarchiv Dessau, SB/1.

36
So bei Dauer, Die Geschichte der Handwerker- und Kunstgewerbeschule, S. 17.
In seinen Memoiren hatte der Bürgermeister (vgl. Hesse, Von der Residenz) beschrieben, dass anfangs eine „einhheitliche Leitung", aber keine „Verschmelzung" geplant gewesen sei (S. 203) und dass der Umzug ins Bauhausgebäude nicht stattgefunden habe (S. 226).

37
Vgl. Christian Schädlich/Christine Engelmann, Die Bauhausbauten in Dessau, Berlin 1998, S. 10. (Die Adressbücher, Stadtpläne und Postkarten jener Jahre bestätigen: Die Technischen Lehranstalten saßen weiterhin in der Mauerstraße, die Gewerbliche Berufsschule kam in den Nordflügel des Bauhauses.)

38
Siehe ebd., S. 10f. Die dort gezeigten Grundrisse entstammen einer Publikation von Gropius aus dem Jahr 1930 und waren gemäß der ursprünglichen – aber zu diesem Zeitpunkt nicht mehr aktuellen – Planung den Technischen Lehranstalten zugewiesen worden.

Die Behörden schätzten die Einrichtung als „zweckmäßig und allen neuzeitlichen Anforderungen genügend" ein.[39] Heizung, Beleuchtung und Schuluhr wurden vom Bauhaus betrieben. Die Kantine des Bauhauses war für die Schüler*innen der Gewerblichen Berufsschule um die Mittagsstunde geöffnet. Nach dem Einzug der Gewerblichen Berufsschule kam es zu Modifikationen in der Funktionszuweisung. Dies vollzog sich nicht ohne Reibungen, so wurden erst 1930 aufgrund steigender Schülerzahlen und auf Drängen des Direktors vom Bauhaus genutzte Räume im Nordflügel der Berufsschule zugeschlagen; für ihre Direktion erhielt sie einen Teil der Brücke.[40]

39
Die Angaben zur Gewerblichen Berufsschule bisher und folgend wurden entnommen aus: Berichte über die Verwaltungen und den Stand der Gemeindeangelegenheiten, Teil 3, 1925–1928, S. 35, Stadtarchiv Dessau, Sign. 3212-V53.

40
Dazu gehörten der Bibliotheksraum in der 1. Etage, ein Lehrraum in der 2. Etage sowie Heizerwohnung und Abstellraum im Kellerbereich im Wintersemester 1930/31. Vgl. Ralf Körner, Bauhausgebäude in Dessau 1926–1999, Basel/Berlin/Boston 1998, S. 158. Vgl. auch Schädlich/Engelmann, Die Bauhausbauten, S. 26.

Friedrich Engemann nahm nun seine Tätigkeit in einem der modernsten Schulgebäude des Landes auf, unter 14 hauptamtlichen Kollegen, die noch 1925/26 von der Anhaltischen Regierung zu Gewerbeoberlehrern befördert wurden, sowie mehreren Meistern und Lehrern im Nebenamt. Die Schüler*innen der Gewerblichen Berufsschule wurden in Fachklassen eingeteilt. Der Berufsschule angegliederte Fachschulen (für Gastwirtsgewerbe, Friseur*innen, Schneiderinnen, Weißnäherinnen, Tischler*innen) und die zahlreichen Exkursionen zu Handwerks- und Industriewerkstätten trugen ebenfalls zur Berufsausbildung bei, deren Möglichkeiten im Lauf der Jahre allerdings wegen der immer angespannteren Haushaltslage der Stadt abnahmen. Immerhin konnten 1928/29 noch eine Rundfunkanlage und viele Lehrmittel von den Lehrkräften selbst hergestellt werden, außerdem wurden ein Kino- und Lichtbildapparat angeschafft.

Die Abteilung Tischler-Fachschule, an der Engemann unterrichtete, sollte Tischlergesellen beruflich fortbilden und verfolgte das Ziel, sie zu Betriebsbeamten zu schulen und auf die Meisterprüfung vorzubereiten. Außerdem ging es um die Ausbildung von Innenarchitekten.[41] Ein Lehrplan der technischen Lehranstalten Dessau, Abteilung Tischler-Fachschule, weist circa 30 Unterrichtsfächer aus, von denen Engemann aufgrund seiner Profession die Fächer Holzbearbeitungsmaschinen, Darstellende Geometrie, Schattenlehre, Perspektive, Entwurf und Fachzeichnen zu unterrichten hatte.[42] Leider sind keine Unterlagen überliefert, die eine detaillierte Rekonstruktion von Engemanns Lehrinhalten erlauben. Ein Blick in seine teilweise überlieferte Bibliothek lässt erkennen, mit welcher Fachliteratur er arbeitete.[43]

41 Technische Lehranstalten Dessau, Abteilung Tischler-Fachschule, Lehrplan vom 18.1.1929, SBD, Inv.-Nr.: I 8389/1-2 D.

42 Berichte über die Verwaltungen und den Stand der Gemeindeangelegenheiten, Teil 3, 1925–1928, S. 35, Stadtarchiv Dessau, Sign. 3212-V53.

43 Eine Auswahl: Konstruktives Zeichnen in gewerblichen Fortbildungs- und Fachschulen, Leipzig, o. J.; Erich Geyger, Die angewandte darstellende Geometrie, Leipzig 1906; A. Blunck, Das Fachzeichnen für Tischler. Ein Leitfaden für den Unterricht, 1905; Aufgaben zur Übung im Zirkelzeichnen für Schüler in Handwerker- und Fortbildungsschulen, Berlin 1891; Alfred Rudolph, Perspektive, Leipzig 1921; Paul Schimpke, Technologie der Maschinenbaustoffe, Leipzig 1922.

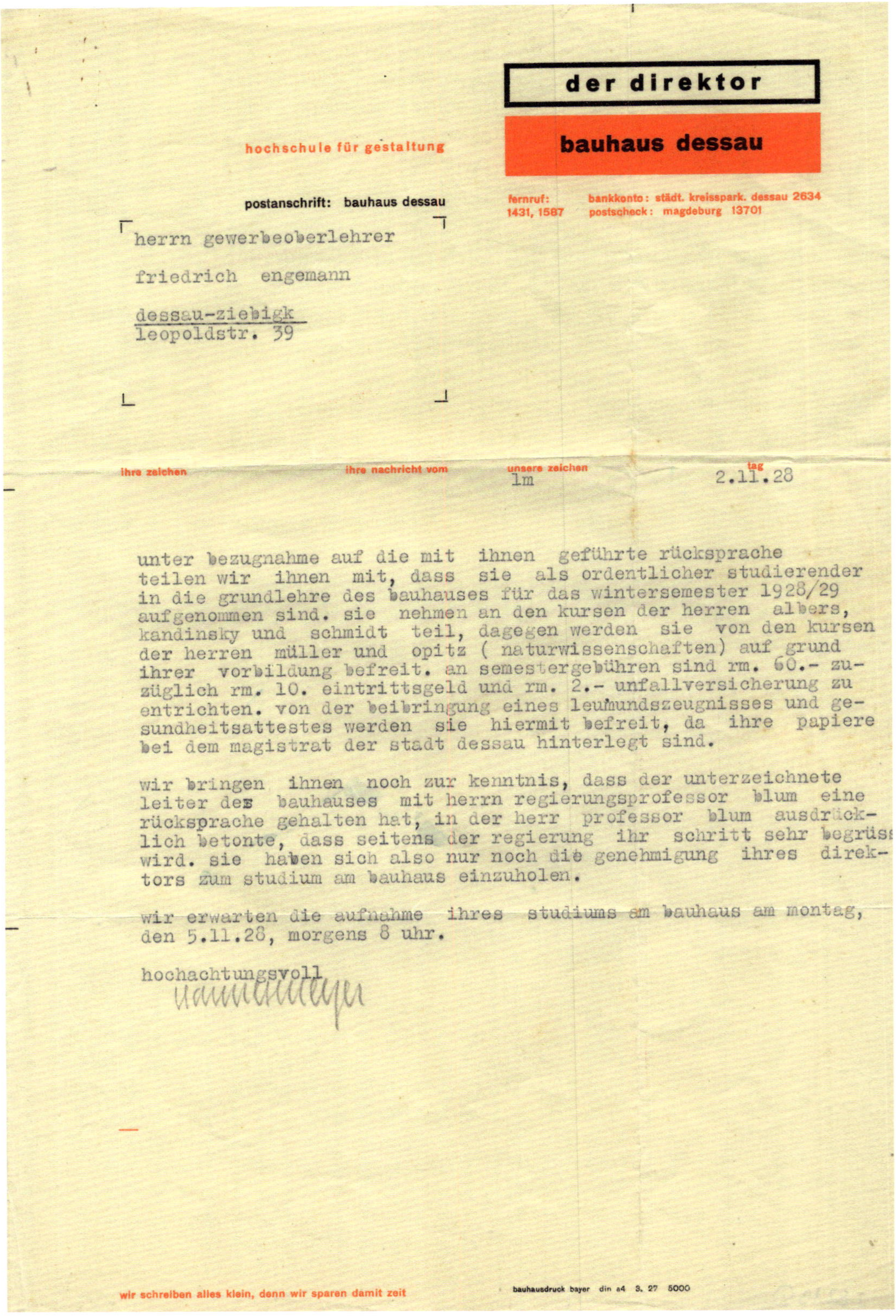

der direktor

bauhaus dessau

hochschule für gestaltung

postanschrift: bauhaus dessau

fernruf: 1431, 1587

bankkonto: städt. kreissparк. dessau 2634
postscheck: magdeburg 13701

herrn gewerbeoberlehrer
friedrich engemann
dessau-ziebigk
leopoldstr. 39

ihre zeichen | ihre nachricht vom | unsere zeichen lm | tag 2.11.28

unter bezugnahme auf die mit ihnen geführte rücksprache teilen wir ihnen mit, dass sie als ordentlicher studierender in die grundlehre des bauhauses für das wintersemester 1928/29 aufgenommen sind. sie nehmen an den kursen der herren albers, kandinsky und schmidt teil, dagegen werden sie von den kursen der herren müller und opitz (naturwissenschaften) auf grund ihrer vorbildung befreit. an semestergebühren sind rm. 60.- zuzüglich rm. 10. eintrittsgeld und rm. 2.- unfallversicherung zu entrichten. von der beibringung eines leumundszeugnisses und gesundheitsattestes werden sie hiermit befreit, da ihre papiere bei dem magistrat der stadt dessau hinterlegt sind.

wir bringen ihnen noch zur kenntnis, dass der unterzeichnete leiter des bauhauses mit herrn regierungsprofessor blum eine rücksprache gehalten hat, in der herr professor blum ausdrücklich betonte, dass seitens der regierung ihr schritt sehr begrüsst wird. sie haben sich also nur noch die genehmigung ihres direktors zum studium am bauhaus einzuholen.

wir erwarten die aufnahme ihres studiums am bauhaus am montag, den 5.11.28, morgens 8 uhr.

hochachtungsvoll

wir schreiben alles klein, denn wir sparen damit zeit

bauhausdruck bayer din a4 3. 27 5000

Abb. 9
Brief von Hannes Meyer
an Friedrich Engemann
vom 2.11.1928

Am Bauhaus

Friedrich Engemann war also im Bauhaus angekommen – vorerst aber nur im neuen Gebäude. Doch das allein genügte ihm nicht, er drängte darauf, reguläres Mitglied der Bauhausgemeinschaft zu werden. Da es offenbar nicht möglich war, Engemann auch als Lehrer in die Institution zu integrieren, bewarb er sich offiziell um einen Studienplatz am Bauhaus, wofür er die Zustimmung seiner vorgesetzten Dienststelle einholte. Hannes Meyer, damaliger Direktor des Bauhauses, bestätigte Engemanns Aufnahme als Student. Engemanns Studium am Bauhaus Dessau begann am 5. November 1928.[44]

44
Brief von Hannes Meyer an Friedrich Engemann vom 2.11.1928, SBD, Inv.-Nr.: I 8219 D.

Eine Kunstschule neuen Typs

Im Jahr 1919 von Architekt Walter Gropius als eine Kunstschule neuen Typs in Weimar gegründet, verfolgte das Bauhaus das Ziel, die Trennung von Kunst und Produktion aufzuheben durch eine Rückkehr zum Handwerk als Grundlage allen künstlerischen Schaffens. Schon kurz nach Gründung wurde die Schule aufgrund ihrer sozial ausgerichteten kulturpolitischen Orientierung besonders bei rechtskonservativen Politikern unbeliebt. So drängten die ab Februar 1924 den Thüringer Landtag dominierenden konservativen Kräfte sehr bald mit Erfolg auf die Schließung der Institution in Weimar.

In dieser Situation gelang es der prosperierenden Landeshauptstadt Dessau – mit ihrer starken Sozialdemokratie und Bürgermeister Fritz Hesse (1881 – 1973) von der linksliberalen DDP –, das Bauhaus mit einem Aufgebot günstiger Bedingungen für sich zu gewinnen. Außer Gerhard Marcks (1889 – 1981) vollzogen alle Meister – Lyonel Feininger (1871 – 1956), Wassily Kandinsky, Paul Klee, László Moholy-Nagy, Georg Muche (1895 – 1987) und Oskar Schlemmer (1888 – 1943) – den Wechsel nach Dessau. Ehemalige Studierende übernahmen als Jungmeister*innen die Werkstätten, womit die Trennung der Leitung in Werkmeister und Formmeister aufgehoben war. Josef Albers übernahm einen Teil des Vorkurses, Herbert Bayer (1900 – 1985) leitete die Typografiewerkstatt, Marcel Breuer (1902 – 1981) die Tischlerei, Hinnerk Scheper (1897 – 1957) die Werkstatt für Wandmalerei, Joost Schmidt (1893 – 1948) die Plastische Werkstatt und Gunta Stölzl (1897 – 1983) die Weberei. Seitdem wurde die Stadt Dessau maßgeblich durch das Bauhaus – das in Dessau auch als Hochschule für Gestaltung (für eine Ausbildung mit Diplom) anerkannt war – zu einem wichtigen Schauplatz der Moderne und erlangte zudem internationale Aufmerksamkeit. Zwei Jahre nach Eröffnung des neuen Gebäudes 1926 in der Dessauer Friedrichsallee hatte sich das Bauhaus unter Leitung seines Gründers Walter Gropius, trotz der Angriffe seitens der rechten Presse, einen guten Namen erarbeitet.

Im Frühjahr 1928 geriet das Bauhaus allerdings in eine Krise. Gerade war Walter Gropius als Direktor zurückgetreten, und in der Öffentlichkeit wurde über die Effektivität der Bauhausarbeit diskutiert. Mit besonderer Schärfe wurden Kostensteigerungen und Baumängel an den Siedlungshäusern in Dessau-Törten gegen das Institut ins Feld geführt. Einige Politiker, aber auch Teile der Bevölkerung waren davon ausgegangen, dass das Institut Gewinne abwerfen würde – eine unrealistische Annahme, da das Bauhaus nicht mit einem Produktionsunternehmen vergleichbar war, sondern als Studienanstalt bestimmte Ziele verfolgte und Vorarbeit für Fabrikation und Handwerk leistete. Als Gropius das Bauhaus verließ, gingen auch László Moholy-Nagy, Herbert Bayer und Marcel Breuer, drei für die Ausstrahlung der Institution wesentliche Figuren, was bei vielen Studierenden und Lehrkräften für Irritation sorgte. Gleichzeitig wurde der Etat für die Arbeit der Schule gekürzt, und die Auftragslage für die Herstellung von Produkten in den Bauhauswerkstätten, eine wichtige Einnahmequelle, verschlechterte sich.

Der Schweizer Architekt Hannes Meyer, den Gropius ein Jahr zuvor zum Leiter der Bauabteilung berufen hatte, übernahm in dieser Situation im April 1928, auf Vorschlag seines Vorgängers, die Leitung der Schule. Er begann die Institution zu reformieren, ohne sie jedoch inhaltlich und konzeptionell infrage zu stellen. Die Werkstattarbeit wurde zum Produktivbetrieb erweitert, sodass sich Lehre, Experiment und Produktion für einen realen Markt durchdringen konnten. Das Bauhaus sollte stärker als zuvor „eine Verbindung von Werkstattarbeit, freier Kunst und Wissenschaft“ sein.

Der Weg führte „von der formalen Intuition zur bauwissenschaftlichen Forschung“.[45] Funktionell, kollektivistisch und konstruktiv wollte Meyer den Unterricht am Bauhaus ausrichten und damit die Schule für die kommende Zeit konditionieren. Das neunsemestrige Studium strukturierte sich daher wie folgt: Der Montag diente der musischen Ausbildung, während freitags wissenschaftliche Fächer auf dem Programm standen. Dazwischen wurde wie in einem Industriebetrieb ganztägig in den Werkstätten gearbeitet. Samstags trieb man Sport. Eine Spezialisierung erfolgte schließlich in der Architekturabteilung, die Meyer in Baulehre und Bauabteilung untergliederte. Die beiden Ausbildungsziele

45 Hannes Meyer, Mein Hinauswurf aus dem Bauhaus. Offener Brief an Herrn Oberbürgermeister Hesse, Dessau, in: Das Tagebuch, Berlin, 11 (1930), 33, S. 1307–1312, hier S. 1308.

Abb. 10
Hannes Meyer,
1928

Abb. 11
Das Bauhaus in Dessau,
1926/27

hießen nun „Künstler" oder „Betriebs-" bzw. „Bauingenieur". Arbeit und Unterricht in den Werkstätten als Vorbildung für die Arbeit an der Architektur entsprachen also voll und ganz dem ursprünglichen Ansatz von Walter Gropius. Unter Meyers Leitung wurde die Belastbarkeit der Schule ausgereizt, die Anzahl der Studierenden erhöhte sich pro Semester auf 200, denen der Eintritt in die Schule bei Ausschluss der Begabtenauslese erleichtert wurde. Dahinter stand die der Pädagogik des Bauhauses entsprechende Absicht einer „richtigen" Eingliederung möglichst vieler in die Gesellschaft. In vielen Punkten stimmte Meyer mit den Ansätzen seines Vorgängers prinzipiell überein. So war für beide Bauen ein zutiefst sozialer Vorgang der „Organisation von Lebensvorgängen".[46]

Worin sich Meyers von Gropius' Konzept unterscheidet, ist in philosophischer Hinsicht zunächst seine Zurückdrängung des Psychophysikalismus – demzufolge jede körperliche Ausdrucksgeste eine geistige Entsprechung besitzt und umgekehrt – zugunsten eines stärker naturwissenschaftlich-materialistischen Denkens.[47] Dies bedeutete allerdings nicht, dass Meyer die psychologischen Aspekte des architektonischen Schaffens ausblendete. In seinen eigenen Projekten ging Meyer von einer subtilen wahrnehmungspsychologischen Reflexion der Beziehungen von Körper und Raum aus,[48] und in der Bauauslehre stärkte er psychologische Zugänge. Darüber hinaus grenzte sich Meyer durch seine Affinität zur Genossenschaftsbewegung und zu den damit verbundenen – auf Johann Heinrich Pestalozzi (1746–1827) zurückgehenden – pädagogischen Ansichten eines Aufbaus von „kleinen Kreisen" der Familie, der Arbeitsgemeinschaft von Künstler*innen und Gestalter*innen von Gropius ab. Auf dieser Grundlage entwarf er nicht nur seine Architektur, sondern organisierte auch Arbeitsgruppen, in denen Studierende verschiedener Ausbildungsstufen an einem Projekt arbeiteten, vom Entwurf bis zur Baustelle. Mehr noch als Gropius versuchte Meyer auch das Entwurfsspektrum und die Produktion der Bauhauswerkstätten auf die Bedürfnisse der Mehrheit der Bevölkerung auszurichten. „Volksbedarf statt Luxusbedarf" lautete deshalb seine Devise.

46
Hannes Meyer: bauen, in: bauhaus, zeitschrift für gestaltung, Dessau, 2. Jg., Nr. 4, 1928, S. 12f. Gropius sprach vom Bauen als „Gestaltung von Lebensvorgängen" in: systematische vorarbeit für rationellen wohnungsbau, in: bauhaus, Dessau, 1. Jg., Nr. 2, 1927, S. 1.

47
Vgl. Peter Bernhard, Die Einflüsse der Philosophie am Weimarer Bauhaus, in: Christoph Wagner (Hg.), Das Bauhaus und die Esoterik, Bielefeld 2006, S. 26–34, hier S. 32.

48
Vgl. Simone Hain, Die Bundesgewerkschaftsschule des ADGB in Bernau. Das Hauptwerk von Hannes Meyer, in: Arbeitshefte des Brandenburgischen Landesamtes für Denkmalpflege und Archäologischen Landesmuseums 10/1999, S. 53–59; Hideo Tomita, Hannes Meyer's "Biological" Concept and its Loosening Influence on Form, in: Journal of Asian Architecture and Building Engineering, 7:2, S. 179–185, DOI: 10.3130/jaabe.7.179.

Meyers neuer Kurs spiegelte sich auch in seiner Personalpolitik. So lud er für seine Ausbildungszwecke nicht nur internationale Fachleute unterschiedlicher Disziplinen ein, er nutzte ebenso das örtliche und regional ansässige Lehr- und Ausbildungspotenzial im naturwissenschaftlich-technischen Bereich. Diese von Männern dominierte Lehrergruppe – Gewerbelehrer, Ingenieure und Baupraktiker, aber auch Philosophen und Psychologen – bildete den ingenieurs- und geisteswissenschaftlichen Gegenpart zur Elite der Architekten- und Künstlerlehrer*innen, die bis dahin den wesentlichen Teil der zentralen Veranstaltungen bestritten.

Rot, Gelb und Blau. Friedrich Engemann als Bauhausschüler

Gerade in dem neu ausgerichteten Bauhaus von Hannes Meyer fand Friedrich Engemann seinen Platz. Für ihn ergab sich hier eine Doppelrolle als Lehrender an der Berufsschule und als Student an der Hochschule für Gestaltung unter einem Dach. Ähnliches hatte er mit seiner Tischlerausbildung und als Hörer an der Dresdner Akademie schon einmal geleistet. In Dessau konnte er nun mit seiner bereits erworbenen bautechnischen und pädagogischen Kompetenz in besonderem Maße beide Sphären in seiner Arbeit zusammenbringen.

Aufgrund seiner umfangreichen Vorbildung musste er zunächst nur einen Teil des Unterrichts in der für jeden Bauhausneuling obligatorischen Grundlehre absolvieren. Dazu gehörten der mit „Material- und Werklehre" bezeichnete Vorkurs bei Josef Albers, „Abstrakte Formelemente" und „Analytisches Zeichnen" bei Wassily Kandinsky und der Schriftunterricht bei Joost Schmidt. Im Kurs „Der Mensch" von Oskar Schlemmer durchlief Engemann die Abschnitte des zeichnerisch-formalen, biologischen und philosophischen Studiums der menschlichen Physis. Die naturwissenschaftlichen Kurse bei Studienrat Wilhelm Müller (gest. nach 1945) in Physik, Chemie, Technologie und Baustofflehre und bei Karl Gustav Erwin Opitz (1902–1982) in darstellender Geometrie, die ebenso zur Grundlehre gehörten, blieben ihm erspart.[49] Am Unterricht bei Paul Klee nahm Engemann ebenfalls nicht teil, da Klees Unterweisungen zur primären Gestaltung der Fläche zu dieser Zeit erst für das zweite Semester angeboten wurden.

49 Brief von Hannes Meyer an Friedrich Engemann vom 2.11.1928, SBD, Inv.-Nr.: I 8219 D.

Die Material- und Werklehre bei Albers beinhaltete den eher spielerischen Umgang mit Material unterschiedlichster Art. Im Lernprozess sollten die Studierenden alles Vorgewusste oder Übernommene beiseiteschieben. Albers forderte ihre Sensibilität und Kreativität heraus, indem er sie in festgelegter Reihenfolge Glas, Papier und Metall bearbeiten ließ, bevor sie auch Materialkombinationen erkundeten. Zu den Übungen aus Papier- oder Metallflächen erklärte Albers: „Das Material muss so bearbeitet werden, dass keine Abfälle entstehen: Ökonomie ist oberstes Prinzip. Die endgültige Form ergibt sich aus den Spannungen des geschnittenen und gefalteten Materials."[50] Das preiswerte Flächenmaterial Zeichenkarton war das beliebteste Experimentierfeld. Aber auch Zeitungen wurden verwendet, wie Engemanns als Foto überlieferte Übungen zeigen. Die Falzungen erzeugten plastische Liniengitter und zugleich eine dreidimensionale Verformung des Blattes. Aus Papier entstanden regelrechte Faltwerke und durch Schneiden und Falten dreidimensionale Flächengebilde.

Es kamen mehrere Aspekte zusammen, die bei Studierenden wie Friedrich Engemann einen bleibenden Eindruck hinterließen und deren künftige Arbeits- bzw. Entwurfspraxis prägten. Zum elementaren Wahrnehmungstraining kam die fordernde und forschende Annäherung an eine gestalterische Lösung, die meist in der Gruppe vollzogen wurde, um kooperatives Arbeiten zu fördern. Dabei führte die eigene Erkenntnis im Ergebnis zugleich zu einem einprägsamen Erlebnis. Aber auch der Vorkurs war von besonderer Bedeutung als „eine ideale und im Ansatz vorbildliche Form der Hinführung zum architektonischen Entwerfen", worauf der Architekturhistoriker Klaus-Jürgen Winkler hingewiesen hat.[51] Er führt in diesem Zusammenhang Albers' Begriff von der „wirtschaftlichen Form" an, mit der dieser das Ziel der Gestaltungsaufgabe bestimmte und die ein „Resultat aus Funktion und Material" sei.[52] Die Tatsache, dass Albers einen kausalen Bezug zwischen dem Studium des Werkstoffs, des Materials, der Funktionserkenntnis und dem Formfindungsprozess herstellte, kam Engemann, der aufgrund seiner handwerklichen Orientierung um die Bedeutung des Materials wusste, sehr entgegen. Mehr oder weniger neu dürfte für ihn hingegen Albers' Insistieren auf dem „vorurteilslosen Probieren" und der erfinderischen Tätigkeit innerhalb der Formauseinandersetzung beim Werkstoffstudium gewesen sein. Dasselbe galt für Albers Formtheorie mit sozialem Bezug über die Positiv- und Negativwerte: „Die Aktivierung der Negativa", so Albers, „(der Rest-, Zwischen- und Minuswerte) ist vielleicht das einzige ganz neue, vielleicht das wichtigste Moment der heutigen Formabsichten."[53] Für Engemanns spätere gestalterische Praxis wurden hier elementare Grundlagen gelegt.

50
Josef Albers, Vortragsmanuskript, um 1930, Bauhaus-Archiv Berlin.

51
Klaus-Jürgen Winkler, Baulehre und Entwerfen am Bauhaus 1919–1933, Weimar 2003, S. 33.

52
Josef Albers, Werklicher Formunterricht, in: bauhaus. zeitschrift für gestaltung, 2. Jg., Doppelheft 2/3, 1928, S. 3.

53
Josef Albers, Vortragsmanuskript, um 1930, Bauhaus-Archiv Berlin.

Abb. 12
Plastische Materialstudie Draht, Übung von Friedrich Engemann
aus dem Unterricht bei Josef Albers, 1928

Besonders im Unterricht bei Wassily Kandinsky befasste sich Engemann mit einem komplex ausformulierten Theorieapparat, der ausgesprochen „lehrerzentriert“, mit dem Charisma einer starken Persönlichkeit, vermittelt wurde. Unterweisungen und Übungen zur künstlerischen Farbenlehre nahmen großen Raum ein. Mit der Teilnahme an Kandinskys Kurs einschließlich des „Analytischen Zeichnens“, der die Studierenden stark forderte, hatte Engemann die Gelegenheit, seine Farb- und Formensensibilität sowie seine Wahrnehmungs- und Wiedergabefähigkeit weiterzuentwickeln.

Wenn man sich Engemanns spätere Gestaltungen für Gebrauchsgegenstände anschaut, sticht in Bezug auf das Gelernte besonders die – später noch näher behandelte – Ausstattung seines eigenen Arbeitszimmers ins Auge. Nicht die Farblehre Kandinskys, sondern das konzentrierte Vereinfachen des Einzelnen in Flächenelemente, die sich spannungsvoll zueinander gruppieren, erfährt hier eine Überleitung ins Konkrete. Schreibtisch, Deckenleuchte und Arbeitsstuhl sind keine Skulpturen, die für sich selbst stehen, sondern Objekte mit Alltagsfunktionen. Und doch entfalten sich in ihnen Gestaltungsmittel, wie der Rhythmus, die Geometrie gerader und runder Umrisse und die Verzahnung der zweiten mit der dritten Dimension auf künstlerische Weise.

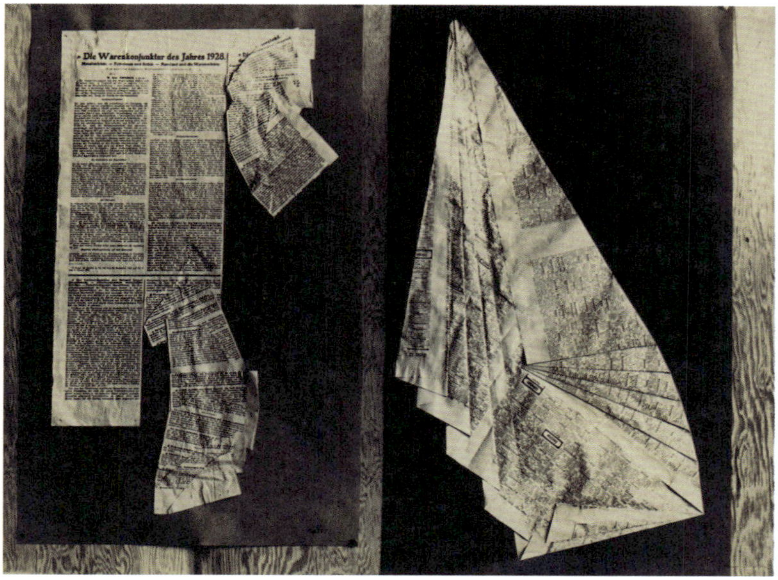

Abb. 13
Papierfaltung, Materialstudie von Friedrich Engemann, (rechts): Faltung einer Zeitung. Übungen aus dem Unterricht bei Josef Albers, 1928

Wassily Kandinsky und die „ästhetische Synthese“

Kandinsky greift in seiner Lehre auf Erkenntnisse zurück, die er bereits 1921 in seinem Buch „Über das Geistige in der Kunst“ veröffentlicht hat. Als Bestandteil des Elementarunterrichts „Einführung in die abstrakten Formelemente“ gehörte sein Farbenseminar, ab 1925 in der Grundstruktur gleichbleibend, zu den Pflichtkursen. Kandinsky setzte zum Teil im Gegensatz zu seinen Künstlerkollegen, die ebenfalls Farbunterricht erteilten, auf die Untersuchung der Farben und ihre systematische Ordnung in Farbenreihen und Farbkreisen.

Nach der isolierten Analyse der Farben geht Kandinsky, geleitet von der Vorstellung einer ästhetischen Synthese, zur Darstellung der Farbe-Form-Beziehungen über. „Farb- und Formtemperaturen“ werden hierbei zu bestimmenden Kategorien, die zugleich die Möglichkeit einer gegenseitigen Zuordnung eröffnen. Hieraus erwächst schließlich die Verbindung der drei Grundformen Dreieck, Quadrat und Kreis mit Gelb, Rot und Blau.

Der rationalen Durchdringung der künstlerischen Gestaltungsgrundlagen war auch der zweite, fast noch wichtigere Teil von Kandinskys Unterricht verpflichtet: das „Analytische Zeichnen“. Es gilt als paradigmatisch für Kandinskys Kunstpädagogik. Wahrnehmungssensibilisierung wurde dabei ebenso betrieben, wie Fähigkeiten zur „konstruktiven Bildorganisation“ entwickelt wurden. Das Zeichnen, etwa von selbst erstellten Stillleben, diente dem Aufspüren der gesetzmäßigen Kräfte und Spannungen, die es in den Gegenständen zu entdecken galt, und des gesetzmäßigen Aufbaus derselben. Als „Erziehung zur klaren Beobachtung und klaren Wiedergabe der Zusammenhänge“ beschrieb Kandinsky dies 1928 in der Bauhauszeitschrift.[54] Möbel und einfache Gebrauchsgegenstände (drapierte Textilien usw.) wurden wie in der Zeichnung von Friedrich Engemann zu Stillleben arrangiert, zeichnerisch erfasst und entsprechend der erfahrbaren formalen Spannungen mehr und mehr abstrahiert und per Diagramm dargestellt. Zum Schluss sind die Gegenstände nur noch zu erahnen bzw. in der Erinnerung verhaftet. Mit Farbe und Form sollte schließlich in der Gesamtkomposition eine neue Qualität entstehen, die dem Wesen der abstrakten Malerei nahekommt, um die Kandinsky Jahre zuvor in Russland gerungen hatte.

54 Wassily Kandinsky, Kunstpädagogik, in: bauhaus. zeitschrift für gestaltung, 2. Jg., Doppelheft 2/3, 1928, S. 11.

Abb. 14
Sechsteiliger Farbkreis und Farbpyramide, Übungen von Friedrich Engemann aus dem Unterricht bei Wassily Kandinsky: Vorlesungen zur Farbe, hier: die Farbmischungen und der Farbkreis, 1928

Abb. 15
Drei primäre Winkel und drei primäre Flächen, Übungen von Friedrich Engemann aus dem Unterricht bei Wassily Kandinsky, 1928

Abb. 16
Unterricht bei Wassily Kandinsky (links sitzend), 1931

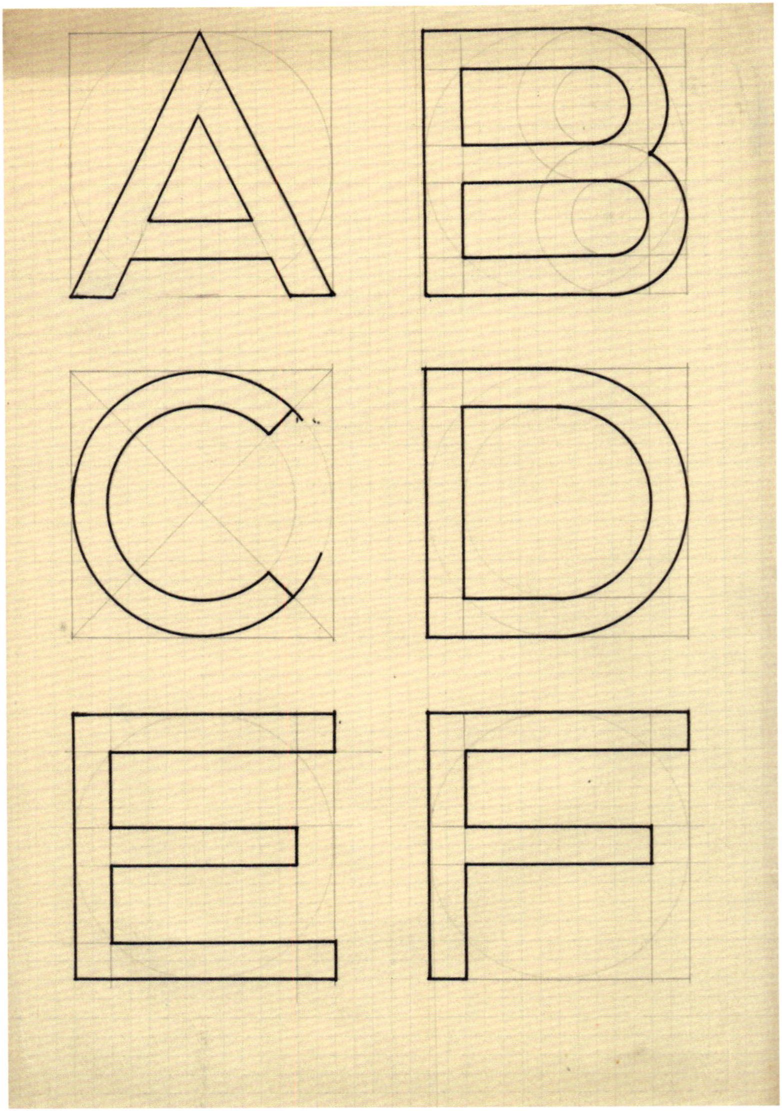

Abb. 17
Buchstabenkonstruktionen aus einem Quadrat, Übung von Friedrich Engemann aus dem Unterricht bei Joost Schmidt, 1928/29

Weniger bekannt ist, dass mit dem Beginn von Hannes Meyers Direktorat und unter Leitung Wassily Kandinskys eine neue theoretische Unterrichtseinheit für das vierte Semester eingerichtet wurde, die auch während des Direktorats von Ludwig Mies van der Rohe bestehen blieb. In dem als „Künstlerische Gestaltung" bezeichneten Kurs ging es um die Untersuchung und Analyse der Beziehungen zwischen Kunst, Architektur und Technologie. Kandinsky nutzte hier die Gelegenheit, um das am Bauhaus weit verbreitete Gestaltungsprinzip des Funktionalismus kritisch zu hinterfragen. Friedrich Engemann muss bereits als „Vorkursler" diese Vorträge gehört haben, denn in seinem Nachlass sind fünf Vortragsmitschriften dazu erhalten.

Als Teil der für alle neuen Student*innen obligatorischen Grundlehre gab Joost Schmidt ab 1925 Schriftunterricht. Diese spezielle Unterweisung lief eigentlich über zwei Semester und wurde im Laufe der Zeit zu einer komplexen Gestaltungslehre ausgebaut. Der Schriftunterricht, den Schmidt zur Ergänzung der Grundlehre konzipierte, beinhaltete zunächst nur die Befähigung zum Schrift-Schreiben und Schrift-Konstruieren. Von Engemann sind aus diesem Unterricht nur wenige Arbeiten überliefert, auch in seinem Nachlass finden sich keine späteren typografischen Entwürfe. Die erhaltene Übung zeigt eine aus dem Quadratraster entwickelte sachliche, dabei tektonisch starke Form, wie man sie an Geschäftshäusern jener Jahre aufbrachte. Engemann entging nicht, dass sich Schmidts obligatorischer Schriftunterricht integrierend auf die zu dieser Zeit auseinanderdriftenden Bereiche der Lehre und der Werkstattarbeit am Bauhaus auswirkte.

Von der Einzelform zum Gesamtbild: Joost Schmidt

Schmidt knüpfte in seiner Vermittlung an die Weimarer Bemühungen von Dora Wibiral (1876–1955) und Lothar Schreyer (1886–1966) an. Während für die anderen künstlerischen Lehrkräfte am Haus eine enge Wechselbeziehung zwischen kunstästhetischer Praxis, theoretischer Auseinandersetzung und Lehre bestand, standen für Schmidt die Studierenden im Mittelpunkt. Auf Basis systematischer Vermittlung bemühte er sich, ihre kreativen Anlagen zu fördern. Die Vielschichtigkeit der menschlichen Erscheinung wie des Handelns spielten dabei eine wichtige Rolle. Schmidts Darstellung von Zusammenhängen, Determinationen und wechselseitigen Abhängigkeiten, vom Elementaren zum Komplexen gehend, bezog sich auf weltanschauliche Aspekte. In ihrer Dialektik von Vernunft und Intuition betrachtete er diese als grundlegend für die Gestaltungsarbeit.

Für die Vermittlung der Schriftkonstruktion ging Schmidt von den Grundformen der Schrift aus. Der Aufbau aus Kreis, Quadrat und Rechteck, ihre Veränderbarkeit, Größenvarianz und Variabilität in der Balkenstärke sowie die Untersuchung konkreter Anwendungen waren ebenso Themenschwerpunkte wie die Behandlung von Farben und Flächen, auch in Bezug auf die Reklamearbeit. Klassische wie aktuell gebräuchliche Schriften wurden einer kritischen Analyse unterzogen. Später kamen Aspekte der Sprache, der Ausdruckspsychologie, des Sozialen, des Optischen, der Technik und der Ökonomie hinzu. Fragen der gesellschaftlichen Relevanz – von Schrift als kollektiver Form – blieben dabei nicht ausgeklammert.

Wie seine Kollegen Albers und Bayer am Bauhaus und mehrere Avantgardisten der Typografie außerhalb der Schule, beispielsweise Kurt Schwitters (1987–1948) und Herbert Post (1903–1978), strebte Joost Schmidt eine Reformierung der Schrift an. Daher versuchte er eine einfache, den Ansprüchen der Standardisierung und der internationalen Kommunikation genügende Schriftform zu entwickeln.

Für kurze Zeit besuchte Friedrich Engemann den Unterricht bei Oskar Schlemmer (1888–1943), einem künstlerisch zwischen Expressionismus, Dadaismus, Konstruktivismus, Neuer Sachlichkeit und Surrealismus stehenden Maler, Bildhauer, Bühnenkünstler und Theoretiker. In Engemanns Nachlass ist eine Zeichnung aus diesem Unterricht überliefert, die nach dem „menschlichen Kanon“ aus dem Buch der Messungen von Albrecht Dürer (1471–1528) gefertigt wurde. Hier geht es um die Darstellung der geometrischen und arithmetischen Proportionen des Körpers sowie den Versuch, Bewegungen von Körpern im Raum darzustellen, ein schwieriges Problem der deskriptiven räumlichen Geometrie.

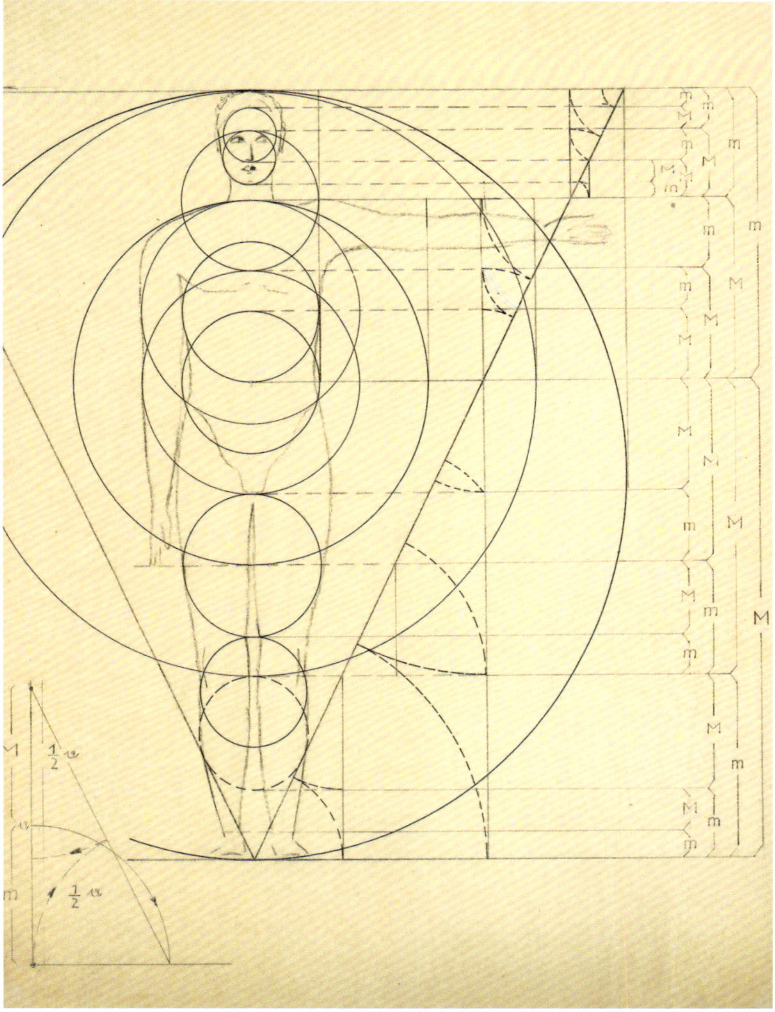

Abb. 18
Friedrich Engemann, Zeichnung nach Albrecht Dürers „menschlichem Kanon“ aus Buch der Messung, Übung aus dem Unterricht „Der Mensch“ bei Oskar Schlemmer, 1928

Oskar Schlemmer: Der Mensch im Raum

In seinem Unterricht zum Thema „Der Mensch" im fakultativen „Figürlichen Zeichnen" bezog sich Schlemmer auf schematische Darstellungen des menschlichen Körpers in der Kunstgeschichte und damit verbundene Proportionslehren. Hier wurden „die Schemata und Systeme des Linearen, Flächigen und Körperlich-Plastischen behandelt: die Normalmaße, die Proportionslehren, die Messung Dürers und der Goldene Schnitt. Aus diesen entwickeln sich die Gesetze der Bewegung, die Mechanik und die Kinetik des Körpers, sowohl in sich als im Raum, sowohl im Naturraum als im Kulturraum (bau): auf letzterem liegt naturgemäß besonderes Gewicht: das Verhältnis des Menschen zur Behausung, zu deren Einrichtung, zu den Gegenständen."[55]

Die Konzentration auf das Ursprüngliche, das Unpersönliche, auf die Herausarbeitung des Typischen mittels Reduktion auf geometrische Formen – auch in Bezug auf den menschlichen Körper, um so dessen tektonisches Gefüge und Körperhaftigkeit zu demonstrieren – kennzeichneten den ersten Teil des komplexen Unterrichts. Er endete mit Analysen figürlicher Darstellungen in alter und neuerer Kunst. Schließlich ging es in Schlemmers Unterricht um die Entwicklung eines Theoriegebäudes, den Entwurf eines ganzheitlichen Menschenbildes, wobei neben formalen und biophysischen auch philosophische Aspekte thematisiert werden.

Die Konzentration auf dieses Thema korrespondierte nicht nur mit Schlemmers künstlerischer Berufung. Die Bezugnahme auf den Menschen als Ausgangs- und Endpunkt aller pädagogischen und gestaltungspraktischen Bemühungen, die Herausbildung eines neuen Menschen für eine neue Gesellschaft gehörten von Anfang an zu den Zielen des Bauhauses. Schlemmer verlieh diesem humanistischen Anliegen durch die konzentrierte Auseinandersetzung mit dem Thema „Mensch im Raum" in seiner künstlerischen Praxis ebenso wie der Lehre in unvergleichlicher Weise Ausdruck. Als Künstler wie Lehrer gelang es ihm, das bauhausimmanente Konfliktpotenzial zu überwinden bzw. auszugleichen, welches sich aus dem Bestreben ergab, künstlerische Individualität mit objektivem Gestaltungsanspruch und metaphysisch orientiertes Kunstwollen mit pragmatischer Handlungsausrichtung zu vereinen. Davon profitierte auch Engemann, indem er allgemeine Grundsätze hinsichtlich der menschlichen Orientierung im Raum für seine Gestaltungspraxis und seinen Unterricht anwenden konnte.

55 Oskar Schlemmer, Unterrichtsgebiete, in: Zeitschrift bauhaus, Nr. 2/3, 1928, S. 23.

Theorie und Praxis. Als Lehrer am Bauhaus

Methodisch strebte das Bauhaus eine breite Erziehung an, die „zu einer totalen und unabhängigen Stellungnahme im Leben" führen sollte. Wie Gropius es später noch einmal formulierte, ging es darum, „die Wiederherstellung der verlorenen Zusammenhänge zu verstärken". Das sei das Wesentliche, die Erziehung „des universell eingestellten Menschen, dem die Zusammenhänge im Leben wichtiger sind als Einzelheiten". Die Bedeutung der Bauhauslehrer, so Gropius im Nachhinein, „bestand nicht in der Verbindung eines stilistischen Absolutums, sondern in einer neuen geistigen Haltung, die den Gestalter unserer Umwelt mit einer objektiven, aus elementaren Wurzeln entwickelten Arbeits- und Denkweise ausrüsten sollte, die seine spontane, künstlerische Initiative im Leben der Gesamtheit verankern und ihn vor eigener Willkür bewahren sollte. Im Gegensatz zu der vorherrschenden Lehrweise, den Studierenden an den subjektiven Gestaltungsmethoden und -formen seines Meisters zu schulen, versuchten wir, ihn auf eine solide Grundlage zu stellen, in dem wir ihn mit objektiven Prinzipien von universaler Gültigkeit vertraut zu machen versuchten, die basiert waren auf den Gesetzen der Natur und der Psychologie des Menschen. Von dieser Basis her sollte er dann seine eigenen individuellen Gestaltungswege entwickeln, unabhängig von den persönlichen seines Lehrers."[56]

Es entsprach Engemanns Prägung, dass das Bauhaus die „Werk-Idee" betonte, eine Vorstellung, die vom Leistungswillen des Einzelnen ausging und das handwerkliche gleichberechtigt neben das künstlerische Schaffen stellte. Dabei konnte es Begeisterung wecken, zu erleben, wie sich beides

56 Walter Gropius, Rede anlässlich der Eröffnung des Bauhaus-Archivs in Darmstadt, in: Die Welt, Nr. 127, vom 3.7.1961.

57 Friedrich Engemann, handschriftlicher Lebenslauf, o. J., SBD, Inv.-Nr.: I 8725 D.

im kollektiven Streben am Bau vereinte, ein Vorgang, an dem viele Hände und Köpfe wie die Zellen eines Organismus wirkten.[57] Diese Idee der Förderung des individuellen Potenzials war es, die Engemann als Lehrer und Pädagoge interessierte. Am Bauhaus schienen ihm die Teilfunktionen des Einzelnen in die schöpferische Gesamtleistung eingefügt und mit einer umfassenden theoretischen Ausbildung verknüpft – darin zeichnete sich ein Weg in die Zukunft ab, weg von der Spezialistenausbildung, hin zu universeller Befähigung. Durch den Ausbau dieses erzieherischen Grundsatzes, der die Initiative des Einzelnen weckte und gleichzeitig an ein gemeinsames Werk band, war das Bauhaus für den Pädagogen Engemann zum Vorbild geworden. Es ist nachvollziehbar, dass diese Erziehungsmethode Engemanns Haltung lebenslang bestimmte.

Im Februar 1929 erhielt Engemann von Hannes Meyer ein außergewöhnliches Angebot: Er sollte sein Studium sofort abbrechen und dafür, unter Beibehaltung seiner Festanstellung an der Berufsschule, nebenamtlich Unterricht am Bauhaus erteilen mit acht Stunden an zwei Tagen in der Woche, und zwar in den Fächern Mathematik, Darstellende Geometrie, Technische Mechanik und Festigkeitslehre.[58] Diese Aufgaben wurden vakant, als Friedrich Köhn (1886–1962), der in der Bauabteilung Grundlagen in den ersten Semestern vermittelte, aus dem Bauhaus ausschied.

58
Brief von Hannes Meyer an Friedrich Engemann vom 27.2.1929, SBD, Inv.-Nr.: I 17217 D.

Abb. 19
Friedrich Köhn (Mitte) und Bauhaus-Studenten, 1928

Friedrich Köhn

Von 1926 bis 1928 unterrichtete hauptsächlich der promovierte Ingenieur Friedrich Köhn Darstellende Geometrie, Mathematik, Statik und Baukonstruktionslehre, er gehörte zu dieser Zeit zu den beliebtesten Lehrern am Bauhaus. Durch seine pädagogischen Fähigkeiten und ein interessantes Lehrangebot schien Köhn einen besonderen Zugang zu seinen Studierenden gefunden zu haben. So erklärte etwa der ehemalige Bauhausschüler Franz Ehrlich, dass es in Köhns Unterricht nicht nur um die langweilige Erfassung und Darstellung von räumlichen, insbesondere technischen Strukturen gegangen sei. Was die Studierenden begeisterte, war vielmehr sein komplexer Anspruch, eine Gesetzmäßigkeit zu schaffen, die die gesamte Gestaltung von Umwelt schließlich in einem System erfasste. Darstellende Geometrie verstand Köhn demnach als eine umfassende und fehlerfreie „Sprache“ des Menschen über alle Vorgänge in Raum und Zeit.[59]

59
Vgl. Franz Ehrlich, Gab es am Bauhaus ein Modul, unveröffentlichtes Manuskript vom 22.2.1979, S. 4, SBD, NL Ehrlich, Inv.-Nr.: I 11679/1-6 D.

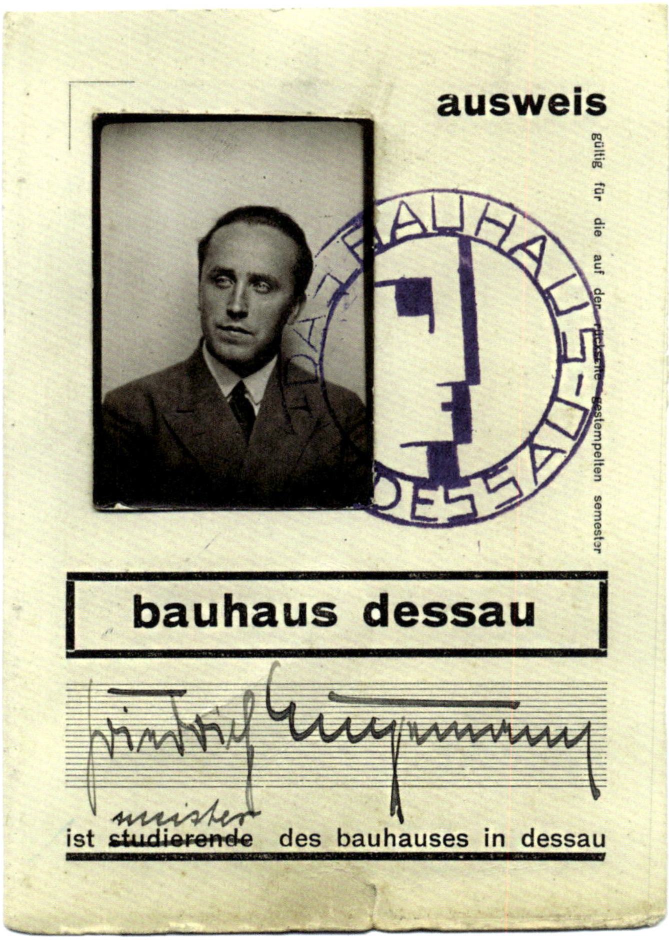

Abb. 20
Bauhaus Dessau, Ausweis
für Friedrich Engemann als
Meister des Bauhauses, 1931

Abb. 21
Der Lehrkörper des Bauhauses,
1929, Seite aus dem Pospekt
„junge menschen kommt ans
bauhaus!"

Zwar verfügte Engemann über Erfahrungen im Bereich der Unterrichtsorganisation, über pädagogisches Talent und Kenntnisse zu Theorie und Praxis des Bauwesens, doch die Stelle Köhns bekam er nicht. Immerhin übernahm er ab März 1929 nebenamtlich mehrere Grundlagenfächer für jeweils zwei Stunden.[60] Im Heft Nr. 2 der Zeitschrift „bauhaus“, das im April 1929 erschien, wurde Engemann als Dozent für Berufsfachzeichnen, Mathematik, Darstellende Geometrie und Technische Mechanik vorgestellt – und einige Zeit später als Meister des Bauhauses geführt.

Zur selben Zeit erweiterte Hannes Meyer sein Team außerdem um Johannes Riedel (1889–1971) und Alcar Felix Rudelt (1900–1979), Köhns Nachfolger. Beide kamen aus Dresden. Auch sie sollten bautechnische Fächer, Betriebswissenschaft und Mathematik unterrichten, weshalb das Lehrprogramm unter den Lehrkräften abgestimmt werden musste.[61]

60 Brief von Hannes Meyer an Friedrich Engemann vom 7.3.1929, SBD, Inv.-Nr.: I 8196 D.

61 Ebd.

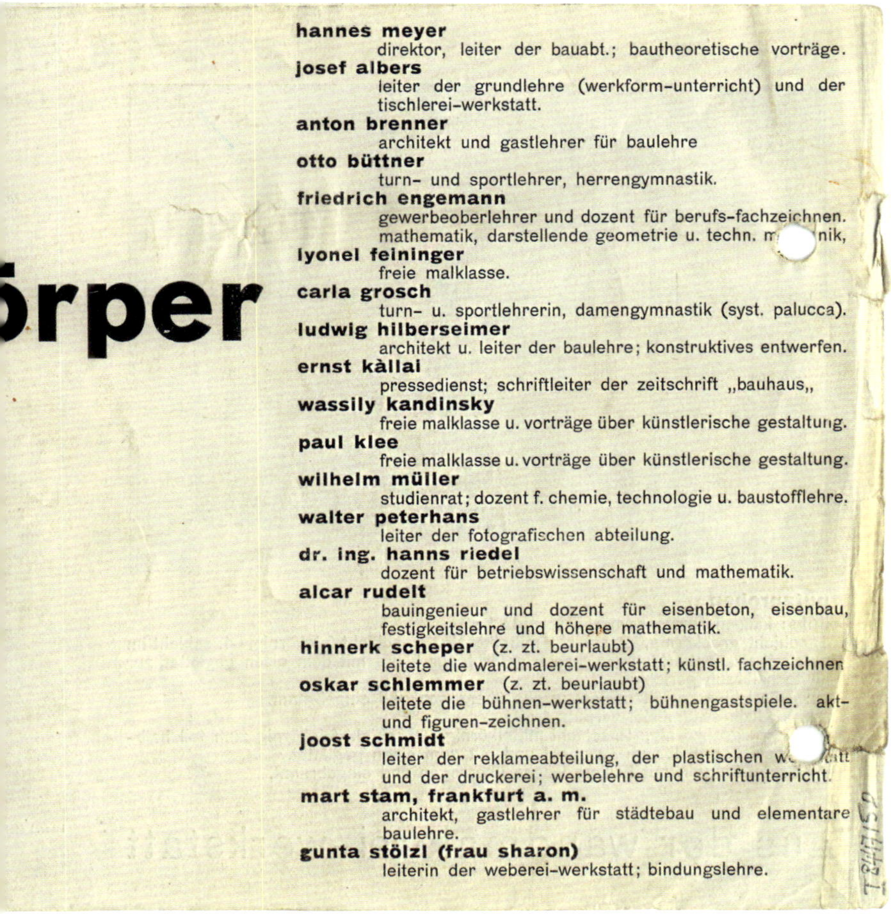
örper

hannes meyer
direktor, leiter der bauabt.; bautheoretische vorträge.
josef albers
leiter der grundlehre (werkform-unterricht) und der tischlerei-werkstatt.
anton brenner
architekt und gastlehrer für baulehre
otto büttner
turn- und sportlehrer, herrengymnastik.
friedrich engemann
gewerbeoberlehrer und dozent für berufs-fachzeichnen. mathematik, darstellende geometrie u. techn. m[illegible]nik,
lyonel feininger
freie malklasse.
carla grosch
turn- u. sportlehrerin, damengymnastik (syst. palucca).
ludwig hilberseimer
architekt u. leiter der baulehre; konstruktives entwerfen.
ernst kàllai
pressedienst; schriftleiter der zeitschrift „bauhaus„
wassily kandinsky
freie malklasse u. vorträge über künstlerische gestaltung.
paul klee
freie malklasse u. vorträge über künstlerische gestaltung.
wilhelm müller
studienrat; dozent f. chemie, technologie u. baustofflehre.
walter peterhans
leiter der fotografischen abteilung.
dr. ing. hanns riedel
dozent für betriebswissenschaft und mathematik.
alcar rudelt
bauingenieur und dozent für eisenbeton, eisenbau, festigkeitslehre und höhere mathematik.
hinnerk scheper (z. zt. beurlaubt)
leitete die wandmalerei-werkstatt; künstl. fachzeichnen
oskar schlemmer (z. zt. beurlaubt)
leitete die bühnen-werkstatt; bühnengastspiele. akt- und figuren-zeichnen.
joost schmidt
leiter der reklameabteilung, der plastischen w[illegible]tt und der druckerei; werbelehre und schriftunterricht.
mart stam, frankfurt a. m.
architekt, gastlehrer für städtebau und elementare baulehre.
gunta stölzl (frau sharon)
leiterin der weberei-werkstatt; bindungslehre.

Alcar Felix Rudelt

Der in Dresden ausgebildete Rudelt kam als Nachfolger von Friedrich Köhn und übernahm die Stelle des Bauingenieurs in der Bauabteilung; später stellte Ludwig Mies van der Rohe ihn als „Meister“ an. In der Baulehre absolvierte er ein äußerst umfangreiches Unterrichtsprogramm und deckte neben Friedrich Engemann den größten Teil der bauorientierten Grundlagenfächer ab.[62] Dazu gehören Baustofflehre, Festigkeitslehre, Mechanik, Mathematik, Statik, Eisenbeton, Eisenbau, Baukunde, Heizungs- und Lüftungstechnik. Im Fach Baumechanik vermittelte er die Kräftelehre und bezog sie auf einfache statische Sachverhalte am Bauwerk. Auch dreidimensionale Kräftedarstellungen, mathematische Berechnungen und eine Einführung in die Theorie der Momente gehörten zu seinem Unterricht.[63]

Die von Rudelt vermittelten Grundlagen versetzten die Studierenden in die Lage, einfache Bemessungen selbst vorzunehmen. In diesem Stadium der Ausbildung informierte Rudelt außerdem über moderne Baukonstruktionen und -typologien. Speziell dieser Lehranteil war auf der Höhe der Zeit. Hier wurden Systeme vorgestellt, die hauptsächlich im Neuen Bauen zur Anwendung kamen. Dazu gehörten das flache Dach und der Gebäudetyp des Laubenganghauses. Baukonstruktionen, die Entwicklung von Detailzeichnungen, Baukosten- und wärmetechnische Ermittlungen, intensive statische Berechnungen etc. ergänzten den Lehrstoff, der in der Summe die Vermittlung neuer bautechnischer Möglichkeiten und Baukonstruktionen umfasste. Der Kostenermittlung widmete Rudelt den abschließenden Teil seiner Unterweisungen und vervollständigte damit seinen weitgehend auf das Bauingenieurswesen orientierten Unterricht.

Den Aussagen vieler Studierender zufolge schienen einige Lehrkräfte der außerkünstlerischen Fächer nicht weniger beliebt, teils sogar beliebter zu sein als die künstlerischen Lehrer*innen. Ihr Einfluss auf die jungen Bauhausschüler*innen war mitunter groß. Das mag einerseits mit einer besonderen pädagogischen Ausbildung und Befähigung dieser Lehrenden, andererseits auch mit der Spezifik des Lehrstoffs zu tun zu haben. Die meisten dieser Fächer waren reine Lern- und Wissensfächer, während im Kunstunterricht, z. B. bei den Malern, mitunter schwer verständ-

62 Vertrag – Abschrift – zwischen dem Magistrat der Stadt Dessau und Alcar Rudelt vom 30.5.1930, SBD, Inv.-Nr.: I 10805 D, Bl. 118, Dauerleihgabe des IRS, Institut für Regionalentwicklung und Strukturplanung, Berlin.

63 Winkler, Baulehre und Entwerfen, S. 155.

liche, komplexe Zusammenhänge zu begreifen waren. In der Klee-Forschung etwa wird schon seit einiger Zeit darauf hingewiesen, dass Klee ohne metaphorische Sprache nie auskam, dass seine Lehre nicht eigentlich rational war und er von vielen seiner Schüler*innen nicht wirklich richtig verstanden wurde.[64]

64
Marcel Franciscono, Paul Klee im Bauhaus – der Künstler als Gesetzgeber, in: Paul Klee, Köln 1979, S. 17–28, hier S. 20, S. 25.

Abb. 22
Unterricht bei Alcar Felix Rudelt, 1932

Meyers personelle Veränderungen reichten noch weiter. Nicht nur Engemann wurde in der Bauhauszeitschrift als „neue Lehrkraft“ vorgestellt, sondern auch der aus Wien kommende Architekt Anton Brenner (1896–1957), der als Leiter das Bauatelier übernahm. Außerdem kamen Ludwig Hilberseimer (1885–1967) aus Berlin, der als Architekt und Stadtplaner Leiter der Baulehre wurde, und ebenfalls aus Berlin der Fotograf Walter Peterhans (1897–1960), dem Meyer die Abteilung für Fotografie übertrug.[65] Allein der Anteil an Lehrkräften im außerkünstlerischen Unterricht vervielfachte sich im Vergleich zu vorher.

65 bauhaus. vierteljahr-zeitschrift für gestaltung, 3. Jg., Nr. 2, 1929, S. 25.

Wissenschaftlich-theoretischer Unterricht

Das Bauhaus als pädagogisches Experiment war gekennzeichnet durch eine auf Gemeinschaftsarbeit beruhende Ausbildung, in der praktischer und theoretischer Unterricht eng verknüpft waren. Neben der handwerklichen Lehre und der künstlerischen, d. h. der zeichnerisch-malerischen Ausbildung, wurde die wissenschaftlich-theoretische Unterweisung im Programm von 1919 als dritter Pfeiler fixiert. Dazu gehörten naturwissenschaftlich-technische Grundlagenfächer wie Materialkunde, physikalische und chemische Farbenlehre, Technikgeschichte, Anatomie sowie die Vermittlung betriebswirtschaftlicher Grundlagen wie Buchführung, Vertragswesen usw. Das Lehrspektrum bildete die Grundlage und Voraussetzung für die zu dieser Zeit angestrebte, zweifellos alternative Ausbildung von Handwerksgesellen und -meistern. Die Vermittlung z. B. betriebswirtschaftlicher Kenntnisse war mit der dem Werkbundgedanken entlehnten Absicht verbunden, der angeblichen „Wirtschaftsenthobenheit“[66] von Künstler*innen entgegenzuwirken und sie zugleich als Akteure im Wirtschaftssektor zu profilieren.[67] Zwar spielten die naturwissenschaftlichen Fächer zwischenzeitlich wieder eine geringere Rolle (in den Satzungen von 1921 ist nur noch von „ergänzenden Lehrfächern“ die Rede[68]), ihre Bedeutung für eine komplexe Ausbildung wurde jedoch nie infrage gestellt, auch in Dessau nicht.

Mit dem Wintersemester 1927/28, als Friedrich Engemann Schüler am Bauhaus wurde, deutete sich eine neue Auseinandersetzung um die Rolle der Künste bzw. des Kunstunterrichts an, als neben den Werkstätten das „Seminar für freie plastische und malerische Gestaltung“, die freien Malklassen, unter anderem von Paul Klee und Wassily Kandinsky, etabliert wurden. Der fortschreitenden Funktionalisierung und Technologisierung in den Werkstätten und im außerkünstlerischen Unterricht stand so ab 1928 eine intensivierte Bildkunstproduktion und ein damit verbundener Kunstunterricht gegenüber. In verschiedenen Aufsätzen behaupteten die Künstlerlehrer ihre Stellung und erläuterten den wissenschaftlichen Anspruch ihrer Herangehensweise.[69] Die visionäre Einheit von Kunst und Gestaltung für eine moderne, humanere Gesellschaft begann sich dennoch gerade zu dieser Zeit aufzulösen. Ernst Kállai (1890–1954), Schriftleiter der Bauhaus-Zeitschrift, konstatierte Ende der 1920er

66 Ein von Max Weber geprägter Begriff, der die Wirkungsweise „charismatischer“ Künstler und Anführer kennzeichnet. Vgl. Max Weber, Wirtschaft und Gesellschaft. Grundriss der verstehenden Soziologie, Tübingen 1922.

67 Vgl. Rainer K. Wick, Bauhaus. Kunstschule der Moderne, Stuttgart 2000, S. 67.

68 Walter Gropius, Die Satzungen des Staatlichen Bauhauses zu Weimar, 1921, S. 2.

69 Vgl. Wassily Kandinsky, Der Wert des theoretischen Unterrichts in der Malerei, in: bauhaus (1926), H. 1, 1926. Paul Klee, Exakte Versuche im Bereich der Kunst, in: bauhaus, Zeitschrift für Gestaltung, 1928, z. B. S. 17. László Moholy-Nagy, Von Material zu Architektur (bauhausbücher, Bd. 14), Berlin 1929, z. B. S. 241.

Jahre für das Bauhaus einerseits eine „lediglich zweck- und konstruktionsbestimmte, massenwirtschaftlich-typisierte Sachlichkeit", andererseits eine von „Traum, Vision, nacktem Seelenbekenntnis oder paradoxer Zauberkünstelei gekennzeichnete Metaphysik."[70] Unter dem Direktorat von Hannes Meyer erfuhren die wissenschaftlichen und berufspraktischen Fächer eine außerordentliche Aufwertung. Meyer befreite sie im Rahmen der Strukturveränderungen von ihrer assistierenden Funktion. In seiner starken Ausrichtung auf eine wissenschaftlich begründete Baulehre diente ihm die „Kunstlehre" bestenfalls „zur Systematik der Ordnungsgesetze", und insofern schätzte er sie als für jeden Gestalter unentbehrlich ein.[71] Mehr jedoch akzentuierte er die wissenschaftliche Ausbildung, um damit eine größere Realitätsnähe zu erreichen. So wurden mehr natur- und basiswissenschaftliche Fächer unterrichtende Lehrkräfte eingestellt und größtenteils in die von Meyer präferierte Bauabteilung integriert. Hier deutete sich an, dass die seinerzeit noch von Gropius beschworene „neue Einheit" von Kunst und Technik unerfüllbar bleiben musste.

Auch und gerade in Dessau, wo sich das Bauhaus organisatorisch zwischen Technischer Hochschule, Baugewerkschule und Akademie bewegte, hatte die Schule als Berufsausbildungsstätte bestimmte Auflagen zu erfüllen. Dazu zählte auch die Vermittlung naturwissenschaftlicher sowie allgemeiner berufspraktischer Grundlagen. Die Institution kam dabei lange nicht ohne Grundlagen vermittelnde schulische Kooperationspartner aus. In Weimar war dies z. B. die Baugewerkschule unter Leitung des Architekten Paul Klopfer (1876–1967), deren Lehrer den Bauhausstudierenden Grundlagen des handwerklichen Bauens, der Baukonstruktion und Statik vermittelten. In Dessau war dafür eine Kooperation mit den Technischen Lehranstalten und der Gewerblichen Berufsschule angestrebt. Neben der Berufung von Architekten wie Hans Wittwer (1894–1952), Alfred Arndt (1898–1976), Edvard Heiberg (1897–1958), Ludwig Hilberseimer (1885–1967), Mart Stam (1899–1986) und Anton Brenner (1896–1957) als Lehrkräfte und Gastdozenten kamen die entsprechenden Fachlehrer entweder aus dem unmittelbaren schulischen Umfeld oder bei Mehrbedarf aus dem universitären bzw. Hochschulumfeld der Region. Die Einbindung der Fachlehrer in den außerkünstlerischen Fächern erfolgte in den wenigsten Fällen als Festanstel-

70
Ernst Kállai, Zehn Jahre Bauhaus, in: Weltbühne, Jg. 26 (Januar 1930), Nr. 4, S. 135–139.

71
Hannes Meyer, Bauhaus und Gesellschaft, in: bauhaus. vierteljahr-zeitschrift für gestaltung, 3. Jg., Nr. 3, 1929, S. 2.

lung, sondern meist im Nebenamt oder, ab März 1931, nach Etatkürzungen, durch Vortragskurse. Zu den Lehrenden in diesem Bereich gehörten neben Friedrich Engemann ab 1928/29 ortsansässige Ingenieure wie Wilhelm Dehnhardt (Heizung und Lüftung), Alcar Felix Rudelt (Baukonstruktionslehre, Mathematik, Eisenbeton, Statik, Festigkeitslehre), Erich Schrader (Mathematik, Technische Mechanik, Darstellende Geometrie, Statik), Max Pfeiffer (Baukonstruktionslehre) und Gewerbelehrer wie Artur Krause (Metall), Hermann Schneider (Elektroinstallation), Richard Vogel (Schweißtechnik), Wilhelm Müller (Chemie, Technologie, Baustofflehre) sowie für die Mathematik Willi Saemann (1893–1972).[72] Im Gegensatz zu den meisten Architekten und Ingenieuren verfügten gerade Gewerbelehrer wie Friedrich Engemann über eine solide berufspädagogische Ausbildung.

Die Lehrinhalte variierten im Lauf der Zeit nur unwesentlich.[73] Beispielsweise führte der Dessauer Studienrat Wilhelm Müller, der den Technischen Lehranstalten „entliehen" war, im Fach Chemie in die Stoffkunde der Bindemittel ein und unterschied dabei zwischen feuerfesten und hydraulischen Materialien. Er behandelte außerdem die entsprechenden Herstellungsmethoden und ihre Verwendungsmöglichkeiten als Baustoffe. Dasselbe galt für Glas, Nichteisenmetalle wie Aluminium, aber auch Eisen und Stahl. Später folgten Abschnitte über Naturstein, Beton sowie Zement- und Betonwaren. Damit bekamen die Studierenden einen repräsentativen Überblick über das damalige Angebot der Baustoffindustrie. Bei der Vermittlung wurden die entsprechenden naturwissenschaftlichen und technologischen Erkenntnisse der Zeit berücksichtigt; ebenso im Fach Baustofflehre für die höheren Semester. Hier teilte Müller seinen Stoff in fünf Kapitel ein. Zuerst wurden die natürlichen Baustoffe thematisiert, mit Schwerpunkten auf Entstehung, Eigenschaften und technische Verwendungsmöglichkeiten. Darauf folgten die Bindemittel (Mörtel, Zement, Beton), die künstlichen Bausteine sowie die Dichtungsmittel und Anstrichstoffe (Asphalt usw.). Dem Baustoff Holz blieb ein eigenes Kapitel vorbehalten.[74]

72 Die Lebensdaten der genannten Personen sind weitgehend unbekannt. Willi Saemann war Mathematikhistoriker und Adam-Ries-Forscher. Er gilt als Entdecker der ältesten bekannten Handschrift von Adam Ries (Kodex Dresden C 349). Vgl. Rainer Gebhardt, Der Adam-Ries-Forscher Willi Saemann (1893–1972), in: Jahrbuch des Adam-Ries-Bundes, Bd. 2, hg. v. Vorstand des Adam-Ries-Bundes e. V. Annaberg-Buchholz 2011, S. 45–69.

73 Den umfassendsten Überblick lieferte bislang Winkler, Baulehre und Entwerfen.

74 Baustofflehre, Unterrichtsmitschriften von Walter Köppe, 1929, SBD, NL Köppe, Inv.-Nr.: I 21030 D.

Friedrich Engemanns Beitrag zur Bauhauspädagogik

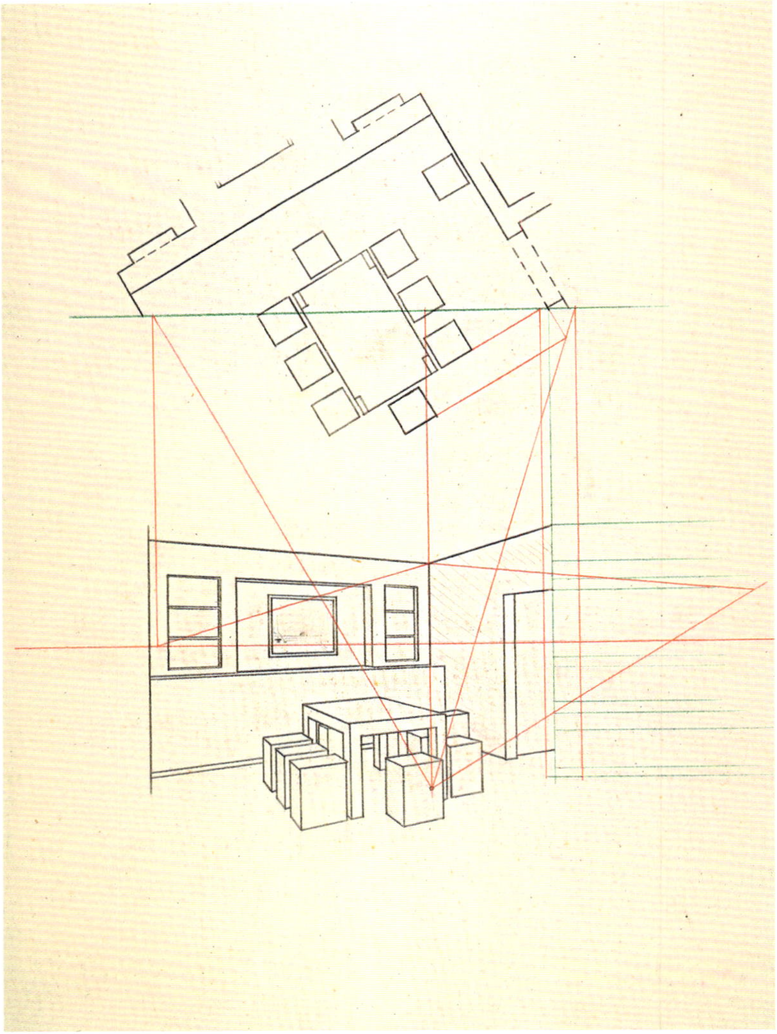

Abb. 23
Friedrich Engemann, Perspektivische Ansicht eines Wohnbereiches mit Sitzgruppe und daraus abgeleiteter Grundriss, Zeichnung für den eigenen Unterricht in perspektivischem Zeichnen

Wie fügte sich nun Engemanns Unterricht in den Komplex des außerkünstlerischen, wissenschaftlichen und berufspraktischen Unterrichtens am Bauhaus ein? Ihm war klar: „Wissenschaft und technische Erfahrung haben längst neue Wege gewiesen. Die ersten durchgreifenden Versuche, diese Wege zu begehen und unserer Zeit und ihrer Entwicklung auch das Lernen umzugestalten betreibt das Bauhaus."[75] Deshalb war er hier. Friedrich Engemann wurde am Bauhaus mit Studierenden (zu ihnen gehörte auch sein Bruder Herbert)[76] konfrontiert, die seine pädagogische Begabung auf eine andere Weise herausforderten, als er es von der Berufsschule gewohnt war.

Dennoch kamen ihm die Erfahrungen aus seinem Berufsschulunterricht zugute. Hier schon hatte er über die Wissensvermittlung hinaus versucht, die Schüler*innen zu befähigen, den tieferen Sinn, logische Zusammenhänge und themenbezogene Querverbindungen zu erkennen. Individualistisch, problemorientiert, kreativ, leidenschaftlich, ehrgeizig und weitgehend diskursoffen – man könnte auch sagen streitlustig –, waren die Bauhäusler*innen sicher nicht leicht zu unterrichten. So wurde erzählt, dass etwa zehn Studierende einer Einladung Engemanns in sein Wohnhaus folgten, um über neue Gesellschaftsformen, die Industrialisierung und deren kulturelle Auswirkungen zu diskutieren. Dabei legte sich einer „auf das Sofa in der ihm fremden Wohnung seines Lehrers. Welche Sitten!"[77] Engemann vermochte es, den jungen Menschen die Lehrinhalte zum einen handwerksorientiert, zum anderen aus Bauhausperspektive nahezubringen, und er schien dabei auch ungewohnte Wege zu beschreiten. Er und seine Kollegen boten einen knappen, aber konzentrierten Kurs für die baukonstruktive Ausbildung auf hohem ingenieurwissenschaftlichem Niveau, welcher der Grundlagenausbildung an Technischen Hochschulen in diesem Bereich nicht nachstand. Mit seinem Unterricht in Baukonstruktion, konstruktivem Entwerfen und technischer Werklehre bewegte sich Engemann in der Tradition des Unterrichts, den Baumeister Ernst Schumann (1874–nach 1938) bereits 1919/20 am Weimarer Bauhaus gegeben hatte.

Unter der Bezeichnung „Kursus über Konstruktions- und Projektionszeichnen" hatte Schumann in Weimar Folgendes unterrichtet: „1. Konstruktion der Axonometrie (Isometrie, Dimetrie und Triemetrie). 2. Innenkonstruktion (Bau- und Möbeltischlerei nebst zugehörigen Schlosserarbeiten) Austragen der Einzelarbeiten in rechtwinkliger und axonometrischer Projektion. 3. Konstruktionszeichnen verschiedener bau-

75
Friedrich Engemann, Meiner Schwester Gertrud zur Erinnerung an ihren ersten Besuch in Dessau, 16. bis 25. Juli 1927, Reisebericht, S. 15, Privatarchiv Engemann, Dessau, Kopie im SBD.

76
Herbert Engemann, geboren 1912, am Bauhaus 1929–1931, Tischlerei und Bau/Ausbauabteilung.

77
Pius Pahl, Erfahrungen eines akademischen Architekturstudenten, in: Magdalena Droste/Boris Friedewald, Unser Bauhaus. Bauhäusler und Freunde erinnern sich, München 2019, S. 250–256, hier S. 251.

und kunstgewerblicher Berufe. 4. Besprechung der Baustoffe. 5. Konstruktion der wichtigsten Punkte beim Eigen- und Schlagschatten. 6. Konstruktion der Perspektive."[78] Während mit Schumanns Zeichenkurs in Weimar einer Forderung des Bauhausprogramms von 1919 entsprochen wurde, wonach unter Punkt 2h Unterricht im „Konstruktions- und Projektionszeichnen" gefordert war,[79] bot Engemanns Unterricht am Dessauer und Berliner Bauhaus elementare Grundlagen für die Ausbildung von Architekt*innen im Bauingenieursbereich. Vorliegende Unterrichtsmitschriften lassen erkennen, dass Engemann in der Darstellenden Geometrie die Studierenden mit den Grundlagen des Faches bekannt machte. Sie bekamen gleichermaßen Grundbegriffe der Projektionslehre und des Technischen Zeichnens vermittelt und mussten Serien von verschiedenen geometrischen Körpern und technischen Gegenständen in exakten Darstellungsformen erfassen.[80]

Engemann bemühte sich auch hier, den Unterricht interessant zu gestalten und seine Begeisterung für diese scheinbar tristen Fächer auf die Studierenden zu übertragen. Unter dem Einfluss der Beschäftigung mit Rudolf Steiner war er von der Theorie der geometrischen Oberflächen von Körpern und ihrer gleichsam „ätherischen" Erscheinung eingenommen. Angeregt durch den Mathematiker David Hilbert (1862–1943),[81] mit dessen „axiomatischer Methode" er seit seinem Studium in Dresden vertraut war, versuchte er durch die Anwendung einfacher Prinzipien – aus denen logisch das Wissen anderer Gebiete folgt – die getrennt überlieferten mathematischen Wissenszweige zu vereinen. Wie für Hilbert war die Mathematik für ihn keine Wissenschaft des Rechnens, sondern eine Beschäftigung mit ihren grundlegenden Ideen: Unendlichkeit und Kontinuum, Wahrheit und Beweisbarkeit. In dieser Form lieferte ihm das Fach Geometrie zugleich ein Modell für die Bildung und Zusammensetzung von Dingen und darüber hinaus für philosophische Aussagen.

Gelegenheit, seine Vorstellungen im praktisch-technischen Bereich umzusetzen, hatte Friedrich Engemann, als er über seinen Unterricht für das erste Werkstattsemester mit der Arbeit in der Ausbauabteilung in Berührung kam. Bereits im Juli 1929, knapp ein Jahr nachdem Meyer den Direktorenposten übernommen hatte, musste notgedrungen auch die Werkstättenstruktur verändert werden.

Die Jungmeister Hinnerk Scheper und Josef Albers legten jeweils die Leitung der Werkstatt für Wandmalerei und für Tischlerei nieder, Marianne Brandt (1893–1983) trat als Lei-

78
Thüringisches Hauptstaatsarchiv Weimar, Staatliches Bauhaus Weimar, 167, Bl. 34, 35, 38.

79
Walter Gropius, Programm des Staatlichen Bauhauses Weimar, 1919, S. 3.

80
Marty Bax, Bauhaus Lecture Notes 1930–1933, Amsterdam 1991, S. 67.

81
Vgl. Leo Corry, David Hilbert and the Axiomatization of Physics (1898–1918): From Grundlagen der Geometrie to Grundlagen der Physik, New York 2004.

Abb. 24
Bauhauslehrer Engemann
vor dem Bauhaus in Dessau,
um 1930

Abb. 25
Herbert Engemann, um 1920

terin der Metallwerkstatt zurück. Im Vorfeld war die wichtige Einnahmequelle der Auftragsproduktion zurückgegangen, und es hatte Reklamationen gegeben. In dieser Situation wurden die einzelnen Werkstätten kurzerhand zur Ausbauwerkstatt zusammengelegt und einer Doppelleitung unterstellt. Friedrich Engemann, der seit April zwölf Stunden nebenamtlich am Bauhaus unterrichtete,[82] wurde die Leitung der Werkstätten übertragen, während der ehemalige Bauhausschüler Alfred Arndt die ausgegliederte Produktion, die Auftragsentwicklung und die gesamte Leitung der Ausbauwerkstatt übernahm. Damit verband sich auch eine Änderung des pädagogischen Konzepts. Infolgedessen leistete Friedrich Engemann weniger praktischen Unterricht und wurde in die Entwurfsarbeit integriert.

Im Fach Technische Werklehre, auch Technische Mechanik genannt, sollten die Studierenden die Werkzeuge und Maschinen kennenlernen und bestimmte Fertigkeiten wie Sägen, Hobeln, Reißen, Verbinden und Oberflächenbehandlungen erlernen.[83] (Engemann schlug vor, es im ersten Werkstattsemester zusammen mit dem Werkmeister innerhalb der Tischlereiwerkstatt zu unterrichteten.) Hier wird deutlich, dass die von Engemann vorgeschlagenen Lehrinhalte weitgehend mit denen des handwerklichen Berufsschulunterrichts bzw. der gewerblichen Berufsschule, an der er unter anderem in der Tischlereiklasse unterrichtete, übereinstimmten, sie wiesen nicht darüber hinaus.[84] Die Neuerungen, die er am Bauhaus einzuführen versuchte, schienen mehr methodischer Art zu sein. So bemühte er sich darum, die Studierenden zu kritischer Reflexion, auch sich selbst gegenüber, und zum Experimentieren anzuregen. Im von ihm so bezeichneten „spekulativen Teil der Arbeit" sollten sie das Erfahrene „kritisch betrachten, untersuchen, akzeptieren oder durch Besseres ersetzen".[85] Seine Aufgabe sah Engemann darin, „innerhalb der Versuchsarbeit zu beraten, anzuregen und über die Arbeitsergebnisse Aussprachen herbeizuführen".[86] Sein Anspruch, die Studierenden als fachkundiger Berater durch Diskussionen über die Arbeitsergebnisse in ihrer Urteilsfähigkeit zu stärken, entspricht teilweise heutigen berufspädagogischen Vorstellungen.[87]

Auf Grundlage seiner eigenen Ausbildung war Friedrich Engemann davon überzeugt, dass man vor dem Experimentieren dem Erwerb handwerklicher Fähigkeiten größeren Stellenwert einräumen müsse. Dies kollidierte mit Meyers Auffassungen, der diesen Fähigkeiten eine geringere Bedeutung beimaß. Meyer strebte außerdem eine engere Zusammen-

82
Hannes Meyer, Brief an Friedrich Engemann vom 26.2.1930, SBD, Inv.-Nr.: I 8197 D, und Friedrich Engemann, Brief an die Direktion des Bauhauses vom 1.4.1931, SBD, Inv.-Nr.: I 8209/1-2 D.

83
Friedrich Engemann, Vorschlag für technische Übungen im 1. Werkstattsemester der Tischlereiwerkstatt und Vorschlag für die eigene Stundenplaneinteilung zur Unterrichtserteilung, undat., SBD, Inv.-Nr.: I 8566 D.

84
Vgl. Lehrplan und Unterrichtsmodalitäten der Technischen Lehranstalten Dessau, Mauerstr. 36/36, Abteilung Tischler-Fachschule, 1929, SBD, Inv.-Nr.: I 8389 D.

85
Friedrich Engemann, Vorschlag für technische Übungen im 1. Werkstattsemester der Tischlereiwerkstatt und Vorschlag für die eigene Stundenplaneinteilung zur Unterrichtserteilung, undat., SBD, Inv.-Nr.: I 8566 D.

86
Ebd.

87
Sabine Baabe-Meijer, Die Rolle von Friedrich Engemann am Bauhaus in Dessau und in Berlin, in: dies., Berufliche Bildung am Bauhaus. Die Lehre am historischen Bauhaus und daraus resultierende Entwicklungsperspektiven für berufspädagogisch-didaktische Arbeit im Berufsfeld Farbtechnik und Raumgestaltung, Paderborn 2006, S. 245–270, hier S. 249. Zu den Verdiensten von Baabe-Meijers Arbeit zählt, dass sie erstmals umfassend auf das Bauhaus als Institution für berufliche Bildung eingeht und daraus Entwicklungsperspektiven für heutige berufspädagogisch-didaktische Arbeit ableitet. In diesem Zusammenhang macht sie erstmals ausführlich auf das Wirken von Friedrich Engemann als Lehrer am Bauhaus und an der Burg Giebichenstein in Halle aufmerksam.

arbeit mit der Industrie an, was in Engemanns Überlegungen zunächst kaum eine Rolle spielte. Derartige Differenzen sind allerdings kein Beleg dafür, dass Engemann in der 1929 am Bauhaus geführten Diskussion über das einseitige Interesse an den ästhetischen Qualitäten des Materials auf der Seite der „Ästheten" stand. Ihn interessierten, ebenso wie Meyer, bei der Gestaltung von Gegenstand und Raum eher die technischen, funktionalen Erfordernisse und weniger der rein kompositorische – nach Meyer „metaphysische" – Gehalt des Materials. Vielmehr kam in den erwähnten Meinungsunterschieden der massive Konflikt zwischen industriellen Ansprüchen und kunsthandwerklicher Wirklichkeit zum Ausdruck.

Engemann schien Hannes Meyer gegenüber eher weltanschauliche Ressentiments zu hegen. Laut Josef Albers erklärte Meyer im Frühjahr 1930, aus dem Bauhaus ein marxistisches Institut zu machen.[88] Es verwundert daher nicht, dass Engemann, als es darum ging, Meyer von seinem Direktorenamt zu entbinden, zusammen mit Albers und Kandinsky zu jenem Lager gehörte, das der Demontage von Meyer Vorschub leistete. In einem Brief, den Albers an Ludwig Grote, den wichtigsten Berater des Bürgermeisters in Bauhausfragen, richtete, heißt es: „Gestern hat sich auch Engemann, der eine wichtige Kraft ist, bei mir kräftig gegen den jetzigen Kurs ausgesprochen. Er überlegte schon, ob er nicht von sich aus Protest machen soll. Er will nicht gegen seine Überzeugung hier arbeiten und gegen seine Beruferin",[89] womit offensichtlich die Stadt Dessau gemeint ist. Albers' und Kandinskys Beweggründe, gegen Meyer zu agieren, beruhten auf dessen Absicht, den Unterricht der beiden Bauhauslehrer abzuschaffen. An ihrer Stelle sollten Psychologen, Soziologen und Ökonomen eingestellt werden, um mit diesen Lehrfächern den ganzen Unterricht, nicht nur den Vorkurs, zeitgemäß zu qualifizieren. Meyer reagierte damit nicht zuletzt auf eine Forderung von Vorkursstudent*innen, die im Juli 1930 in einer bauhausinternen Veröffentlichung gegen die Unterrichtsgebiete und Methoden der Meister Kandinsky und Albers protestiert und ihnen Unwissenschaftlichkeit und Überholtheit vorgeworfen hatten.[90] Die persönlichen Motive der Hannes-Meyer-Gegner waren verschieden, aber es gab Überschneidungen. Meyer musste gar nicht so weit gehen, wie Albers behauptete, die sich zuspitzenden politischen Konflikte im Haus selbst ebenso wie in der Stadt gaben den Ausschlag, dass Hannes Meyer im Sommer 1930 entlassen wurde.[91]

88
Vgl. Brief von Josef Albers an Ludwig Grote vom 20.6.1930, Germanisches Nationalmuseum Nürnberg, Archiv für Bildende Kunst, I B 220/221 Bauhaus-Korrespondenzen.

89
Ebd.

90
Mitteilungen der Kostufra (Kommunistische Studentenfraktion), Juli 1930, Kopie im SBD.

91
Zur Entlassung von Hannes Meyer siehe Hannes Meyer, 1889–1954: Architekt, Urbanist, Lehrer, hg. v. Bauhaus-Archiv und Deutschem Architekturmuseum, Frankfurt am Main/Berlin/Zürich 1989, und Thomas Flierl/Philipp Oswalt (Hg.), Hannes Meyer und das Bauhaus. Im Streit der Deutungen, Leipzig 2019.

Im August 1930, drei Wochen nachdem Meyer das Bauhaus verlassen hatte und kurz nach der Amtseinführung Ludwig Mies van der Rohes, verfasste Friedrich Engemann ein Schreiben mit dem Titel „Ein Versuch Produktion und Pädagogik in Einklang zu bringen".[92] Im Zuge des Neubeginns und in Auswertung zurückliegender Erfahrungen wollte er offenbar zur Verbesserung der Situation in der Ausbauwerkstatt beitragen. In seiner Analyse stellte Engemann ein „Missverhältnis zwischen Produktion und Pädagogik" fest, in dessen Folge es wegen unabgestimmter Angebotsveränderungen und Terminverzögerung bei der Ausführung zu „Verlustaufträgen" und Verstimmungen bei Geschäftspartnern gekommen sei. Den Grund dafür machte Engemann in einer mangelhaften Organisation aus. Am Beispiel der Tischlerei schätzte er ein, dass sich Produktion und schulische Ausbildung gegenseitig behinderten und auch keine echte Zusammenarbeit der einzelnen Werkstätten zustande komme. Da das Bauhaus eine Lehreinrichtung sei, fehlten ihm die Voraussetzungen für die vorausschauende Planung eines Industriebetriebs.

Den Studierenden, so Engemann, müssten genügend Freiräume für die eigene Entwicklung bleiben. Dies nennt er, wie schon zuvor, „spekulatives Arbeiten" und meint damit, dass die Studierenden nach dem Abarbeiten konkreter Vorgaben und unter Anleitung des Werkmeisters im ersten Semester das Gelernte weiterentwickeln sollten. Im zweiten Werkstattsemester solle der Freiraum seiner Ansicht nach vergrößert werden: Die Studierenden sollten die Möglichkeit eigenständiger Versuche erhalten, und die Ergebnisse wären, in Form von Modellen, der Allgemeinheit zugänglich zu machen. Eine Einengung durch Produktionsvorgaben und ein Wettlauf nach guten, das heißt gut bezahlten Aufträgen sollten aus pädagogischen Gründen vermieden werden. Engemann bezog sich damit vornehmlich auf die Entwicklung und Herstellung von Produkten durch die Studierenden und schlug deshalb vor, nur Anfragen nach festgelegten Modellen zu berücksichtigen, da diese sozusagen abrufbar und schnell herstellbar seien. Wo es aber um „neu zu schaffende Dinge" gehe, sollten diese auf „breitester Grundlage" erarbeitet werden.

Um dies zu gewährleisten, schlug Engemann unter anderem die Bildung von Arbeitsgruppen vor, die in Besprechungen die Realisierbarkeit eingehender Anfragen prüfen, Angebote erstellen und entsprechende Erfahrungen „möglichst vielseitig pädagogisch" auswerten würden. Damit entstünde die

92 Friedrich Engemann, Ein Versuch Produktion und Pädagogik in Einklang zu bringen, 24.8.1930, SBD, Inv.-Nr.: I 8551/1-5 D.

Möglichkeit, „Arbeitspädagogik“ anhand praktischer Arbeiten zu betreiben. Auf diese Weise wollte Engemann die „technische Werklehre“, bei der Holz- und Metallverbindungen und Materialausnutzung im Mittelpunkt standen, mit der Herstellung von Produkten verbinden. Anstatt die Produktionsgewinne den beteiligten Studierenden auszuzahlen, wie es bis dahin gehandhabt wurde, sollten diese in den Werkstatt- bzw. Abteilungsfonds fließen. Aus den Mitteln könnten Versuchsarbeiten, Unterrichts- und Arbeitsleistungen von Gruppen und Einzelpersonen beglichen werden. Engemann macht „eine wirkliche Kollektivarbeit innerhalb der Werkstätten“, die er für unabdingbar hielt, besonders von der Umsetzung dieses Punktes abhängig.[93]

Es kam allerdings ganz anders. Gleich nach Amtsantritt verfasste Ludwig Mies van der Rohe neue Satzungen, die deutlich machten, wie das Bauhaus angesichts der verringerten Zuschüsse der Stadt und des allgemeinen Auftragsrückgangs in den Werkstätten künftig neu auszurichten sei.[94] Sein Bauhaus sollte sich deutlich von den Konzeptionen seiner Vorgänger Walter Gropius und Hannes Meyer unterscheiden. Strukturelle Neuordnungen und Veränderungen in der Praxis der Institution liefen auf eine Betonung der schulischen Seite einerseits und eine Zurückdrängung der Produktiv- und Entwurfsarbeit andererseits hinaus. Das alles hatte sehr viel mit den drastischen Sparmaßnahmen zu tun, die der neue Direktor von der Stadt auferlegt bekam.

Friedrich Engemann stellte sich auf Mies van der Rohes Vorgaben ein und entwickelte aus seiner Sicht eine Unterrichtsplanung, die auf eine umfassende Vermittlung von Kenntnissen in überwiegend technischen Fächern orientiert war. Sie sah erst für das zweite Semester eine reduzierte handwerklich-praktische Tätigkeit in den Werkstätten vor. Fächer wie Darstellende Geometrie, Mechanik, Materialkunde, Physik etc. spielten weiterhin eine wichtige Rolle. Aber auch das von Mies van der Rohe geforderte Zeichnen nach der Natur, unter Anleitung von Josef Albers, und der Schriftunterricht von Joost Schmidt fanden Berücksichtigung. Bestehen blieb das von Meyer eingeführte Angebot von Vorträgen, Vorlesungen und Kursen zu Themen aus den Bereichen der Soziologie, Psychologie und Wirtschaftslehre.

Mit Mies van der Rohe stimmte Engemann überein, dass das vorrangige Ziel des Bauhausunterrichts darin bestehen müsse, „Architekten zur möglichst selbständigen, schöpferischen Arbeit“ heranzubilden.[95] Dazu war die solide Grundlagen-

93
Ebd.

94
Bauhaus Dessau, Hochschule für Gestaltung, Satzungen, 1930.

95
Friedrich Engemann, Vorschlag zum systematischen Aufbau des Unterrichts in den einzelnen Semestern, September 1930, SBD, Inv.-Nr.: I 8352/1-3 D.

vermittlung notwendig, die jedoch nach Mies van der Rohes Verständnis oberhalb einer elementaren Wissensvermittlung einsetzen sollte. Engemann leistete hierzu einen eigenständigen Beitrag. In der Ausbauwerkstatt realisierte er beispielsweise für das erste Semester des Bau-/Ausbau-Studiums kleine Unterrichtseinheiten zum Kennenlernen elementarer Holzverarbeitungstechniken. Auch Experimente mit neuen Werkstoffen wurden weitergeführt. Nicht mehr die Modellentwicklung durch den Einzelnen, sondern der Wettbewerb unter den Studierenden wurde forciert. Der Bauhäusler Gerd Balzer (1909–1986) erinnerte sich: „Von Bedeutung für mich wurde auch eine intensive Betätigung in einer von Engemann ins Leben gerufenen Arbeitsgruppe in der wir uns – wieder in wettbewerbsartiger Gemeinschaft – mit zweckvoller Konstruktion und Formgestaltung von Einrichtungs- und Gebrauchsgegenständen auseinandersetzten.“[96]

Balzer, später Architekt, lieferte am Ende seines Bauhausstudiums neben Entwürfen für Siedlungsbauten, Schulen und einzeln stehende Wohnhäuser auch Entwürfe von Einrichtungsgegenständen für die Industrie. Sie gingen aus dem erwähnten Arbeitsgruppenunterricht bei Friedrich Engemann hervor. Dazu zählten zum Beispiel Blumenständer, Teewagen und Korbmöbel. Die Objekte zeichnen sich durch eine klare Formensprache, funktionelle Einfachheit, konstruktive Präzision und Sparsamkeit in der Materialverwendung aus.

In der Baulehre unterrichtete Engemann nun das erste Semester neben den Fächern Konstruktives Entwerfen und Ausbau-Konstruktion auch in Rohbau-Konstruktion.[97] „Gründlich wurde der Mauerwerksbau in seinen Einzelheiten vom Mauerstein bis zu den üblichen Ziegelverbänden behandelt und von den Schülern wie für ein Musterbuch nachgezeichnet. Es folgten die Themen Isolierung und Gründungen. Fundamente aller Art und ihre Ausführung wurden prinzipiell beschrieben. Am Ende standen die Mauerwerksbögen aller Art, deren Statik und Herstellung sowie das Kapitel Decken, das nach Holzbalkendecken und Massivdecken untergliedert war. Die Deckenbalken für ein Wohnhaus wurden abschließend behandelt und von den Schülern nachgezeichnet.“[98] Auch hier ähnelte der Unterricht den entsprechenden Einführungen in Baugewerkschulen.

Im zweiten Semester der Baulehre dozierte Engemann über Ausbau. Systematisch wurde hier der Werkstoff Holz inklusive der Verbindungskonstruktionen behandelt. Darauf folgten die im Tischlerhandwerk üblichen Konstruktionen und

96 Gerd Balzer, Meine Bauhauszeit, in: Wolfgang Wangler (Hg.), bauhaus – 2. generation, Köln 1980, S. 61.

97 Bauhaus-Diplom für Chanan Frenkel, vom 15.8.1932, S. 3, SBD, Inv.-Nr.: I 36462.

98 Winkler, Baulehre und Entwerfen, S. 154.

Abb. 26
Teewagen von Gerd Balzer, Entwurf aus dem Unterricht bei Friedrich Engemann, hergestellt in der Metallwerkstatt, 1930/1933

Abb. 27
Gerd Balzer, Runder Teewagen, Entwurf aus dem Unterricht bei Friedrich Engemann, 1930

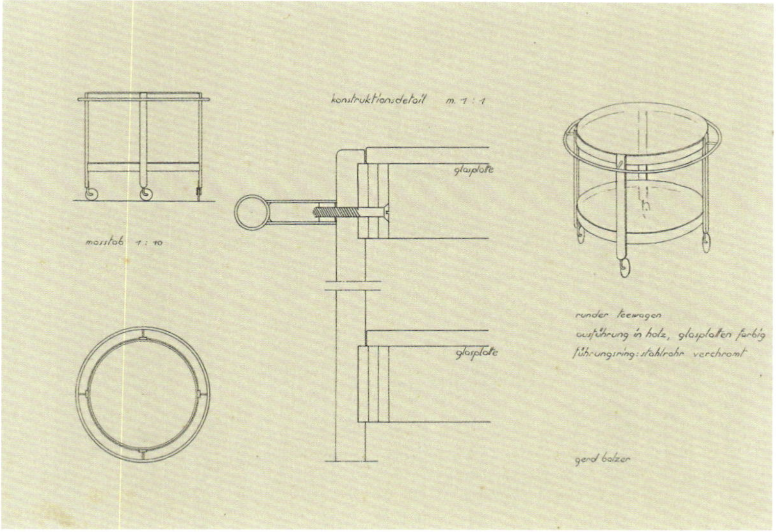

die Anfertigung von Werkzeichnungen. Im dritten Semester wurden die Lehrinhalte im Fach Ausbau auf alle wichtigen Elemente wie Normenfenster, Normentüren, Fenster- und Türarten in den verschiedensten Konstruktionen unter Berücksichtigung der entsprechenden Befestigungsmittel ausgeweitet. Anschließend war das Thema Treppe an der Reihe. Funktion, Typenvarianz und Herstellung wurden analysiert, zum Schluss widmete sich Engemann der Eisenbetontreppe und ging auf die Möglichkeiten ihrer Konstruktion und des Stufenbelags ein. Um die neuesten Entwicklungen berücksichtigen zu können, hielt Engemann sich durch Kontakt zu Herstellerfirmen und Messebesuche auf dem Laufenden. Eine weitere Grundlage seiner Unterrichtsvorbereitung bildete die aktuelle Fachpublizistik.[99]

99
Z. B. Deutscher Normenausschuss, Technische Vorschriften für Bauleistungen. DIN 1971, VIII. Dachdeckerarbeiten, Berlin 1925; Leichtträgerdecke, Düsseldorf 1931; Adolf Behne, Neues Wohnen – Neues Bauen, Leipzig 1927; Das Möbel als Gebrauchsgegenstand, Bd. 1 von Adolf G. Schneck, Stuttgart 1926; Der Möbelbau. Ein Fachbuch für Tischler, Architekten und Lehrer. Auch ein Beitrag zur Wohnkultur von Fritz Spannagel, Ravensburg 1926; R. Müller-Freienfels, Erziehung zur Kunst, Leipzig 1925 – Auswahl aus der Bibliothek von Friedrich Engemann, Stiftung Bauhaus Dessau, Bibliothek.

3

Es ist, wenn kein Wunder geschieht, wieder mal soweit: die Schüler und Schülerinnen des Bauhauses müssen ihre sieben Sachen zusammensuchen und auswandern. Die Schulglocke holt zum letzten Zeichen aus! Die Jungen und Mädel, verbunden durch den Geist produktiver Studienarbeit, müssen sich trennen und auf Wanderschaft gehen. Wohin? Es wird

Vier Etagen Balkone des Atelierhauses

Eine Studie auf dem Balkon der Malklasse

ein hoffnungsloser Aufbruch werden — ein Aufbruch ohne Ziel. Als vor Jahren die Gemeinschaft der Bauhaus-Schüler und Bauhaus-Lehrer Weimar verlassen musste, verfolgt von einem zusammengelaufenen Haufen nationalistischer Spiessbürger, war es noch ein Aufbruch mit einem Ziel. Das Ziel hiess Dessau. Heute hat sich in demselben Dessau eine

Unterricht in Möbelkonstruktion

Aufnahmen A. P.
Alfred Eisenstaedt

DESSAU

Gruppe spiessbürgerlicher Nationalisten zusammengefunden, um die früher freudig begrüssten Emigranten aus Weimar auszutreiben. Mit brutalen Schritten und höhnischem Lachen sind diese Leute in die Bezirke einer freiheitlichen Jugend und eines modernen Studiums eingedrungen. Sie wollen ganze Arbeit machen! Nicht nur die Schüler und Lehrer sollen vertrieben werden — das Schulgebäude soll dem Erdboden gleichgemacht werden. Jungen und Mädchen und Lehrer werden sich in alle vier Winde zerstreuen und vielleicht anderswo lernen und lehren — das Studium des Kunstgewerbes, der Architektur und des Kunsthandwerks aber wird in Deutschland an einer Schule weniger möglich sein: am Bauhaus in Dessau. Wir haben in Deutschland an modernen Kunstgewerbeschulen keinen Ueberfluss. Der Verlust des Bauhauses ist nicht zu verschmerzen.

Zeichenunterricht nach einem beweglichen Modell

Abb. 28
Unterricht in Möbelkonstruktion bei Friedrich Engemann (Mitte links), 1932, Seite aus einer Beilage der Berliner Zeitung

Abb. 29
Arbeiten Studierender aus dem Wintersemester 1931/32 im Fach Konstruktives Entwerfen mit Ergebnissen aus dem Werkstattprojekt „Der Stuhl" bei Friedrich Engemann

Abb. 30
Friedrich Engemann, Isometrische und Axonometrische Darstellung eines Körpers (Würfel), Material für den eigenen Unterricht in Darstellender Geometrie, 1930

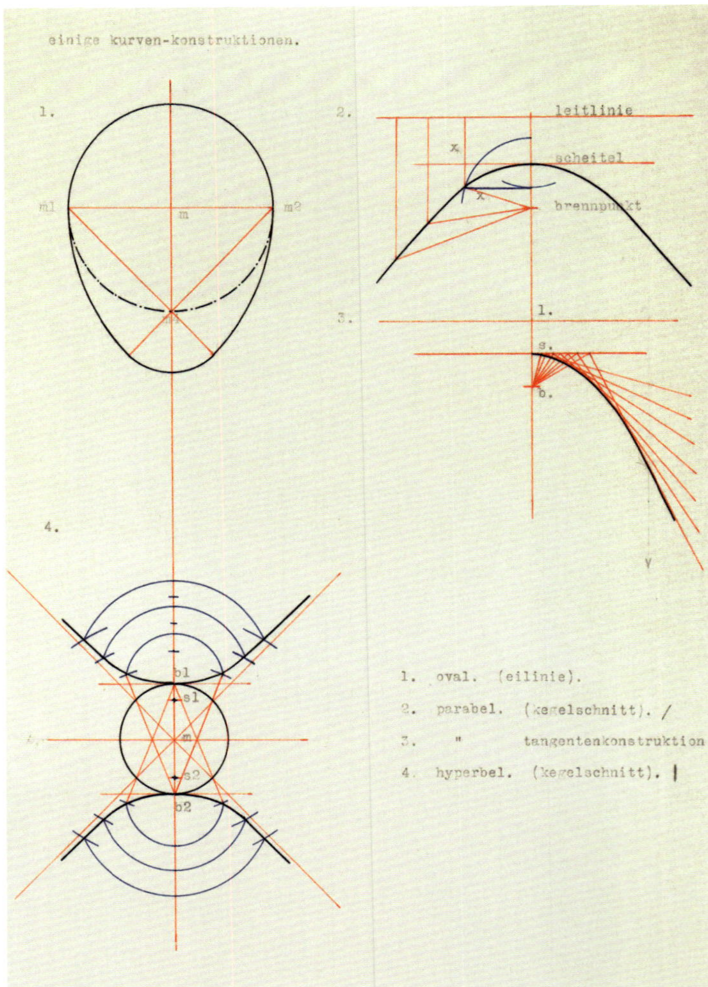

Abb. 31
Eduard Ludwig, einige kurvenkonstruktionen, Übung aus dem Unterricht bei Friedrich Engemann in Darstellender Geometrie, 1929/30

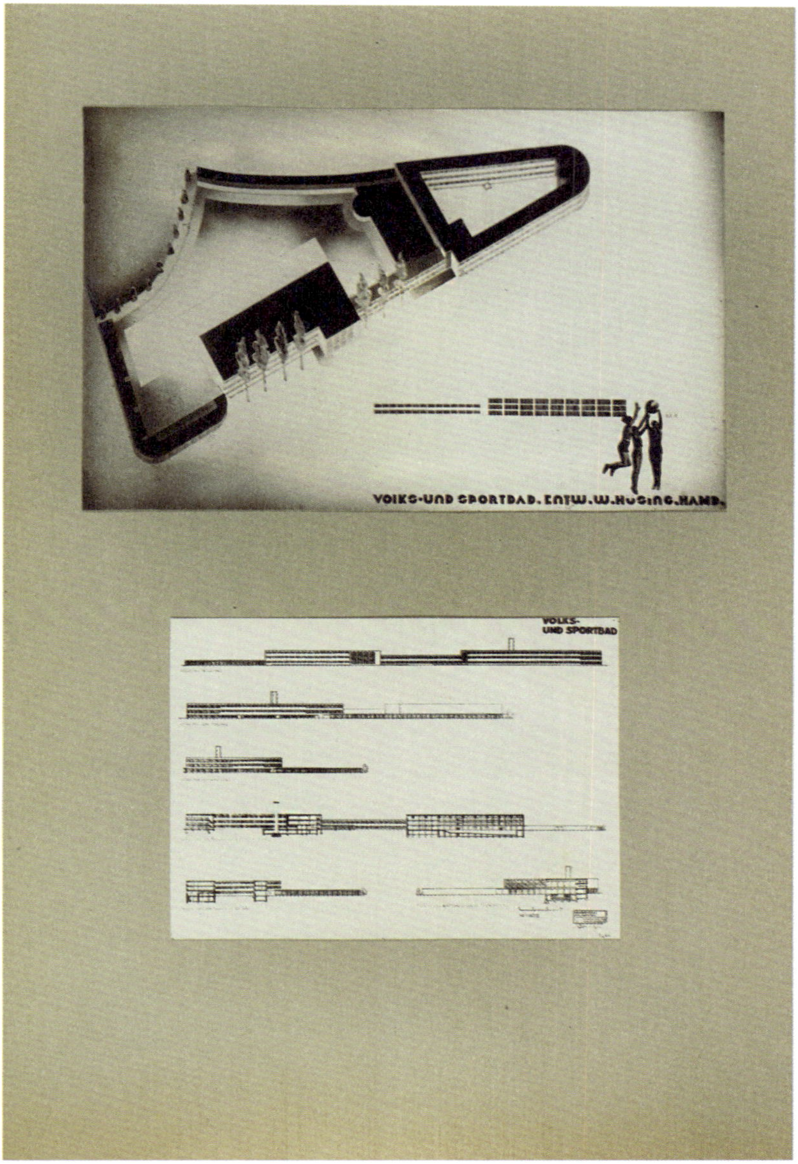

Abb. 32
Waldemar Hüsing, Entwurf für ein Volks- und Sportbad für Hamburg-Neustadt, Ansichten und Aufrisse, konstruktive Durcharbeitung eines Schwimmbades unter der Leitung von Friedrich Engemann, 1931

Abb. 33
Arbeiten Studierender aus dem Wintersemester 1931/32 im Fach Konstruktives Entwerfen bei Friedrich Engemann

Abb. 34
Bücherwand von Fritz Schreiber im Haus von Lyonel Feininger, 1932

Um die Werkstattarbeit weiter zu konsolidieren, wurde im März 1931 beschlossen, Friedrich Engemann die Leitung der Metallwerkstatt und der Tischlerei innerhalb der Ausbauwerkstatt zu übertragen.[100] Neben seinen eigentlichen pädagogischen Pflichten sollte er von nun an die Tätigkeit der sogenannten Etatgesellen[101] beaufsichtigen, die für die allgemeine Produktivarbeit, das heißt für die Auftragsbearbeitung und damit für die Werkstatteinnahmen, eine besondere Rolle spielten. Die Idee war, auf diese Weise klarer zwischen Unterricht und praktischer, finanziell relevanter Arbeit der bereits qualifizierten Gesellen zu trennen. Werkstattinterne Abläufe mit den entsprechenden Zuständigkeiten in den Werkstätten sollten effektiver werden.

Mit der Absicht, unterschiedliche Gewerke zusammenzuführen, Materialwissen zu vermitteln und an die Praxis heranzuführen, organisierte Engemann für vierzig Studierende der Bau-/Ausbauabteilung im Sommersemester 1931 einen „Werkkurs einschließlich praktischer Übungen" plus Exkursionen. Diesen Kurs, der ganz seinen Vorstellungen von „Arbeitspädagogik" entsprach, bestritt Engemann zusammen mit seinen Gewerbelehrerkollegen Artur Krause und Richard Vogel, die für Metallarbeiten und Schweißtechniken zur Verfügung standen.[102] Offenbar entstand im Rahmen dieses Werkkurses der Einbau einer Bücherwand im Wohnzimmer des Meisterhauses von Lyonel Feininger. Es handelte sich um klar strukturierte und ausgewogen proportionierte, profillose, schwarz gebeizte, kastenförmige Tischlermöbel, die sich gut in den Raum einfügten und ihn akzentvoll aufwerteten. Unter Anleitung von Engemann entwarf Fritz Schreiber (1910–1967) die Möbel, stellte sie her und baute sie ein.[103] Sie nahmen die Bibliothek und das umfangreiche Notenmaterial des musizierenden Bauhausmeisters auf.

100 Niederschrift der Besprechung zwischen Frau Sachsenberg und Herrn Volger über die Leitung der Werkstätten ti/me/wa. 26.3.1931, SBD, Inv.-Nr.: I 8359/1-2 D.

101 Etatgesellen hatten als Mitarbeiter in den Werkstätten flexible Arbeitszeiten und bekamen ein festes Gehalt. Ihr Aufgabenbereich umfasste die verwertbare Werkarbeit. Sie waren verpflichtet, mit ihrem Können den anderen Schüler*innen bei deren Arbeiten zur Seite zu stehen und selbst produktive Arbeit zu leisten. Sebastian Neurauter, Das Bauhaus und die Verwertungsrechte, Tübingen 2013, S. 211.

102 Der Werkkurs sollte am 27.8.1931 beginnen und vier Wochen dauern. Stundenplan für Herrn Gewerbeoberlehrer Krause, August 1931, SBD, Inv.-Nr.: I 8199/1-3 D; Stundenplan für Gewerbeoberlehrer Vogel, August 1931, SBD, Inv.-Nr.: I 8200/1-3 D; Briefe von Friedrich Engemann an Artur Krause und Richard Vogel vom 22.8.1931, SBD, Inv.-Nr.: I 8176 D, I 8177 D sowie Briefe an Firmen in der Region.

103 Siehe Bauhaus-Diplom von Fritz Schreiber und Grundrissskizze des Wohnzimmers im Haus Feininger, betitelt mit: Werkkurs 1931: Einbau einer Bücherwand im Hause Prof. Feininger, Entwurf und Ausführung: Fritz Schreiber, SBD, Inv.-Nr.: I 19091 F und I 18966/1-5 D.

Netzwerk und Einflüsse

Fritz Schreiber, der praktische Erfahrungen im Maurer- und Tischlerhandwerk mitbrachte, war Student der Bau-/Ausbauabteilung.[104] Schon in der Grundlehre unterrichtete ihn Engemann, bei dem er schließlich Entwürfe und Detailgestaltungen für eine Wartehalle und für das „Wachsende Haus“ entwickelte.[105] Engemann pflegte auch persönlichen Kontakt zum Dessauer Bauhauschüler Ernst Gülzow (1911–1992), gelernter Zimmerer und Bauingenieur. Gülzow studierte 1931/32 in der Bau-/Ausbauabteilung, wo zu dieser Zeit unter Engemanns Leitung vor allem konstruktive Aspekte im Bereich des Einfamilienhaus-Entwurfs behandelt und im Detail durchgearbeitet wurden – wie etwa aus dem Diplom von Günter Conrad (1907–1950) hervorgeht. Conrad erhielt als einer der letzten Bauhäusler ein Diplom der Bau-/Ausbauabteilung und konnte am Ende des Studiums Inneneinrichtungsentwürfe bei Alfred Arndt, Siedlungsbauten bei Ludwig Hilberseimer, Wohnhäuser bei Ludwig Mies van der Rohe sowie konstruktive Entwürfe von Reihen- und Einzelhäusern vorweisen.[106] Auch Ernst Ludwig Luis Beck (1908–1957), den Engemann 1931 bis 1933 am Bauhaus in Dessau und Berlin in der Tischlerei und in konstruktivem Entwerfen unterrichtete, entwickelte Kleinhäuser für Einfamilienhaussiedlungen.

Solche Aufgabenstellungen waren zu dieser Zeit Bestandteil des allgemeinen Architekturunterrichts am Bauhaus, den hauptsächlich Ludwig Mies van der Rohe und Ludwig Hilberseimer, der noch unter Hannes Meyer berufen worden war, erteilten. Der Weg zur praktischen bautechnischen Umsetzung wurde dann unter anderem in Engemanns Unterricht erprobt. So erklärt sich, dass viele Studierende Klein- und Einzelhäuser bearbeiteten, ein Thema, das bei Hilberseimer im Fokus stand, weil es sich aus der größten und wichtigsten Aufgabe der 1920er Jahre ergab: dem Siedlungsbau. Entsprechend der Gleichwertigkeit der Funktionen in der Moderne erforderte der Siedlungsbau das selbe Maß an

104 Nach Studiengängen u. a.bei Ludwig Mies van der Rohe und Lilly Reich erhielt Schreiber im April 1933 eines der letzten Bauhausdiplome. Zusammen mit Annemarie Wilke und Josef Pohl gründete er 1931 interessanterweise neben der bestehenden Bauhauskapelle eine zweite Kapelle, die sich nicht etwa dem Jazz und der freien musikalischen Improvisation widmete, sondern der Kammermusik. Protokoll der Beiratssitzung v. 7.12.1931, I 8113/1-2 D.

105 Bauhaus-Diplom Nr. 114 für Fritz Schreiber vom 1.4.1933, S. 5, SBD, Inv.-Nr.: I 18966/1-5 D.

106 Günter Conrad, Bauhaus-Diplom Nr. 125, vom 1.4.1933, Kopie im SBD.

Zuwendung für kleinere und größere Einzelbauten. Zu den Studierenden, die Engemann bei diesen Aufgabenstellungen betreute, gehörten unter anderen Walter Puff (1904–1984), Hermann Klumpp (1902–1987) und Howard Dearstyne (1903–1978). Walter Puffs Bemühungen mündeten in Entwürfe für ein Einfamilienhaus, ein Reihenhaus und einen Zeitungskiosk,[107] während Hermann Klumpp ein Wochenendhaus entwarf.[108] Wie Howard Dearstyne berichtete, fand Engemanns Unterricht in einem kleineren Raum statt, der mit der Architekturabteilung im zweiten Geschoss der Brücke verbunden war.[109]

Die soziale Integration und das familiäre Miteinander hat der Bauhäusler Hans Keßler (1906–1997) bezeugt, der berichtet, dass viele Bauhäusler*innen bei den Engemanns ein und aus gingen. Die offene Haltung gegenüber den Studierenden äußerte sich auch in gemeinsamen Ausflügen, beispielsweise einer mehrtägigen Harzwanderung, die Engemann und seine Frau an Ostern 1932 zusammen mit Fritz Schreiber, Hans Bellmann (1911–1990), Henriette (1910–?) und Ettore Burzi (1908–?) unternahmen.[110] Persönliches Engagement, pädagogische Fähigkeiten, das Angebot eigener, interessanter Inhalte, sein streitbares Wesen und die unkonventionelle Art seines Umgangs mit Studierenden sorgten dafür, dass Engemann im Lauf der Zeit eine exponierte Stelle in der Bauhauslehre einnahm. Dabei gelang es ihm, den älteren Pädagogen der Schule in der Anerkennung seiner fachlichen Leistungen gleichgestellt zu werden. Ab Oktober 1931 erhielt er dieselben Bezüge wie ein voll am Bauhaus eingebundener Lehrer. Als Angestellter der Stadt Dessau bedeutete dies immerhin ein monatliches Gehalt in Höhe von fast 442 Reichsmark. Sowohl am Bauhaus wie auch bei dessen staatlichen Geldgebern hatte Engemann dafür nachdrückliche Überzeugungsarbeit leisten müssen – es verwundert nicht, dass er sich zwischenzeitlich, wenn auch erfolglos, um die Stelle eines Schulleiters in Lübeck beworben hatte.[111]

Als verbeamteter Gewerbeoberlehrer unterrichtete Engemann fortan 10 von insgesamt 28 Stunden an der gewerblichen Berufsschule Dessau, was immer noch als seine Haupttätigkeit betrachtet wurde. Bemerkenswert ist die Regelung, wonach bei einem eventuellen Wegfall der Tätigkeit am Bauhaus seine Bezüge voll von der gewerblichen Berufsschule auszugleichen waren.[112] Damit verfügte Engemann über eine soziale Absicherung, die ihm auch nach Schließung des Bauhauses zunächst das Überleben garantierte.

107
Bauhaus Dessau, Zeugnis für Walter Puff vom 5.10.1932, SBD, Inv.-Nr.: I 2348 F.

108
Bauhaus-Diplom Nr. 95 für Dr. Hermann Klumpp vom 15.8.1932, Kopie im SBD.

109
Howard Dearstyne, Inside the Bauhaus, London 1986, S. 222.

110
Vgl. Fotografien und rückseitige Beschriftung. SBD, Inv.-Nr.: I 19022 F, 19025 F, 19030 F.

111
Friedrich Engemann, Briefe an den Landesschulrat vom 10. und 30.10.1931, Bewerbung um eine Stelle als Schulleiter in Lübeck, SBD, Inv.-Nr.: I 8215/1-4 D und I 8216 D.

112
Schreiben vom Magistrat der Stadt Dessau an die Direktion des Bauhaus Dessau vom 2.12.1931 mit beigefügtem Vorschlag der Regelung der Bezüge des Herrn Engemann vom 30.11.1931, SBD, Inv.-Nr.: I 8218/1-3 D und Gehaltsakte Engemann, Stadt-Archiv Dessau, SB/47.

Am Bauhaus sah sich Friedrich Engemann verschiedensten Einflüssen aus dem Kollegium ausgesetzt. Sie prägten sein Fachverständnis, aber auch seine Anschauung von der Welt. Zu seinem Netzwerk gehörten Prof. Erich Zschiesche, Architekt und Lehrer an der Kunstakademie Dresden, der Leiter der gewerblichen Berufsschule in Dessau Albert Haase, Bauhausdirektor Ludwig Mies van der Rohe, der Dezernent für das Berufs- und Fachschulwesen der Anhaltischen Regierung in Dessau Oberregierungsrat Prof. Blum, Wassily Kandinsky und Johannes Riedel.[113] Mit Riedel pflegte Engemann besonders engen Kontakt, gemeinsam hielten sie zahlreiche Diskussionsstunden mit Studierenden ab und erörterten allgemeine und spezielle Fragen vor allem zur Pädagogik. Engemann fühlte sich mit Riedel in einer „engeren Arbeitsgemeinschaft" verbunden, beide teilten offenbar ausbildungs- und arbeitspädagogische Ansichten.[114]

113 Friedrich Engemann, Auflistung von Personen, die in der Lage sind, über meine Person Auskunft zu geben, o. J., SBD, Inv.-Nr.: I 8248 D.

114 Friedrich Engemann, Brief an den Landesschulrat vom 30.10.1931, SBD, Inv.-Nr.: I 8216 D.

Abb. 35
Friedrich Engemann, 1932/33

Die Arbeitswissenschaft: Johannes Riedel

Im Zuge seiner Reformierung der Lehr- und Produktionspraxis verpflichtete Hannes Meyer 1928 den Reformpädagogen, Arbeitspsychologen und Betriebswissenschaftler Johannes Riedel (1889–1971). Er kam als Lehrer für Mathematik, Betriebswissenschaft und Psychotechnik ans Bauhaus. Damit gehörte Riedel zu jenen Gastlehrern, die ergänzend zu den wissenschaftlichen Kursen Aspekte aus sozial relevanten Fächern einbringen sollten. Auch sein Wirken am Bauhaus ist bislang wenig erforscht.

Betriebswissenschaft war eines der Hauptfächer von Johannes Riedel, der später als „Nestor der deutschen Arbeitspädagogik“[115] bezeichnet wurde. Die Wissenschaftliche Betriebsführung erlangte nach dem Ersten Weltkrieg große Bedeutung, als es darum ging, produktivitätssteigernde Verfahren für die deutsche Wirtschaft zu entwickeln, die über die an amerikanischen Vorbildern (Henry Ford und Frederic W. Taylor) orientierten betriebswirtschaftlichen Erwägungen hinausgingen. Riedel wollte die betriebswissenschaftliche Disziplin aktualisieren und weiterentwickeln, indem er sie mit einem kulturkritischen Ansatz verknüpfte. Er versuchte die wissenschaftliche Betriebsführung „zur Untersuchung der ganzen Lebenserscheinung Arbeit“ zu erweitern und dabei psychologische Aspekte zu integrieren.[116] Dass dies ganz unmittelbar Engemanns Arbeitsfeld als Berufsschullehrer berührte, lag auf der Hand. Nachdem er einige Zeit bei Felix Krueger (1874–1948) am Psychologischen Institut der Universität Leipzig tätig war, verwundert es nicht, dass er eine „psychologische Grundlegung“ der Methoden der Betriebswissenschaft und schließlich eine ganzheitliche Orientierung des Menschen im Auge hatte. Letztlich stellte er den Menschen über die Sachwelt, wandte sich gegen eine im Marx’schen Sinne entfremdete Arbeit und pries Arbeit mit Bezug auf allgemein menschliche Maßstäbe als „einheitliche Kulturerscheinung“. Die Möglichkeit, diese Ideen zu konstituieren, sah er allerdings ausgerechnet im Nationalsozialismus, zu dessen Parteigänger er wurde.[117]

Riedels Bauhausunterricht sollte die Studierenden auf ihre spätere Tätigkeit in der Industrie vorbereiten. Entspre-

115
Martin Kipp, Arbeitspädagogik in Deutschland: Johannes Riedel, Hannover 1978, S. 9, sowie Martin Kipp, Arbeitspsychologe und Arbeitspädagoge Johannes Riedel, in: Philipp Oswalt (Hg.), Hannes Meyers neue Bauhauslehre. Von Dessau bis Mexiko, Basel 2019, S. 276–287.

116
Johannes Riedel, Arbeitskunde, Leipzig/Berlin 1925, S. 98.

117
Kipp, Arbeitspädagogik, S. 21.

chend thematisierte er ausführlich die Organisation eines Betriebs, die Fertigung vom Entwurf bis zum Vertrieb, und dies überwiegend und ganz in Meyers Sinn aus Perspektive der Industrieproduktion. Ausgehend von Ideen Walther Rathenaus (1867–1922) legte er auch wirtschaftspolitische Grundsätze dar. Die Unternehmensstrategie, Fragen der Ökonomie und psychologische Momente bildeten Schwerpunkte in Riedels betriebswissenschaftlichen Betrachtungen, die ziemlich allgemein blieben. Der Kurs schloss mit einigen generellen Thesen zu Materialwirtschaft und Energiewirtschaft.[118] Tatsächlich gab es in einigen Punkten inhaltliche Überschneidungen zwischen Riedels Unterricht und dem der Gewerbelehrer, so auch Engemanns. Riedel allerdings bewegte sich überwiegend auf theoretischer Ebene, während Engemann den unmittelbaren Bezug zur Praxis suchte. Ein anderer von Riedels Schwerpunkten war die Psychotechnik. Sie umfasste die in der industriellen, wirtschaftlichen und gewerblichen Sphäre angewendeten Methoden zur Klärung der Fragen der Berufseignung, Arbeitsplatzzuteilung und Arbeitsleistung und stellte einen Teilbereich der Betriebswissenschaft und der angewandten Psychologie dar.[119]

Ebenso wie Engemann engagierte sich Riedel für eine allgemeine Berufserziehung. Sie sollte in einer „Art Lebensraum im kleinen“[120] vor sich gehen und einen „Gesamtunterricht besonderer Art“[121] gewährleisten, der gegebenenfalls auch Anregungen aus nicht etablierten Erziehungssystemen, etwa dem Scouting, aufnahm.[122] Diese vom britischen General Robert Stephenson Smyth Baden-Powell (1957–1941) geschaffene Bewegung war der Ursprung der Pfadfinderverbände und nahm Elemente des heutigen Survival-Trainings vorweg. In der Weimarer Republik wurde die Bündische Jugend, die die deutsche Wandervogel- mit der englischen Scoutbewegung verschmolz, ein Massenphänomen. Als verbindende Idee sahen die Gruppen die „Selbsterziehung“ des Einzelnen in der Gemeinschaft an. Für Riedel lag darin ein umfassendes System, das sich tausendfach in der Welt bewährt hatte und das er für die Arbeitspädagogik aufwerten wollte, wobei er die Organisationsform und die teils kontroversen politischen Gehalte ausklammerte. Das Bauhaus schien ihm womöglich offen und zugänglich für derartige Überlegungen. Und tatsächlich waren Bauhäusler wie Max Ursin (1910–1997), Hans Tetzner

118 Winkler, Baulehre und Entwerfen, S. 155.

119 Der Begriff „Psychotechnik“ wurde 1903 von William Stern eingeführt. Hugo Münsterberg griff die Bezeichnung 1914 als Oberbegriff für die gesamte Angewandte Psychologie auf. Während für Stern und Münsterberg die Psychotechnik auf alle Lebensbereiche anwendbar war, erfuhr der Begriff in der Folge eine Einengung auf den Bereich des Wirtschaftslebens. Im Jahrzehnt nach dem Ersten Weltkrieg konnte sich die Psychotechnik auch an den Hochschulen und in der Industrie etablieren. Fast alle Psychologischen Universitätsinstitute boten Veranstaltungen zur Psychotechnik, zur Berufseignungs-, Wirtschafts- und Arbeitspsychologie an. Träger der psychotechnischen Forschung und Lehre waren jedoch die Lehrstühle, Institute und Laboratorien der Technischen Hochschulen. Die Etablierung der Disziplin gerade an den Technischen Hochschulen und die Verbindung zur Industrie waren kein Zufall. Die Ausübung der Psychotechnik durch schlecht ausgebildete und unqualifizierte Kräfte führte jedoch schon bald zum Ansehensverlust, fragwürdige Methoden ließen an den ethischen Grundsätzen der Psychotechniker zweifeln. Heute wird der Begriff Psychotechnik gemieden. Zur Bezeichnung des auch heute wichtigen Forschungsfeldes wird der weiter gefasste und übergeordnete Begriff Arbeitswissenschaft verwendet. Eberhard Ulich, Arbeitspsychologie, Stuttgart 2005.

120 Johannes Riedel, Allgemeine Berufserziehung von Nichtgelernten, Leipzig 1933, S. 50.

121 Ebd. S. 36.

122 Vgl. Kipp, Arbeitspädagogik, S. 39.

(1909–1990), Werner Oelschig (1909–1993) und Carl Marx (1911–1991) in Jugendgruppen aktiv; die Jungenschaft dj.1.11 fühlte sich dem Bauhaus euphorisch verbunden.[123]

In einem 1929 von Hannes Meyer herausgegebenen Prospekt formulierte Riedel seine Perspektive auf das Bauhaus und stellte hinsichtlich der damals spürbaren und den Lehrbetrieb prägenden Atmosphäre eine „ziemlich einheitliche geistige Haltung", einen „starken Freiheitsdrang" und „echte Originalität" fest.[124] Angesichts der sozial heterogenen Herkunft der Bauhäusler*innen und der Verschiedenartigkeit ihrer Vorbildung und Begabung hielt er diese Tatsache für beachtlich. Zugleich bescheinigte er den „echten" Bauhäusler*innen neben der notwendigen Begabung auch einen weitgehend auf Selbstständigkeit basierenden festen Charakter.[125]

Johannes Riedel vertrat, wie wir von Friedrich Engemann wissen, Anfang der 1930er Jahre auch „die Idee einer Führerschule" und schien aus seiner rechten politischen Haltung keinen Hehl zu machen.[126] Zur selben Zeit, als er, damals noch selbstständiger beratender Ingenieur, seine Lehrtätigkeit am Bauhaus aufnahm, war er auch freier Mitarbeiter am Deutschen Institut für technische Arbeitsschulung (DINTA). Dieses Institut propagierte seit Mitte der 1920er Jahre eine Militarisierung der Industriearbeiterschaft, um sie durch disziplinierte Kameradschaft, Ausbildung und ideologische Schulung dem Marxismus zu entziehen. Das DINTA wurde 1933 in die nationalsozialistische DAF (Deutsche Arbeitsfront) integriert, der fortan auch Riedel angehörte. Inwiefern Engemann, der „in gewissen Abständen" mit Riedel „Arbeitsergebnisse und Beobachtungen" austauschte, dessen politische Ansichten teilte, ist nicht bekannt. Immerhin erklärte er 1931, dass er „nicht in allen Punkten" Riedels Meinungen teilen würde.[127]

Im Januar 1932 lehnte Riedel es ab, weiter am Bauhaus zu unterrichten, „da er das erforderliche und jahrelang vorhanden gewesene Vertrauen gestört" sah.[128] Dies hing offenbar mit den „Forderungen der Studierenden nach Lehrfreiheit und Mitbestimmung bei der Auswahl der Lehrkräfte" zusammen. Der „Fall Riedel" wurde in der von den kommunistischen Studierenden herausgegebenen Zeitschrift „bauhaus. organ der kostufra" thematisiert. Demnach

123
Vgl. Butter, Die unsichtbare Bauhausstadt.

124
Dr. Riedel sagt, in: Hannes Meyer, junge menschen kommt ans bauhaus!, Dessau 1929.

125
Ebd.

126
Friedrich Engemann, Brief an den Landesschulrat vom 30.10.1931, SBD, Inv.-Nr.: I 8215/1-4 D.

127
Ebd.

128
Bauhaus-Tagebuch vom 28.1.1932, zitiert nach Peter Hahn (Hg.), Bauhaus Berlin, Weingarten 1985, S. 36.

hatten die Studierenden Riedel schon länger kritisiert: Sie hätten festgestellt, dass seine Vorträge einen politischen Charakter trugen, und erkannten in Riedel einen Vertreter einer am Bauhaus abzulehnenden doktrinären bürgerlichen Soziologie.[129] Tatsächlich wurde Riedel 1937 Mitglied der NSDAP und bekleidete zu dieser Zeit wichtige Positionen.[130]

Sabine Baabe-Meijers Einschätzung, wonach Engemanns Selbstverständnis dem von Riedel ähnelte, erscheint plausibel.[131] Sie bezieht sich dabei auf Martin Kipp, der in seiner Untersuchung zu Riedel bemerkt, dieser habe sich als weitgehend unpolitischen Menschen verstanden, der nach praktischen Erwägungen ideologiefreie Arbeit leisten wolle. Demzufolge habe er auf gesellschaftliche Reflexionen verzichtet. Fragen der gesellschaftlichen Implikate seiner eigenen Arbeit scheint er nicht gestellt zu haben, zumindest habe er sie nicht preisgegeben. Das Vermeiden tiefergehender Bekenntnisse, meint Kipp, sei eine Voraussetzung für Anpassung gewesen. Im Selbstverständnis des unpolitischen Fachmanns steckte „System: in wechselnden Zeiten garantierte es Existenz und Karriere“.[132]

129
Bauhaus. organ der kostufra. sprachrohr der studierenden, Jg. 3 (Februar 1932).

130
Vgl. Kipp, Arbeitspädagogik.

131
Baabe-Meijer, Die Rolle von Friedrich Engemann, S. 257f.

132
Vgl. Kipp, Arbeitspädagogik.

In einer für Bewerbungszwecke erstellten Übersicht seiner Ausbildungsfächer wies Friedrich Engemann darauf hin, dass er sich am Bauhaus unter anderem mit Philosophie, Psychologie und Erziehungswissenschaften auseinandergesetzt habe.[133] In diesem Zusammenhang erwähnt er den Leipziger Psychologen Felix Krueger (1874–1948), den Leipziger Soziologen, Historiker und Philosophen Hans Freyer (1887–1967), den Münchener Psychiater und Kunsthistoriker Hans Prinzhorn (1886–1933), den Kölner Philosophen und Soziologen Helmut Plessner (18982–1985) und den Leipziger Psychologen Karlfried Graf Dürckheim (1896–1988), Letzerer hatte schon in Weimar Bekanntschaft mit einigen Bauhauslehrkräften geschlossen. Die Genannten hatten auch als Gastlehrer am Bauhaus unterrichtet. Nach Einschätzung der linken Bauhausstudierenden waren sie alle Vertreter „vom rechten Flügel bis zum Zentrum der bürgerlichen Parteien“.[134] Unerwähnt blieb bei Engemann der Wiener Kreis: Rudolf Carnap (1891–1970), Herbert Feigl (1902–1988) und Otto Neurath (1882–1945), die mit ihrem Logischen Empirismus am Bauhaus helfen sollten, „individualistisch-sentimentale Einstellungen“ und metaphysische Spekulationen zu kritisieren[135] und die nicht unwesentlich auf Hannes Meyer einzuwirken vermochten. Dasselbe galt für den Gewerkschaftsfunktionär Hermann Duncker (1874–1960), der über Marxismus und materialistische Geschichtsauffassung referierte.[136] Auch der Begründer der Anthroposophie Rudolf Steiner (1861–1925) blieb ausgeblendet, den Engemann teilweise recht ausgiebig studiert hatte,[137] wobei unklar ist, ob dies in direktem Zusammenhang mit den Vorlesungen am Bauhaus erfolgte.

Das Fach Psychologie wurde erst 1930 unter Hannes Meyer am Bauhaus eingeführt. Während Krüger, Freyer, Prinzhorn und Plessner ein bzw. zwei Vorträge hielten, bekam Graf Dürckheim bis 1932 Gelegenheit, eine ganze Vortragsreihe zu halten und auf diese Weise seine Lehrmeinung von einer ganzheitlichen Psychologie des Raums am Bauhaus zu verbreiten, was auf Lehrkräfte wie Studierende gleichermaßen Einfluss hatte. Unter den Hörer*innen war auch Alma Else Engemann, die über zwei Semester bei Dürckheim hospitierte.[138]

133 Friedrich Engemann, Ausbildungs- und Qualifikationsübersicht, Anlage zu einer Bewerbung, 1931, SBD, Inv.-Nr.: I 17226 D.

134 bauhaus. organ der kostufra. sprachrohr der studierenden, Jg. 3 (März 1932), H. 11, SBD, Inv. Nr.: I 8460/1-8 L.

135 Rudolf Carnap, Tagebuch, University of Pittsburgh, Archives of Scientific Philosophy, zitiert nach Friedrich Stadler, Wissenschaftliche Weltauffassung und Kunst. Zur werttheoretischen Dimension im Wiener Kreis, in: Deutsche Zeitschrift für Philosophie, 1995, Heft 4, S. 648.

136 Vorträge vom 1. bis 3. April 1930, Oswalt, Hannes Meyers neue Bauhauslehre, S. 549.

137 In Engemanns Bibliothek findet sich ein mit vielen Unterstreichungen versehenes Exemplar von Dr. Rudolf Steiner, Die Geheimwissenschaft im Umriss, Leipzig 1913, Stiftung Bauhaus Dessau, Bibliothek.

138 Bauhaus Dessau, Bescheinigung für Alma Else Engemann vom 28.9.1932, SBD, Inv.-Nr.: I 8561 D.

Die Gestaltpsychologie – Karlfried Graf Dürckheim

Hannes Meyer legte großen Wert darauf, insbesondere Aspekte der Psychoanalyse am Bauhaus zu vermitteln. Schon vor seiner Tätigkeit in Dessau war er überzeugt, die Psychoanalyse sprenge „das allzu enge Gebäude der Seele". Er ging davon aus, dass sie – ebenso wie die Biologie, die Relativitätstheorie und die Entomologie – als Bestandteil und Ausdruck des allgemeinen „Erneuerungswillens" seiner Zeit „geistiges Gemeingut Aller" sei und schließlich den künftigen „Weltbürger" ausmachen werde.[139]

In ihren Diskussionen über Fragen der bauenden Gestaltung mahnte Dürckheim in einem Brief an Meyer, vermutlich mit Blick auf Meyers Genossenschaftsgedanken, dem „Bindungswillen des Menschen an seinen persönlichen Raum Rechnung zu tragen".[140] Er hielt ihm einen „wagen Kollektiv-Begriff" vor und sprach von konkreten „Formen sozialer Ganzheit mit eigener Geschichte, eigener Ordnung und eigener Wertwirklichkeit". Was den funktionalistischen Gestaltungsansatz betrifft, war Dürckheim wie Meyer und Engemann überzeugt, dass „Gestaltungsfragen nicht primär ästhetische Fragen sind, sondern Fragen des Lebens", dessen Existenzbedingungen mit Blick auf die Gemeinschaft wissenschaftlich erforscht werden müssten. Allerdings meinte Dürckheim, dass man diesem Leben nicht allein materialistisch gerecht werden könne, da „menschliches Leben und gerade solches in der Gemeinschaft erst dort eigentlich anfängt, wo die Materie und die rein materiellen Bedürfnisse aufhören". Damit verband er eine „Eigenart des Sollens, das sich nicht mehr aus rational-greifbaren Nützlichkeitsprinzipien verstehen ließe."

Solche und ähnliche Fragen, die das von Meyer vertretene Gestaltungskonzept des Funktionalismus berührten, diskutierte Dürckheim auch in seinen mit „Zweckmäßigkeit und Wert" überschriebenen Vorträgen, die Engemann mit großem Interesse verfolgte. Zudem bescheinigte Dürckheim Meyer schließlich einen dem Realismus nahen und dem „krassen Materialismus" fernen „Wirklichkeitswillen", der jenen oben beschriebenen nicht materiellen Grund des Lebens miteinschloss.[141] Meyers Nachfolger Mies van der

139
Hannes Meyer, Die Neue Welt, in: Das Werk, 13 (1926) 7, S. 205ff.

140
Brief von Karlfried Graf Dürckheim an Hannes Meyer vom 18.8.1930, Durchschlag, SBD, Inv.-Nr.: I 14975 D.

141
Ebd.

Rohe behielt Dürckheims Vortragsreihe bei, um am Bauhaus gelegentlich vorherrschende materialistische Auffassungen zu widerlegen.

Abb. 36
Karlfried Graf Dürckheim, um 1970

Zwei wesentliche Aspekte legitimierten Dürckheims Verpflichtung als Gastlehrer am Dessauer Bauhaus, sie korrespondierten mit Engemanns Denkansätzen. Zum einen war Dürckheims „Grundvorstellung von der Arbeit am Menschen" von der Überzeugung geleitet, dass „eine Erfahrung um so tiefer (ist), als an ihr die Ganzheit des Menschen beteiligt ist; um so flacher, als sie nur einen Teil seines Menschseins anspricht. Eben weil aber die Ganzheit des Menschen in seinem in numinosen Qualitäten erfahrbaren Kern wurzelt, muss eine endgültige Erkenntnis, Lehre und Führung des Menschen sich allem zuvor um die Erfahrung, Erkenntnis, Befreiung, Entfaltung und Profilierung dieses Kerns kümmern."[142] Hier wird deutlich, dass der Ansatz, möglichst den ganzen Menschen anzusprechen und ihn für eine komplexe Vielfalt an Erfahrungen zu „öffnen", Engemanns Ethos der Lehre entsprach und mit den Zielen des Bauhauses unter allen drei Direktoren korrelierte. In dieser Hinsicht griff das Lehrprogramm den Empiriokritizismus auf, demzufolge die Beziehungen mit der umgebenden Außenwelt für den Menschen bestimmend sind und jeder Körper einen Komplex von Empfindungen darstellt. Dieser erkenntnistheoretische Ansatz wurde durch Ernst Mach (1838–1916) und seine Anhänger Otto Neurath (1882–1945), Herbert Feigel (1902–1988) und Rudolf Carnap (1891–1970) vermittelt.[143] Dazu kam ein gerade für die künstlerische Ausbildung nicht unwesentliches Problemfeld, und zwar das der Gestaltpsychologie. Auch hier spielte der Ganzheitsanspruch eine zentrale Rolle, hinsichtlich des Zusammenschlusses von erlebten bzw. wahrgenommenen gestaltlich ausgezeichneten Teilen zu einer Ganzheit.

In den 1920er Jahren verzweigte sich die Gestaltpsychologie, ihre Stränge sind bis heute in unterschiedlichem Maß wirksam. Dürckheim war ein Vertreter der Leipziger Schule, die auf einer „genetischen Ganzheitspsychologie" gründete. In ihrem Fokus lagen emotional verarbeitete Ereignisse durch „erlebensjenseitige" Gegebenheiten im Bereich eines „transphänomenalen seelischen Seins", das sie als „Struktur" bezeichneten – ein Ansatz, der später, in der NS-Zeit, ideologisch befrachtet wurde.

142
Karlfried Graf Dürckheim, Erlebnis und Wandlung, Stuttgart 1956, S. 41.

143
Vgl. Peter Bernhard, Die Einflüsse der Philosophie am Weimarer Bauhaus, in: Christoph Wagner (Hg.), Das Bauhaus und die Esoterik, Bielefeld 2006, S. 26–34, hier S. 32.

Es liegt nahe, dass gestaltpsychologische Aspekte zum Unterricht von Wassily Kandinsky und Paul Klee gehörten. Dürckheims Unterricht war in dieser Hinsicht zweifellos tiefgründiger, komplexer und vor allem deutlich raumorientiert, wie Kapitelüberschriften aus Unterrichtsaufzeichnungen erkennen lassen: „Gestaltpsychologie", „Psychologie des Denkens", „Raumpsychologie", „Raumbewusstheit", „Raum als bestimmte Sinneseinheit", „Selbstraum", „Individualpsychologie", „Psychologie des Alltags", „Charakterologie" usw.[144] Die Lehren Kandinskys und Klees scheinen durch Dürckheims Unterricht eine wissenschaftliche Untermauerung erfahren zu haben. Dürckheims Analysen zu einer komplexen funktionalen Raumauffassung bzw. zur Wirkung des Raums auf die menschliche Psyche ergänzten am späten Bauhaus als Lehreinheit die Grundlagenvermittlung.[145] Seine erlebnisorientierten Ausführungen zum „persönlichen Raum" bzw. zum „Zweckraum" als Formen des „funktionalen Raumes" wirkten am Bauhaus unter Meyer und Mies van der Rohe eventuell sogar als Korrektiv im bauhausimmanenten Raumdiskurs.[146]

In der ersten Hälfte des 20. Jahrhunderts waren Dürckheims Untersuchungen zum „gelebten Raum" in einen allgemeinen Diskurs über das menschliche Erlebnisspektrum und die damit verbundene Selbst- und Welterkenntnis eingebettet. Das phänomenologische Denken, die Konzentration auf emotionale und körperlich-seelische Aspekte der Subjektivität entsprachen der Geisteshaltung jener Zeit. Sie ist zugleich als „zivilisationskritische Antwort auf eine rationalistische Geisteshaltung" zu verstehen, „die wiederum als Folge industrialisierungsbedingter Modernisierungen nicht nur das Selbstverständnis der Natur- und Sozialwissenschaften, sondern zunehmend auch das Selbstbild der Menschen prägte".[147] Die Vielfalt und der Anspruch der handlungsorientierten Lehrinhalte von Dürckheim kann man – im Kontext der Darstellung der letzten Phase der Bauhausgeschichte – als bislang zu Unrecht vernachlässigt betrachten. In ihnen lag eine spezifische Methode des Erkenntnisgewinns. In ihrer Aufgeschlossenheit gegenüber dem Gefühl bargen sie – auch jenseits ihres Beitrags für das künstlerische Schaffen – ein Potenzial für die Lebenshilfe in einer krisenhaften Zeit, doch zum Preis der Gefahr einer Dekonstruktion rationalen Denkens.

144
Walter Puff, Mitschriften aus dem Unterricht bei Graf Dürckheim, 1931/32, SBD, Inv.-Nr.: I 50991/1-2; Howard Dearstyne, Notizen aus den Vorlesungen von Dr. Karlfried Graf von Dürckheim über Psychologie, 1930–1931, in: Hans Maria Wingler, Das Bauhaus. 1919–1933, Köln 2002, S. 166f.

145
Vgl. J. J. van der Linden in Marty Bax, Bauhaus Lecture Notes 1930–1933, Amsterdam 1991, S. 66.

146
Graf Karlfried von Dürckheim, Untersuchungen zum gelebten Raum. Erlebniswirklichkeit und ihr Verständnis. Systematische Untersuchungen II., in: Neue Psychologische Studien; hg. v. Felix Krüger, 6. Bd., München 1932, S. 383–480.

147
Vgl. Jürgen Hasse in ders. (Hg.), Graf Karlfried von Dürckheim. Untersuchungen zum gelebten Raum (Natur – Raum – Gesellschaft, Bd. 4), Frankfurt am Main, 2005, S. 7. Die Bedeutung von Dürckheims wissenschaftlicher Arbeit Anfang der 1930er Jahre, sein „in seiner erkenntnistheoretischen Aufmerksamkeit erweitertes Denken" scheint bis heute ungebrochen angesichts der Forderung nach „einer neuen Besinnung in den Kreisen der Human- und Sozialwissenschaften", die den Menschen „als gefühlsmäßig und leiblich erlebendes Wesen kaum noch respektieren", ebd. S. 138, S. 8. Siehe auch die Beiträge anderer Autoren im selben Band über die Aktualität von Dürckheims Ansatz vor dem Hintergrund heutiger Erkenntnis leitender Paradigmen aus Sicht der Philosophie, der Erziehungswissenschaften, der Humangeografie und der Architektur.

Es ist nicht zu übersehen, dass Friedrich Engemann von Dürckheims Gedankengut beeinflusst war. Mit Blick auf den historischen Kontext ist zu berücksichtigen, dass das Ganzheitsdenken, wie Dürckheim oder auch Riedel es vertraten, ideologisch instrumentalisiert werden konnte. Im gesellschaftlichen und politischen Klima nach dem Ersten Weltkrieg traten die Gestaltpsychologie und Varianten des Ganzheitsdenkens das geistige Erbe der Lebensphilosophie an und etablierten sich als Alternative zu den analytisch-rationalen Bestrebungen der 1920er Jahre. Wie Gerhard Wehr in seinem Buch über Dürckheim feststellt, schien der Nationalsozialismus vielen „die große Chance zu bieten, das in der Tradition der Lebensphilosophie veranlagte geistige Potential in gesellschaftliche Praxis umzusetzen, um den neuen Menschen zu sehen (Psychologie), den neuen Menschen zu formen (Pädagogik), den neuen Staat als Führungsmacht für die Durchsetzung dieser ‚nationalen Wiedergeburt' zu ermächtigen."[148] Vor diesem Hintergrund ist Dürckheims Wandlung und Hinwendung zum Nationalsozialismus zu sehen, ebenso die seines Lehrers und Bauhausgastdozenten Hans Freyer. Beide knüpften in den 1930er Jahren Verbindungen zum NS-System und stellten sich in dessen Dienst.[149] Auch Friedrich Engemann – ebenso wie sein Freund Johannes Riedel – geraten in den Strudel dieses verhängnisvollen, für ihn zunächst intellektuellen Paradigmenwechsels.

148
Gerhard Wehr, Karlfried Graf Dürckheim, Freiburg/Basel/Wien 1996, S. 69.

149
Dürckheim, der als „Nichtarier" „aus rassistischen Gründen" im NS-Staat nicht als Beamter dienen durfte, wurde dennoch 1933 Mitglied der SA und war 1935–1937 außenpolitischer Mitarbeiter im „Büro Ribbentropp" in Berlin. Gemäß Verfügung von Rudolf Heß, dem „Stellvertreter des Führers", war er gleichzeitig mit Fragen des Auslandsdeutschtums betraut. Besonders in Japan betrieb er nationalsozialistische Propagandaarbeit. Siehe Gerhard Wehr, Karlfried Graf Dürckheim, S. 66, S. 256.

Friedrich Engemann als Gestalter

Am Bauhaus wurden Friedrich Engemann Funktionen übertragen, die von großem Vertrauen in seine Person zeugen. So übernahm er die Leitung der Metallwerkstatt, der Tischlerei und der Versuchs- und Entwicklungswerkstätten. Im März 1931[150] wurde er in die Bauhauskonferenz berufen und im Oktober desselben Jahres[151] in den Bauhausbeirat. Die Bauhauskonferenz entsprach dem in Weimar etablierten Meisterrat. Er wurde im Zuge der Ernennung des Bauhauses zur Hochschule für Gestaltung, 1926 in Dessau, und der damit verbundenen Einführung des Professorentitels für die bis dahin als „Meister" bezeichneten Lehrkräfte in Konferenz umbenannt.[152] An ihr nahmen der Direktor, alle hauptamtlichen Lehrkräfte sowie Vertreter*innen der Studierenden teil. Alle wichtigen, die Institution betreffenden Fragen wurden hier besprochen und Entscheidungsgrundlagen für den Direktor erarbeitet.[153] Die Konferenz wählte auch den Beirat bzw. Verwaltungsrat, dem der Direktor, sein Stellvertreter, die Leiterin der Verwaltung (Administration) sowie Vertreter*innen der Lehrkräfte angehörten. Der Beirat kam wesentlich öfter als die Konferenz zusammen und beschäftigte sich überwiegend mit Etatfragen und der allgemeinen Verwaltung.[154]

Engemanns Zeit am Bauhaus – ein Jahr als Student, vier Jahre als Lehrer, davon zwei als Meister und Mitglied des engeren Beirates – war für ihn die schönste und produktivste Zeit seines Lebens. Diese Jahre haben ihn am stärksten bewegt und geprägt.[155]

Neben seiner Lehrtätigkeit an der Berufsschule und am Bauhaus praktizierte Friedrich Engemann beinahe durchgehend auf selbstständiger Basis als Architekt und Entwerfer. Sein Leistungsspektrum war bis zu Beginn des Krieges erheblich und erreichte später nicht wieder denselben Umfang. Zu seinen wichtigsten Arbeitsbereichen gehörten der Entwurf und in nicht wenigen Fällen auch die Ausführung von Ein- und Mehrfamilienhäusern und deren Inneneinrichtung inklusive Entwurf und Ausführung von Einzelmöbelstücken oder Einrichtungsgenständen wie Leuchten. Gelegentlich kam es zur Überschneidung von schulischen Belangen mit privaten Bauprojekten, etwa wenn Engemann Bauhausschüler*innen mit Bauplanungen, Baubetreuung oder Möbelbauprojekten betraute, um ihnen auf diese Weise berufspraktische Erfahrungen zu vermitteln. Das Prinzip, theoretische Ausbildung und praktische Tätigkeit über die schuleigenen Werkstätten hinaus zu verbinden, war nicht beispiellos und eher Teil der Praxis im Schulalltag unter allen drei Bauhausdirektoren. Auch Walter Gropius, Hannes Meyer und Ludwig Mies van

150 Engemann wurde erstmals im Protokoll der Konferenz vom 24.3.1931 offiziell als Mitglied geführt.

151 Protokoll der Konferenz vom 14.10.1931, SBD, Inv.-Nr.: I 8105/1-2 D.

152 Vgl. Ute Ackermann, Zur Funktion und Geschichte des Meisterrats am Staatlichen Bauhaus Weimar, in: Volker Wahl (Hg.), Die Meisterratsprotokolle des Staatlichen Bauhauses Weimar 1919 bis 1925, Weimar 2001, S. 18–40, hier S. 39f.; Friedrich Engemann, Brief an den Landesschulrat vom 30.10.1931, SBD, Inv.-Nr.: I 8215/1-4 D.

153 Von den Sitzungen der Konferenz in Dessau existieren 10 Protokolle. Sie datieren von 18.11.1930 bis 6.1.1933. SBD.

154 Von den Beiratssitzungen sind 66 Protokolle überliefert. Sie datieren vom 8.10.1930 bis 7.2.1933. SBD.

155 Friedrich Engemanns Brief an Helmut Oelert vom 25.11.1962, SBD, Inv.-Nr.: I 46818/1-2.

der Rohe bezogen Studierende in ihre eigenen Bauprojekte mit ein. Neben der Vermittlung von baupraktischen Erfahrungen ermöglichten sie ihnen damit einen Hinzuverdienst und nahmen so selber günstig Assistenzen in Anspruch.

An dieser Stelle werden exemplarisch einige Projekte aus dem Spektrum von Engemanns Entwurfspalette vorgestellt, um damit auf die Vielfalt seiner gestalterischen Ansätze, auf werkimmanente Kontinuitäten und Brüche aufmerksam zu machen.

Entwurf für den Dessauer Volksblattverlag

Als die genossenschaftlich betriebene Arbeiterdruckerei Dessau im Sommer 1929 einen Wettbewerb für ein neues Verwaltungsgebäude auslobte, das auch die Redaktionsräume des SPD-eigenen „Volksblatts für Anhalt" aufnehmen sollte, beteiligte sich anscheinend auch Engemann. Im Nachlass befinden sich vier Zeichnungen mit Grundrissen, Ansichten und Schnittdarstellungen, die diese Vermutung stützen.[156] Das neue Verwaltungsgebäude der Arbeiterdruckerei sollte in der Askanischen Straße anstelle zweier Gebäude von 1904 mit Anbauten von 1925 entstehen. Am Wettbewerb beteiligten sich insgesamt vermutlich 41 Architekten, darunter die Dessauer Carl Fieger (1893–1960), Albert Langfeld, Erich Kurt Elster (1892–1954), Richard Paulick (1903–1979), Karl Overhoff (1883–1962) sowie Fritz Bunse aus Bernburg. Zur Ausführung kam schließlich der Entwurf des Dessauer Architekten Karl Konrad Overhoff. Dass es sich dabei aufgrund gewisser Ähnlichkeiten im Grundriss um eine Modifikation des Fieger'schen Entwurfs handelt,[157] ist zweifelhaft. Der zur Einweihung des Gebäudes erschienene Artikel betont, dass Overhoff seinen eigenen Wettbewerbsbeitrag, der in der Anlage der Räume den „Wünschen am nächsten" kam, überarbeitet hatte. Es war nicht ungewöhnlich, dass die Ausschreibung und die zu einem bestimmten Zeitpunkt aktuellen Konzepte ähnliche Lösungen aufwiesen.

Vorgabe für den Entwurf war neben der Eingliederung in die Wohnstraße je ein Zugang für Fußgänger*innen und Autos zu den im Hof gelegenen Gebäudeteilen der Druckerei.[158] Engemanns Entwurf sah für das Verwaltungsgebäude einen zweigeschossigen Bau mit Keller- und Erdgeschoss vor, der sich auf einem rechteckigen Grundriss erhebt. Entgegen seiner Vorliebe für Satteldächer wählte er für dieses Gebäude ein flaches Dach, obgleich die Nachbarhäuser Satteldächer aufwiesen. Der zweigeschossige Bau sollte auf drei Ebenen die dreigeteilte horizontale Fassadengliederung der Nachbar-

156
In zeitgenössischen Veröffentlichungen zum Wettbewerb wird Engemann allerdings ebenso wenig erwähnt wie der Bauhausschüler Walter Kaminski, der am Wettbewerb teilnahm. Siehe Karl Overhoff, Der Erbauer des Hauses über sein Werk, in: Volksblatt für Anhalt 42, 1.5.1931, S. 5; Im neuen Haus. Im neuen Gewand. Festausgabe zur Einweihung des neuen Volksblattgebäudes „Volksblatt für Anhalt", Dessau, Askanische Straße 106–107, in: Volksblatt für Anhalt 42, 1.5.1932, S. 4; Bauhaus-Diplom der Bauabteilung von Walter Kaminski vom 8.6.1931, SBD, Ordner Bauhausdiplome.

157
Zum Wettbewerb vgl. Uta Karin Schmidt, Vom Bauhaus zur Bauakademie. Carl Fieger, Architekt und Designer (1893–1960), Teil I: Text, Berlin 2015, S. 199ff., hier S. 206.

158
Overhoff, Der Erbauer des Hauses über sein Werk, S. 5.

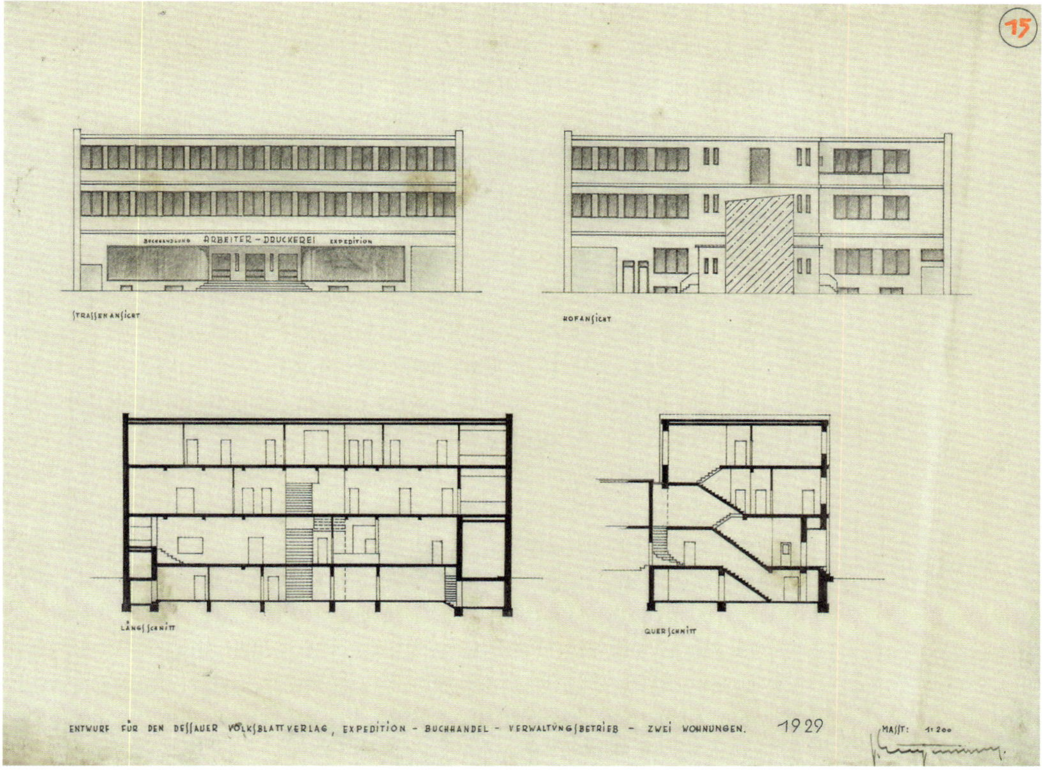

Abb. 37
Friedrich Engemann, Wettbewerbsentwurf für den Dessauer Volksblattverlag, 1929

Abb. 38
Carl Fieger, Wettbewerbsentwurf für den Dessauer Volksblattverlag, 1929

bauten aufnehmen: In den beiden oberen Etagen läuft diese Tendenz in der engen, belichtungstechnisch optimierten Reihung der quadratischen Fenster in der ganzen Breite durch. Das Erdgeschoss dagegen wird zwischen sehr breiten Schaufenstern vom zurückgesetzten Eingangsbereich in der Mitte betont. Die Durchfahrt und der Durchgang zum Hof schließen die Gliederung dezent an den Rändern ab.

In diesem Grundaufbau und der axialsymmetrischen Gliederung der Fassade ähnelt Engemanns Entwurf denen von Fieger und Overhoff verblüffend. Auch die Funktionsverteilung im Innern ist ähnlich, was sicher ebenfalls auf die Vorgaben zurückzuführen ist. So brachte Engemann im Kellergeschoss überwiegend Lagerräume, im Untergeschoss den geforderten Laden und einen Bereich für den Vertrieb und im ersten und zweiten Obergeschoss hauptsächlich Büros und Konferenzräume unter. Im zweiten Obergeschoss platzierte er zur Hofseite Wohnungen mit Loggien. Im Gegensatz zu Fieger, der zwei Einraumwohnungen vorschlug, ging Engemann von zwei Dreizimmerwohnungen aus, bei denen jeweils zwei Räume der Straßenseite zugeordnet waren. Wo bei Fieger der Schriftzug „Volksblatt" den Gebäudeentwurf werbewirksam von beiden Seiten rahmt und zur gestalterischen Qualität des Gebäudes beiträgt, prangt im Engemann'schen Entwurf der Schriftzug „ARBEITER – DRUCKEREI" traditionell über dem breiten dreistufigen Zugangsbereich. Fieger lässt die beiden Obergeschosse zur Straße hin vorkragen, was zu einem Raumgewinn und zugleich zur Dynamisierung der Fassade beiträgt, während Engemann auf Vor- und Rücksprünge verzichtet und damit einen flächigen Eindruck betont. Sein Entwurf für das Verwaltungsgebäude der Volksblattdruckerei in Dessau orientierte sich in der funktionalen Organisation mit Fensterbändern und Flachdach konsequent wie sonst kaum an der Formensprache des Neuen Bauens.

Das Bauensemble Fischereiweg / Stephanweg

Eine deutlich modifizierte Formensprache verfolgte Friedrich Engemann Ende der 1920er, Anfang der 1930er Jahre, als er für ein Areal schräg gegenüber des Bauhausgebäudes, im Fischereiweg, mehrere Wohnhäuser entwarf. Die Entwurfszeichnungen datieren aus der Zeit von 1929 bis 1935. Immerhin sechs dieser Häuser wurden gebaut, eines gelangte nicht über das Entwurfsstadium hinaus.

Abb. 39
Das Haus Engemann im Fischereiweg 13 (heute 24) und eine ebenfalls von ihm entworfene Doppelhaushälfte Nr. 12 (heute 22). Im Hintergrund Haus Prager im Stephanweg, Zustand um 1933

F. E n g e m a n n .   E i g e n e   A r b e i t e n .

S ü d - S e i t e n   meiner Häuser

Dessau, F i s c h e r e i w e g 12 u. F i s c h e r e i w e g 13

Entwurf u. Ausführungsüberwachung 1932/33.

Entwurf u. Ausführungsüberwachung und zu einem großen Teil eigenhändg. Ausführung 1930.

E i n g a n g + Diele u. Balkon
Dessau, Fischereiweg 11,
Besitzer Kammersäng. Sollfrank

E n t w u r f   1933.

E i n f a m i l i e n h a u s .
Dessau, Stephansweg 1,
Besitzer Prager,

Entwurf u. Ausführungsüberwachung 1931.

Dessau, den 13. August 1934.

J. Engemann

Abb. 40
Wohnhäuser, entworfen von Friedrich Engemann, im Fischereiweg 11, 12, 13 und im Stephanweg 1, 1930–1933

Das Gebiet um den Fischereiweg grenzt östlich an die detailreich gegliederte, zwischen 1919 und 1927 von Magistratsbaurat Theodor Overhoff (1880–1963) entworfene und fertiggestellte Gartenstadtanlage „An der Hohen Lache“. Der daran Richtung Innenstadt anschließende Bereich, an dessen prominentester Stelle das Bauhaus steht, sollte auf Grundlage der Planungen Mitte der 1920er Jahre zu einem Bebauungsgebiet entwickelt werden, in dem verschiedene Werkswohnungen und individuell gestaltete Einzelhäuser für den steuerkräftigen Mittelstand den Siedlungscharakter stadtnäher akzentuieren sollten: Vorgesehen waren nicht etwa Villen im üppigen Gründerzeitduktus, aber auch keine halbländliche Siedlung mit Kleinhäusern. Dies entsprach dem sozialreformerischen Anspruch der auf einer bürgerlich-liberalen Stadtpolitik beruhenden Dessauer Siedlungspolitik der damaligen Zeit. Ziel war es, Wohnbereiche für unterschiedliche Einkommensschichten und Lebenskonzepte zu schaffen.

Entsprechend vielfältig zeigte sich der Charakter der einzelnen Bebauungsbereiche in Dessau, das gerade mit Vororten und umliegenden Dörfern zu einem „Groß-Dessau“ verschmolzen worden war. Zu den seriell und in dezidiert moderner Haltung geplanten Projekten mit Selbstversorgeranspruch zählen die 1926 bis 1930 gebaute Siedlung Dessau-Törten nach Entwürfen von Walter Gropius und die Knarrberg-Siedlung von Leopold Fischer (1901–1975) in Ziebigk, die in Zusammenarbeit mit dem Gartenarchitekten Leberecht Migge (1881–1935) entstand. Um der sich seit Anfang der 1920er Jahre verschärfenden Wohnungsnot entgegenzuwirken, entstanden so allein zwischen 1928 und 1930 mehr als 3500 Wohnungen.[159] In Kontext einer solcherart differenzierten Stadterweiterung entwarf und realisierte Friedrich Engemann bis 1935 eine ganze Reihe von Wohnhäusern für Standorte unweit des Bauhauses:

> das Doppelhaus Fischereiweg 11 / 12 (heute 20 und 22)

> das Haus Fischereiweg 13 (heute 24) als eigenes Wohnhaus mit Mietwohnung im ersten Obergeschoss

> das Haus Fischereiweg 14 (heute 26)

> das Haus Stephanweg 1

> das Haus Ecke Stephanweg und Leibnizstraße (heute Leibnizstraße 15)

159 Holger Barth / Lennart Hellberg, Die Legende vom Glück auf eigener Scholle. Dessauer Siedlungsbau in der Weimarer Republik, in: Dessauer Kalender, 1996, S. 2–27.

Die erhaltenen Dokumente, darunter die vom Stadtbauamt erstellten Bebauungs- und Fluchtlinienpläne, Straßenakten und Baugenehmigungen, geben Auskunft über den Baufortgang, der hier etwas detaillierter ausgeführt wird: In den Jahren 1929/30 arbeitete die Stadt Dessau noch an der Erschließung des Fischereiwegs und installierte dort Bordsteine und Gehwege.[160] In einem Fluchtlinienplan vom 16. Februar 1932 sind ganze zwei Häuser eingezeichnet. Eines der beiden ist das zweigeschossige Wohnhaus Nr. 13 von Friedrich Engemann, bauseitig fertiggestellt Ende 1930.[161] Zur selben Zeit entwarf Engemann bereits ein zweigeschossiges Wohnhaus (ohne Hausnummer) mit Garage für den vom Fischereiweg nach Norden abzweigenden Stephanweg, für den es ab 1933 einen Straßenbaufonds gab. Das Haus wurde jedoch nicht ausgeführt. Gleichfalls am Stephanweg, Hausnummer 1, entstand bis 1934 das Haus für den Telegrafenleitungsaufseher Peter Prager. Außerdem realisierte Engemann ab August 1932 gleich neben seinem eigenen Haus, im Fischereiweg 12, die erste Hälfte eines zweigeschossigen Mehrfamilien-Doppelhauses. Bezugsfertig wurde es im Februar 1933.[162] Seine östliche Entsprechung, die Nr. 11, wurde neun Monate später für den Kammersänger Rudolf Sollfrank (1883–1939) im Rohbau fertiggestellt.[163] Dem hohen Walmdach setzen die horizontal ausgerichteten Fenster – und dies verstärkt sich nach der Komplettierung des Doppelhauses – einen deutlichen Horizontalakzent und damit ein Moment der klassischen Moderne entgegen.

Das Haus für den Telegrafenleitungsaufseher Ernst Hamann im Fischereiweg 14 entstand um 1934. Ein Jahr später begann im Stephanweg der Bau des zweigeschossigen Hauses für den mit Engemann befreundeten Rechtsanwalt Dr. Albert Haase (das nach Anlage der hier abzweigenden Leibnizstraße dieser als Nummer 15 zugeschlagen wurde). Haase war ein Sohn des langjährigen Direktors der Gewerblichen Berufsschule Dessau. Engemann schlug für dieses Haus mit zwei Kinderzimmern im Dachgeschoss in einer Vielzahl an Zeichnungen zwei Varianten vor und sorgte offensichtlich auch für die Innenausstattung.

Der umfangreichen Wohnhausplanung für den Fischereiweg war eine Bauplanung ganz anderer Art vorausgegangen. Im Rahmen der Planung eines Gemeindezentrums für die Auferstehungsgemeinde am Ende des Fischereiwegs in Richtung Westen wurde 1928 ein Wettbewerb für den Entwurf eines Gemeindehauses, eines Pfarrhauses und einer Kirche ausgelobt. Unter dem Kennwort „Kreuz“ reicht Engemann ei-

160
Bericht über die Verwaltung und den Stand der Gemeindeangelegenheiten der Stadt Dessau, 1.4.1919–31.3.1933, Stadtarchiv Dessau.

161
Fluchtlinienplan für den Stephanweg, M 1:1000, 1. Fertigung v. 16.2.1932, durch Gemeinderatsbeschluss vom 10. Dezember 1931 festgesetzt vom Stadtbauamt, Overhoff, Stadtarchiv Dessau.

162
Fluchtlinienplan für den Stephanweg, M 1:1000, 1. Fertigung v. 12.2.1932, mit Festsetzung durch Gemeinderatsbeschluss vom 10. Dezember 1931. Dort ist auf der nördlichen Seite des Fischereiwegs, im Flurstück 2893/347, Engemanns Wohnhaus eingezeichnet sowie im Flurstück 3134/347 das Haus für Peter Prager. Magistratsakte Fischereiweg (Straßenakte) 1932–35, Sachgr. 814, Nr. F 2 und Mitteilung von Friedrich Engemann vom 30. Dezember 1932, alle Unterlagen im Stadtarchiv Dessau.

163
Mitteilung über die Straßenherstellungskosten für Kammersänger Rudolf Sollfrank, Zweifamilienhaus, Fischereiweg 11, zuvor Wilhelmstr. 33, Stadtarchiv Dessau, Magistratsakte Fischereiweg (Straßenakte), 1932–35, Sachgr. 814, Nr. F2.

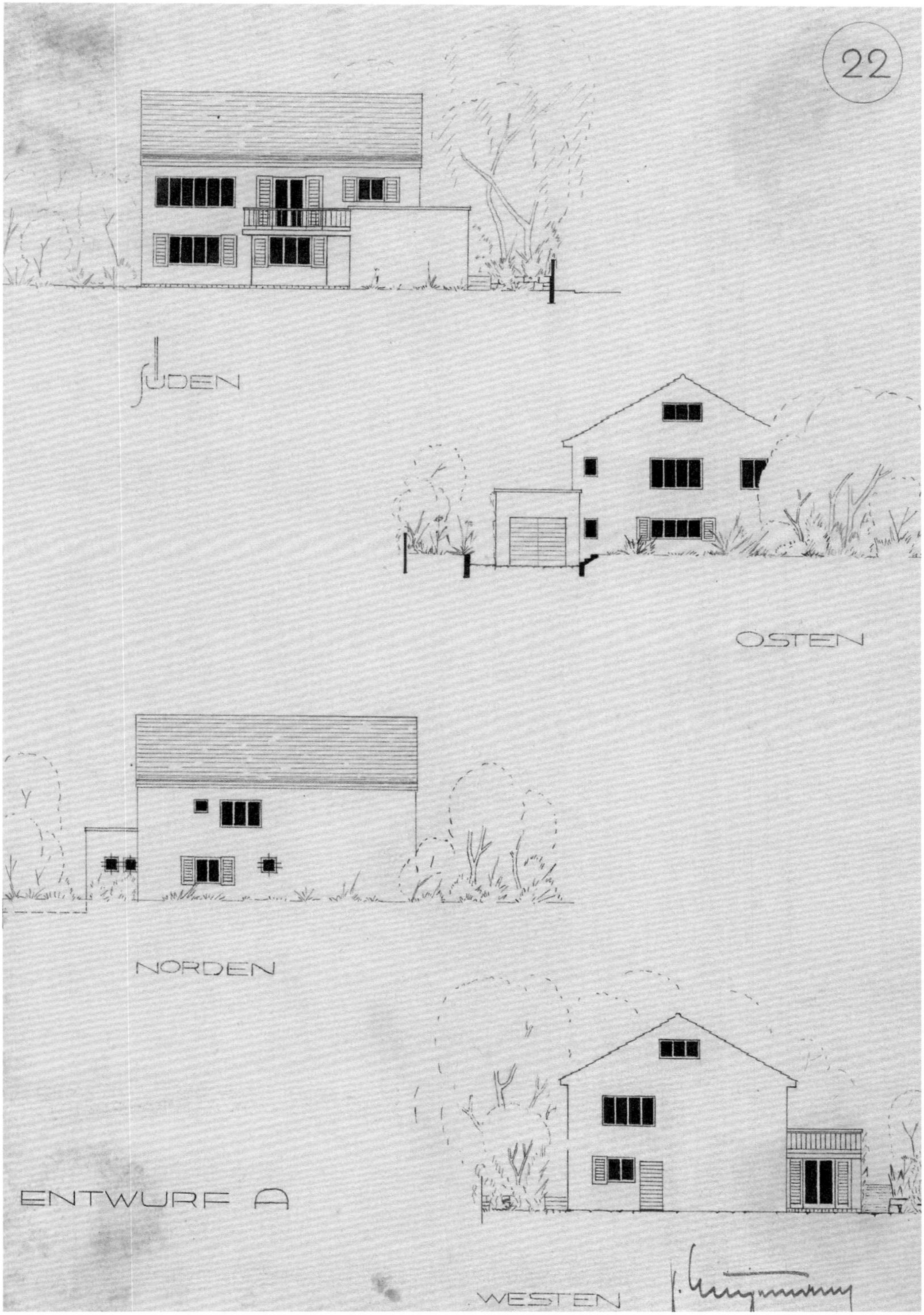

Abb. 41
Entwurf für das Haus
Haase, Stephanweg, 1935

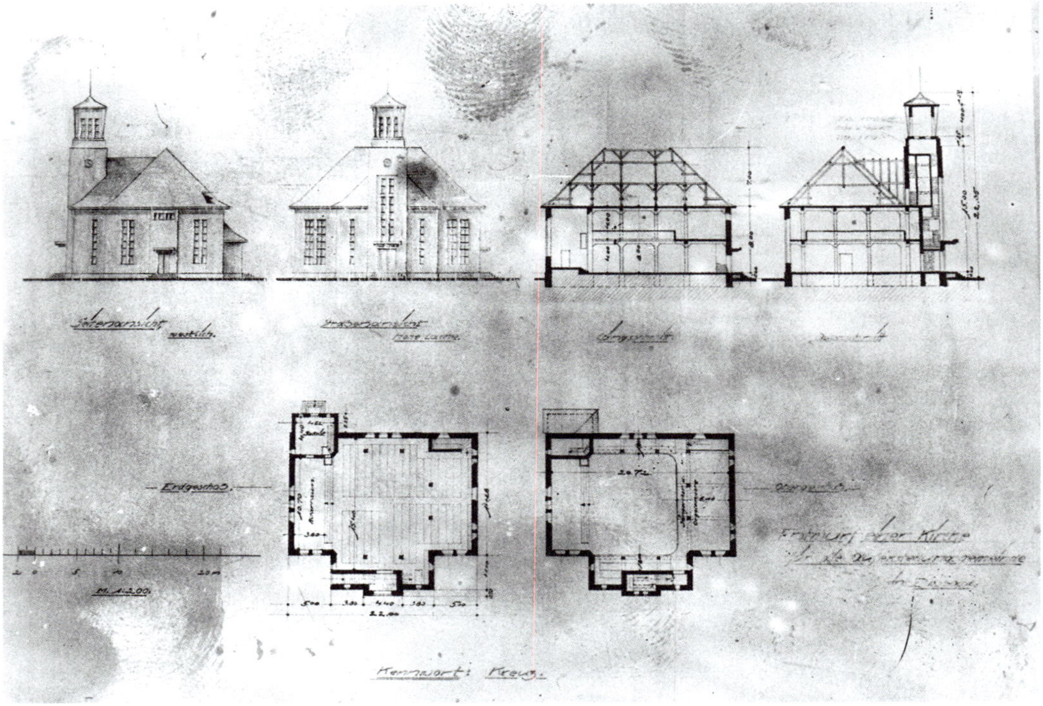

Abb. 42
Entwurf einer Kirche für die Auferstehungsgemeinde in Dessau, 1928

Abb. 43
Friedrich Engemann, Planung für das Haus Engemann im Stephanweg 1a, 1953

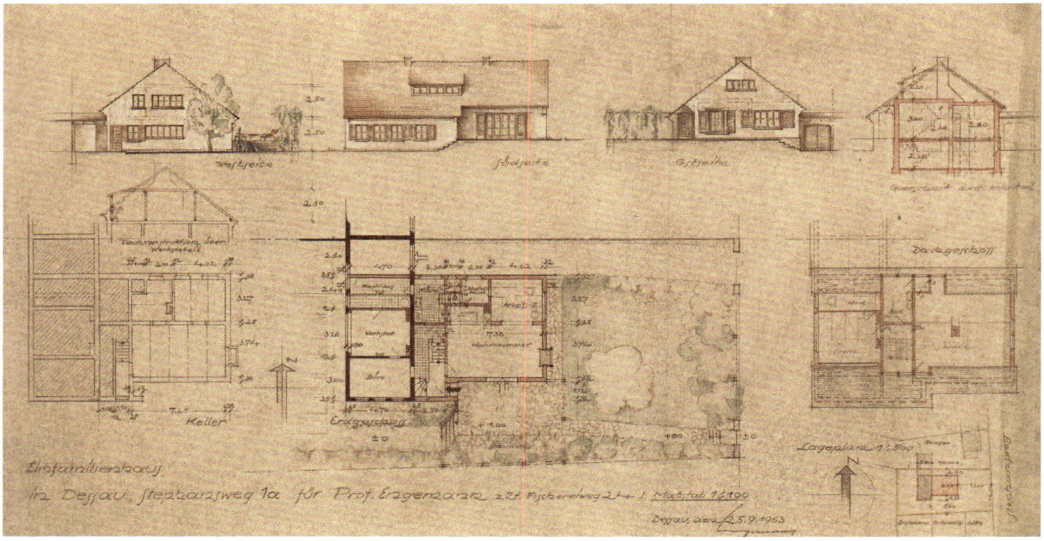

Abb. 44
Die Häuser im Fischereiweg 13 (heute 24) und 11/12 (heute 20 und 22) von Friedrich Engemann, Zustand um 1933

nen Entwurf ein. Von der Zeichnung ist nur eine Fotografie überliefert. Errichtet wurde die Auferstehungskirche, die im Februar 1930 an die Gemeinde übergeben wurde, schließlich nach Plänen des Architekten Helmut Conradi.[164]

Die letzte Planung auf diesem Areal erfolgte 1953, als Friedrich Engemann versuchte, im Stephanweg in nördlicher Fortsetzung des Grundstücks Fischereiweg 13 ein weiteres Wohnhaus für sich und seine Familie zu errichten. Diesmal als Einfamilienhaus mit Garage und viel Platz für mindestens zwei Kinder. Realisiert wurde es jedoch nicht.

Mitte der 1930er Jahre wurde die Fläche, die an Engemanns Bauten anschloss, mit weiteren mehrgeschossigen Ein- und Mehrfamilienhäusern bebaut, die sich, einer in Deutschland verbreiteten Tendenz der Sachlichkeit mit traditionellen Elementen folgend, formal nur wenig voneinander unterscheiden. 1936 begann dann die Bebauung des Schlageterplatzes (heute Bauhausplatz) und der Schlageterallee (heute Gropiusallee) mit mehrgeschossigen Mietshäusern, deren gleichförmige Lochfassaden nur zum Platz hin von dekorativen Erscheinungsbalkons akzentuiert wurden. Grundlage war der Bebauungsplan von Stadtbaurat Theodor Overhoff aus dem Jahr 1924 in der im Oktober 1933 modifizierten Form.[165]

Innerhalb weniger Jahre entstand auf diese Weise im Fischereiweg/Stephanweg eine kleine von Bauhauslehrer Engemann entworfene Wohnhaussiedlung in der gebräuchlichsten Bauform der damaligen Zeit: dem mehrgeschossigen, teils selbst genutzten, teils vermieteten Wohnhaus mit Walmdach. Was den Bauhausarchitekten dazu bewegte, traditionelle Bauformen anzuwenden und sich nicht konsequent an die als modern geltende Architekturauffassung zu halten, kann heute nicht mehr eindeutig geklärt werden. Weder auf die Projekte bezogene noch allgemeinere Aussagen Engemanns liegen dazu vor. Abgesehen von der eher konventionellen formal-ästhetischen Grundorientierung in Engemanns Œuvre könnten es lokale bauliche Vorgaben gewesen sein, die ihn dazu veranlassten, Walmdächer und Hochformatfenster zu verwenden. Darüber ist jedoch nichts bekannt. Erst im November 1936 erließ das Reichsarbeitsministerium eine reichsweite „Verordnung über die Baugestaltung", die, noch heute erkennbar, einheitliche Firstrichtungen, Traufhöhen (bzw. Geschosszahlen), Dachformen und Oberflächengestaltungen vorschrieb, welche als „Ausdruck anständiger Baugesinnung und werkgerechter Durchbildung" galten.[166]

164
Junkers-Pfad Dessau, 2.1 Kirche der Auferstehungsgemeinde, in: http://www.hugojunkers.info/junkers-pfad-ziebigk-siedlung.html [letzter Aufruf 27.5.2021].

165
Beide Pläne im Stadtarchiv Dessau.

166
Verordnung über die Baugestaltung vom 10. November 1936 (Reichsgesetzblatt I S. 938).

Zudem boten Flachdächer, auch die des Bauhausgebäudes selbst, zu dieser Zeit noch mangelhaften Wetterschutz, sodass der handwerklich breit ausgebildete Engemann möglicherweise für seine Kunden und im Eigeninteresse lieber auf bewährte Lösungen zurückgriff. Im Kontext der Dessauer Bauhausbauten nehmen Engemanns Häuser schon wegen ihres Dachaufbaus eine Sonderstellung ein. In ihrer formalen Zurückhaltung dokumentieren sie im Bestand der Dessauer Bauhausbauten die Präferenzen einer vorsichtig progressiven Mittelschicht. Zugleich findet man in ihnen den Beleg für ein breites Spektrum von Architekturauffassungen an diesem damaligen Brennpunkt der Konfrontation von Verfechtern und Gegnern der Moderne.

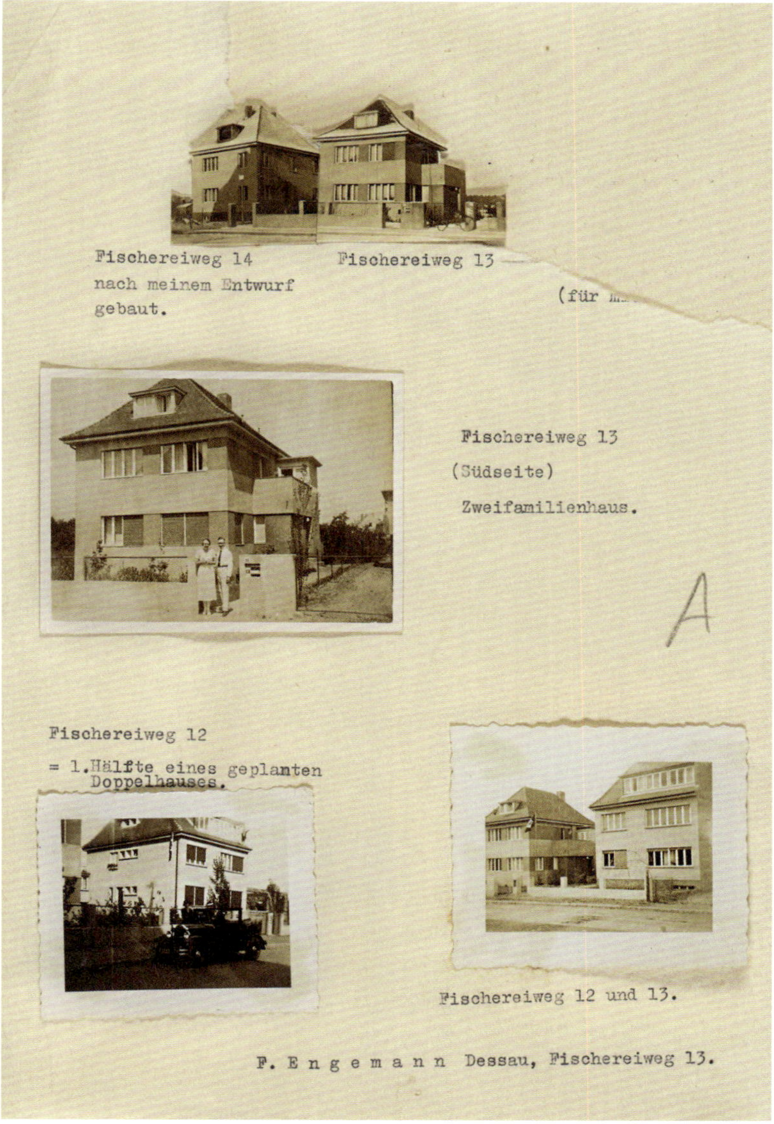
Fischereiweg 14
nach meinem Entwurf
gebaut.

Fischereiweg 13

(für

Fischereiweg 13
(Südseite)
Zweifamilienhaus.

A

Fischereiweg 12
= 1.Hälfte eines geplanten
Doppelhauses.

Fischereiweg 12 und 13.

F. E n g e m a n n Dessau, Fischereiweg 13.

Abb. 45
Die Häuser 12, 13 und 14 im Fischereiweg von Friedrich Engemann, Mitte: Ehepaar Walter und Thea Oelert, Bewohner der 1. Etage im Haus Engemann, um 1934

Steildach versus Flachdach

Bauhausarchitektur wird allgemein mit dem flachen und nicht mit dem schrägen, ziegelgedeckten Dach in Verbindung gebracht. Sattel-, Walm- oder Zeltdächer gelten eher als Ausweis des Traditionellen, mitunter werden sie auch den Vertretern einer „gemäßigten" Moderne zugeordnet. Diese Auffassung geht einher mit der eigentlich schon um 1933 in Deutschland und der Sowjetunion praktisch widerlegten Annahme, dass Architektur und Stadtplanung einer linearen Entwicklung unterliegen würden, wobei auf eine traditionsgebundene Architektur gesetzmäßig eine moderne Stilistik folgen müsse. Der ästhetische Paradigmenwechsel, der nach 1918 eine Hinwendung zur nach damaligem Verständnis radikal funktions- oder konstruktionsbedingten Architektur des Neuen Bauens zur Folge hatte, erschien auf den ersten Blick als Bruch mit den bis dato geltenden Konventionen – auch wenn sich der Anlauf bis tief ins 19. Jahrhundert zurückverfolgen lässt.

Im Umfeld einer kulturellen Politisierung, die nach einer Stabilisierungsphase mit erneuten politischen Spannungen Ende der 1920er Jahre an Kontur gewann, verschärfte sich die Auseinandersetzung zwischen Tradition und Avantgarde. Die moderne Bewegung war mit einem systemischen Demokratisierungsanspruch verbunden. Ihre politische Ambition in Deutschland wurde vor allem von der Sozialdemokratie getragen, was sich in vielen sozial ausgerichteten Vorhaben wie Schwimmbädern, Genossenschaftsbetrieben, Ortskrankenkassen und besonders im gemeinnützigen Massenwohnungsbau niederschlug. Im Umkehrschluss ist es üblich, traditionelle Architekturkonzeptionen der Zwischenkriegszeit – äußerlich erkennbar durch Walm- oder Satteldach, Dachüberstände, Sprossenfenster, Dachgauben, Erker und Giebel – mit einer politisch konservativen Haltung zu assoziieren. Dies mag tendenziell nicht falsch sein, stellte sich aber angesichts der rasanten Entwicklungen in der Weimarer Republik 1922, 1928 und 1933 in unterschiedlicher Schärfe dar.

Zur herrschenden Doktrin im Wohnungsbau wurde nach der Machtübernahme durch die Nazis eine vorgeblich regionalistische (nicht selten aber aus Süddeutschland importierte) Stilmischung. In ihr konnten einzelne moderne Züge sowie in Proportion und Detail (etwa an Portalen oder Konsolen) Charakteristika von Monumentalbauten aufscheinen. In der Breite hob sich diese Architektur durch eine besondere Strenge von den liebenswürdig detaillierten Vertretern einer konservativen Siedlungsarchitektur der Weimarer Republik ab, so wie man sie gleich westlich des Fischereiwegs findet. Angesichts der in den Publikationen der Jahre vor und nach 1933 nachgewiesen Fülle an Beispielen sowie der (auch in der oben genannten Bauvorschrift nachweisbaren) Präferenz der völkischen Ideologie für bodenständige und handwerklich betonte Gestaltungselemente ist es evident, dass die breite Abwendung von als besonders modern angesehenen Bauformen wie dem Flachdach in der NS-Zeit programmatisch war.

Dass am Bauhaus auch das Walmdach als mögliche Lösung akzeptiert werden konnte, beweist nicht nur das Beispiel Engemann. Schon in Weimar war 1923 für das Bauhaus-Versuchshaus „Am Horn“ zunächst ein Schrägdach vorgesehen, bevor es am Ende einen flachen Dachabschluss erhielt. Für die geplante Bauhaussiedlung am Kiefernwäldchen in Weimar von 1920 waren ebenfalls traditionelle Bauformen vorgesehen, und schließlich erhielt die erste Gemeinschaftsarbeit des Bauhauses, das Haus Sommerfeld, entworfen 1920/21 von Walter Gropius und Adolf Meyer (1881 – 1929), ebenfalls ein weit auskragendes Walmdach. Zu einem wesentlich späteren Zeitpunkt entwarf der Bauhausmeister Alfred Arndt Wohnhäuser mit Walmdach. Offensichtlich war das flache Dach am Bauhaus nicht durchgängig Dogma. Spätestens seit Hannes Meyer ging man davon aus, dass jedes Haus das ihm gemäße Dach erhalten müsse. Wie andernorts in Deutschland und Mitteleuropa fand sich um 1930 auch in Dessau eine schlichte, funktional großzügige Wohnbauarchitektur, die sich im stilistischen Spannungsfeld von Hergebrachtem und Neuem Bauen entfaltete.

Haus Engemann

Aus der Gruppe der Bauten im Fischereiweg ragt das Wohnhaus, in dessen Erdgeschoss das Ehepaar Engemann 1930 einzog, heraus. Das liegt vor allem an der komplexen Innenausstattung. Engemann entwarf das Haus nicht nur, als gelernter Maurer und Möbeltischler führte er es teilweise auch selbst aus. An der Bauausführung waren außerdem einzelne Bauhausstudierende beteiligt, hauptsächlich der bereits erwähnte Fritz Schreiber, gelernter Maurer und Tischler und 1931 bis 1933 Student am Bauhaus Dessau und Berlin. Ihn wählte Engemann aus circa 150 Studierenden aus, um ihn in seine eigenen Projekte einzubinden. Beim Haus Engemann war Schreiber „von Anfang an an allen zeichnerischen und rechnerischen Arbeiten, an allen Verhandlungen mit Behörden, Unternehmern und Lieferanten beteiligt, und hat bei der Ausführung des Rohbaues“ praktisch mitgearbeitet.[167] Der Rohbau wurde vom Bauunternehmen Franz Lindemann errichtet.[168] Schreiber wurde während dieser Zeit sogar für einige Monate in die Familie Engemann integriert. Engemann betreute ihn unter anderem im Rahmen des Werkkurses Holz und anderer Ausbaumaterialien sowie bei der praktischen Versuchsarbeit in der Metallwerkstatt am Bauhaus.

Die Baukosten betrugen 30.000 Reichsmark für das Engemann-Haus.[169] Zur Finanzierung beantragte der Bauherr einen Kredit, und zur Refinanzierung des Gebäudes war eine Mietwohnung im ersten Geschoss vorgesehen. Dort wohnten zuerst Thea und Walter Oelert, Reichsbahnbaumeister, und später der Schauspieler Kießler. Friedrich Engemann lebte mit seiner Frau Alma Else bis zu seiner Einberufung zum Kriegsdienst 1939 im Parterre. Als er im Juni 1945 aus kurzer amerikanischer Gefangenschaft in Regensburg zurückkam, fand er das Haus stark beschädigt vor. Türen, Fenster und Dach waren zerstört, nur ein Raum war noch bewohnbar. Darin lebte Alma Else mit der gerade geborenen Tochter Christine sowie Friedrichs Bruder Herbert mit Familie.[170] Erst 1955/56, als die Engemanns ihr neues Domizil in Halle (Saale) bezogen, wurde das Haus veräußert.

167
Fritz Engemann, Tätigkeitsbescheinigung für Fritz Schreiber vom 1.7.1933, SBD, Inv.-Nr.: I 18969 D.

168
Ebd.

169
Schreiben von Friedrich Engemann vom 16.4.1933, in: Magistratsakte Fischereiweg (Straßenakte) 1932–35, Sachgr. 814 Nr. F2, Stadtarchiv Dessau.

170
Friedrich Engemann, Brief an Ruth Gengenbach vom 12.2.1950, Privatarchiv Christine Engemann.

Abb. 46
„Sommerpraxis bei Meister Engemann“, Friedrich Engemann (links) Fritz Schreiber (Mitte), Herbert Engemann und Alma Else Engemann, 1932

Abb. 47
Friedrich und Alma Else Engemann in ihrem Wohnhaus in Dessau, Fischereiweg 13, 1931, Blick von der Essecke im Arbeitszimmer ins Wohnzimmer

Abb. 48
Haus Engemann im Fischereiweg 13 (heute 24), um 1930

Das Haus Engemann ist ein zweigeschossiger, frei stehender, von der Straße zurückgesetzter Bau, er verknüpft traditionelle und moderne Elemente. Das mit Ziegeln belegte Walmdach mit Aufschiebling, Dachüberstand und Gauben ist nicht nur eine ästhetisch tradierte, sondern auch technisch erprobte Bauform, Engemann hat sie ganz selbstverständlich mit Lösungen der Moderne kombiniert. Ohne äußere Rahmung sind die nach vorn und hinten hinausgehenden breiten Fenster in die Fassade eingeschnitten. Das gestalterisch Besondere ist, wie sie asymmetrisch in dunkle, um die Hausecken herumgeführte Putzflächen eingebunden sind. Mit seinem Versatz greift der seitliche Eingangs- und Terrassenvorbau das horizontal dynamische Moment auf. Leider sind diese spannungsvollen Akzente bei einer späteren Fassadensanierung stark abgeschwächt worden. Mit der schmalen Seite zur Straße ist das Gebäude Richtung Süden ausgerichtet. Eine Einfriedung schließt das Grundstück ab. Bei der Gestaltung dieses Elements, das auf einer Kombination von gemauertem Sockel und Pfeilern mit dazwischen eingespanntem, von einem Rundrohr gehaltenem Drahtgeflecht aufgebaut ist, orientierte sich Engemann ebenfalls an der Praxis des Neuen Bauens. Im Inneren ist das Haus mit den zwei Etagenwohnungen, mit Kellergeschoss und Dachgeschoss inklusive Dachkammern durch sachliche und klare Organisation der Grundrisse geprägt. Im Großen und Ganzen folgte Engemann dabei den damals aktuellen Prämissen des Bauhauses.

Unter Hannes Meyer erfolgte die Grundrisserstellung am Bauhaus ab 1930 standardmäßig mithilfe der Grundrisserrechnung. Demzufolge ergab sich ein Grundriss aus den Faktoren Bewegung und Besonnung. Als Basis für die Errechnung dienten, wie schon bei Gropius, Ergebnisse vorausgegangener Untersuchungen der praktischen und psychologischen Funktionen, denen die Räume dienen sollten. Besonderer Wert wurde auf die Möglichkeit effektiver Durchlüftung und optimaler Ausleuchtung (Sonneneinfallswinkel) gelegt, Kriterien, die ebenfalls schon unter Gropius zum Tragen kamen.[171] Demzufolge sowie unter Beachtung der Forderung nach optimaler Wohneinheit (Schlaf-, Ankleide- und Baderaum im Zusammenhang) kamen geschlossene Gänge an der Ostseite, Zugänge über Schlaf- oder Wohnräume kaum infrage. Unter Hannes Meyer gerieten auch etwaige Störfaktoren wie akustische Beeinträchtigungen, Geruchsbelästigungen, Einsichten, soziale Reibungen etc. ins Blickfeld, welche bei Planungen berücksichtigt und nach Möglichkeit eliminiert werden sollten.[172]

171
Gropius stellte besonders im Zusammenhang mit dem Zeilenbau die für ihn besondere Bedeutung der Besonnung und Durchlüftung heraus. Walter Gropius, Gross-Siedlungen, in: Zentralblatt der Bauverwaltung 12/1929, S. 233.

172
Siehe Baulehre Hannes Meyer, Übersichtstafel zur Errechnung eines Grundrisses eines Gemeinschaftshauses, Projekt von Weiner und Tolziner, 1930, in Hans Maria Wingler, Das Bauhaus. 1919–1933, Köln 1962, S. 465, und Baulehre Hannes Meyer, Tabelle zur Untersuchung der Beziehungen zur Nachbarschaft und Außenwelt in einer Siedlung, um 1929, in: ebd., S. 464.

Engemanns Haus weicht von der eine optimale Besonnung gewährleistenden Ost-West-Orientierung ab und ist in Nord-Süd-Orientierung gebaut. Die Abweichung erklärt sich aus der Grundstücksbreite und der aus der Straßenführung resultierenden Stellung der Nachbarhäuser. Ein Raum eigens für Alma Else Engemann war zunächst nicht vorgesehen. Auch später, nachdem sie ab Sommersemester 1931 als Hospitantin zunächst Kandinskys Malklasse besuchte und ab Wintersemester desselben Jahres bis 1933 in der Bauhausweberei studierte, wurde für sie kein Arbeitsbereich eingerichtet. Erst nachdem Engemann viele Jahre später auf seinem Grundstück „eine Werkstatt zur Entwicklung von Modellen für die serienmäßige Herstellung von zeitgemäßen Möbeln, von gutem Hausgerät und zweckmäßigem Ausbaubedarf“ eingerichtet hatte, erweiterte er diese 1948, vermutlich die Anliegen seiner Frau berücksichtigend, „durch Hinzunahme einer Metallbearbeitung und einer Werkstatt für Textilversuche und Weberei“.[173]

Der größte Raum im Haus ist das Friedrich Engemann zugedachte Atelier bzw. Arbeitszimmer. Zusammen mit dem ursprünglich als Esszimmer geplanten, dann als Wohnzimmer eingerichteten Nebenraum nimmt es die Hälfte der Erdgeschossfläche ein. Mit dem Wohnzimmer im Nebenraum ist der Arbeitsraum durch eine große zweiflügelige Glastür verbunden. Diese Raumfolge ähnelt der Aufteilung, die auch Walter Gropius für sein Dessauer Wohnhaus vorgesehen hat. Auch hier sind die Funktionen Schlafen, Essen und Arbeiten im Erdgeschoss angesiedelt und der Arbeitsraum zusammen mit dem Esszimmer tendenziell als eine Raumeinheit aufgefasst. Allerdings ging Gropius, wie es sich für einen Vertreter des Neuen Bauens gehörte, gegen Osten zu Bett und wohnte gegen Westen.[174] Engemann ließ sich nicht von dieser Vorgabe leiten. Der Grundriss zeigt: Die maximale Besonnung erhält in seinem Haus der Schlafraum, dessen Fenster sowohl nach Osten als auch nach Süden gerichtet sind. Der Arbeitsraum empfängt Südsonne, der ursprünglich als Essraum gedachte ist dagegen nach Norden ausgerichtet. Die Westseite des Engemann-Hauses bleibt dem Umraum völlig verschlossen, was, wie oben ausgeführt, wohl auf die geringen Gebäudeabstände zurückzuführen ist.

Die annähernd gleich großen Räume könnten als ein Indiz gedeutet werden, dass der Architekt das Prinzip der Wahlfreiheit in der Nutzung einer größeren Differenzierung der Räume vorzog. Damit wäre er der Gefahr einer vollständigen Funktionalisierung der Tätigkeiten innerhalb der Woh-

173 Friedrich Karl Engemann, Lebenslauf vom 26.10.1948, Landeshauptarchiv Sachsen-Anhalt, Rep.: K MVb, Nr. 1662, S. 6r.

174 Adolf Behne, Dammerstock, in: Die Form 6/30. Zitiert nach Felix Schwarz/Frank Gloor (Hg.), Die Form – Stimme des Deutschen Werkbundes, Gütersloh 1969, S. 128.

nung, die das Wohnen als aktive Gestaltung des Alltags verfehlt hätte, entgangen. Tatsächlich aber legte Engemann in seinem Grundriss von 1930 die Möblierung der Räume im Erdgeschoss detailliert fest und gab damit eine Nutzung vor, die den (künftigen) Familienmitgliedern kaum individuelle Entfaltungsmöglichkeit bot, sondern eher auf gemeinschaftliches (Familien-)Verhalten drängte. Darin steckt die Funktionalisierung sozialer Abläufe, welche Wahlfreiheit tendenziell einschränkt und ein ganz bestimmtes Verständnis, nämlich das der Funktionalisierung des Wohnens, zum Ausdruck bringt. Themen sind hierbei eindeutig bestimmte Tätigkeiten wie Schlafen, Arbeiten, Essen, Kochen und weniger das (variable) „Wohnen" schlechthin. Damit entsprach Engemann einer Wohnauffassung, wie sie von Walter Gropius, aber auch Hannes Meyer am Bauhaus und beispielsweise von Ferdinand Kramer (1898–1985) und Grete Schütte-Lihotzky (1897–2000) in Frankfurt am Main vertreten wurde. Die Grundrisse der „funktionalisierten" Wohnungen wurden, so auch bei Engemann, meist mit Möbelstücken gezeichnet und veröffentlicht.

Schon in den 1920er Jahren gab es Kritik an diesen Konzeptionen. Bruno Taut (1880–1838) etwa stellte seiner Wohnung „mit zwei und mehr Wohnräumen" einen Typ gegenüber „derart, dass jeder Winkel [...] in seiner Bestimmung vollkommen festgelegt wird, dass also ein Wohnzimmer zum Wohnen und Schlafkabinen zum Schlafen und für nichts anderes bestimmt sind [...,] nach Art eines Ingenieurs, der die Normalfamilie mit drei Kindern als den Betrieb ansieht, für den er die Maschinen und die Fabrik konstruiert".[175] Hier finden sich die Rationalisierungsbestrebungen von Henry Ford (1863–1947) und Frederick Winslow Taylor (1856–1915) und damit die moderne Arbeitswelt reflektiert: die Wohnung als Abbild des Fließbandes. Die pädagogische Absicht der Architekten, die die Wohnung inklusive Einrichtung vorgaben, war klar: Erziehung zur „neuen Geistigkeit".

Als für sein eigenes Haus alles geregelt schien, wurde Engemann klar, dass die Aufteilung doch nicht funktionierte. Die Vorstellung, dass nur das Esszimmer der Familie und ihren Gästen als Aufenthaltsraum dienen sollte, schien in seinem privaten Umfeld nicht auf Gegenliebe zu stoßen. Daher wurde noch 1931 aus dem Speisezimmer ein behaglich-konventionelles Wohnzimmer mit Sofa und Sesseln gemacht.[176] Im Arbeitszimmer musste dann, in beengter Lage neben der Doppeltür, eine Essecke eingerichtet werden.

175 Bruno Taut, Die Grundrißfrage, in: Wohnungswirtschaft, November 1928, Nr. 21–22/28, S. 314.

176 Werkverzeichnis Nr. 26.52 und 26.65 (Inv.-Nr.: I 8764 G).

Abb. 49
Arbeitszimmer in der Wohnung Engemann, 1930

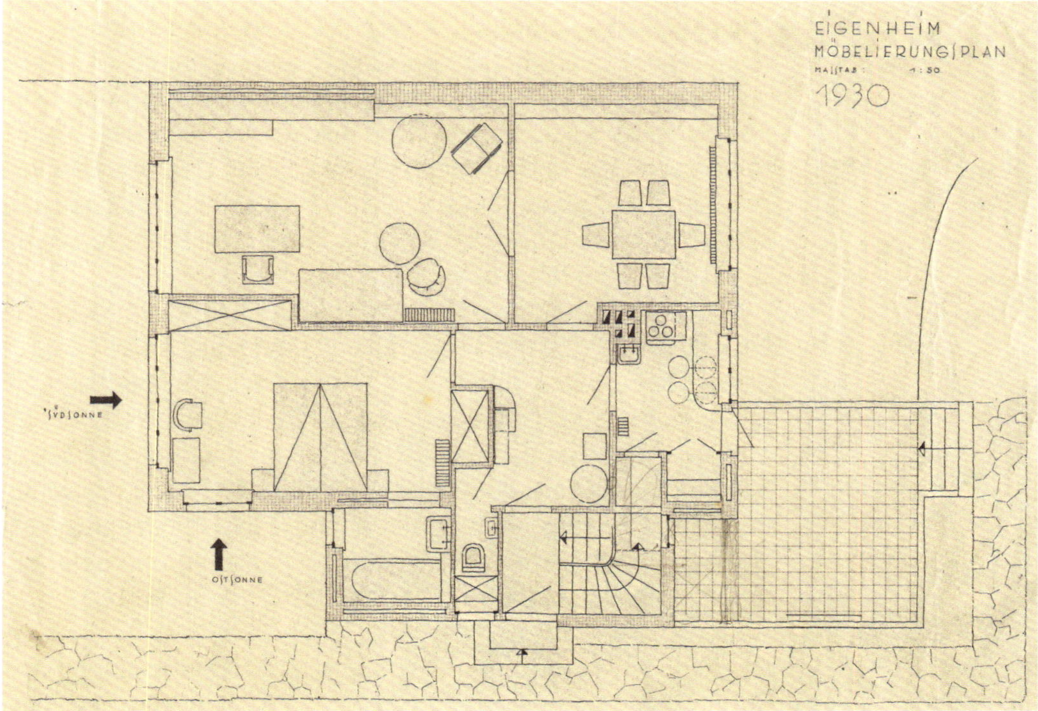

Abb. 50
Friedrich Engemann, Wohnungsgrundriss mit Möblierungsplan, hier noch mit separatem Esszimmer, das in der Ausführung dann zum Wohnzimmer wurde, 1930

Die Inneneinrichtung

Als beispielhaft für den oben beschriebenen konzeptionellen Ansatz kann die Einrichtung des Engemann'schen Arbeitszimmers angesehen werden. Hier zeigt sich ein komplexes Herangehen an die Kombination verschiedener Funktionszonen – die für geistige Arbeit, für das Zeichnen, die Archivierung, die Kommunikation und die Entspannung – und in der Zuordnung entsprechender Funktionsmöbel. Das Ergebnis erinnert zunächst an die sogenannten „gemischten Zimmer“ der Biedermeierzeit. Bei diesen ermöglichte die Unterteilung des Raums mithilfe der Anordnung unterschiedlicher Möbeltypen und dadurch entstehender Wohninseln eine differenzierte Nutzung auf kleiner Wohnfläche. In Engemanns Arbeitsraum, der auf Grundlage einer funktionell konkreten Raumplanung entwickelt wurde, dienten die klar definierten Ausstattungselemente in besonderem Maße den Bedürfnissen eines Kreativen: Da wäre ein Schreibtisch mit dazugehörigem Stahlrohrstuhl, gegenüber ein vierteiliger, wandfüllender Multifunktionsschrank, eine Polsterliege zum Entspannen, kleine runde Tische, teils mit Glasplatte versehen, kombiniert mit Polstersesseln aus Holz oder Stahlrohr für den Gedankenaustausch mit Kollegen. Einige der Möbel mussten in der Umsetzung allerdings der profanen Essecke weichen. Insofern zeugen hier die Bereiche Wohnen und Arbeiten nicht nur vom damaligen Alltag, sondern repräsentieren zugleich den Konflikt zwischen den Wunschvorstellungen der Bewohner und den Kompromissen, die die Realität ihnen abverlangte.

Nicht wenige der mobilen, multifunktionalen Möbel spiegeln die neuen Ansätze und sind das Ergebnis experimenteller Untersuchungen, konstruktiv wie in der Materialkombination, zumal sie in den Bauhauswerkstätten vom Entwerfer und seinen Student*innen gefertigt wurden. So der 1931 in einer Kombination aus verchromtem Stahlrohr und Eschenholz entwickelte Schreibtischstuhl mit beweglicher Rückenlehne und einer eingeklemmten leicht federnden Sitzfläche aus Sperrholz.

Dieser Stuhl ist offenbar Ergebnis einer Bauhausversuchsreihe für Möbelentwürfe in Steckkonstruktion. Er zeigt, dass neben dem Stahlrohr als zukunftsträchtigem Werkstoff auch das preiswerte und elastische Sperrholz vermehrt zur Anwendung kam. Schon 1928 entwarfen die Bauhausschüler Martin Decker (1906–?) und Peer Bücking (1906–1940) Stühle aus Sperrholz und stellten sie auch her. Bücking hat seinen Stuhl mit eingeklemmtem, federnden Sperrholzsitz schließlich patentieren lassen.

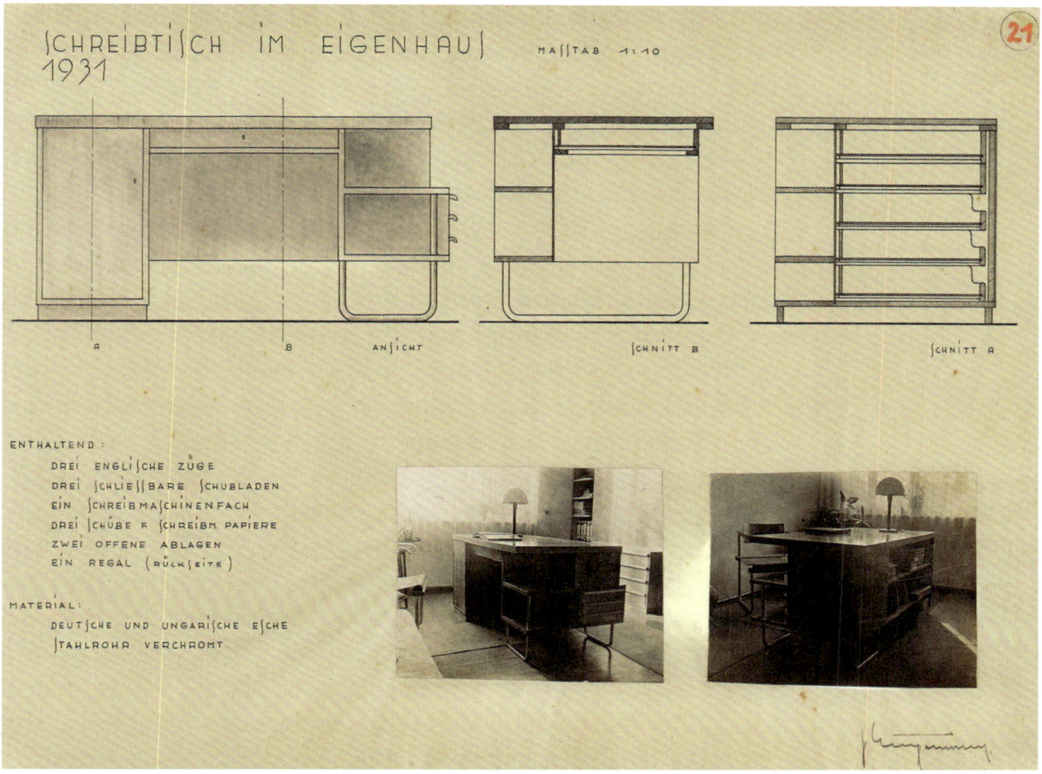

Abb. 51
Friedrich Engemann, Schreibtisch und Entwurfszeichnung, 1931

177 Fachblatt für Holzarbeiter, 23. Jg., 1929, S. 265.

Dieser und weitere Stühle mit federnden Sperrholzsitzen und Sperrholzkopfstücken aus dem Bauhaus Dessau wurden in der Ausstellung „Der Stuhl“ des württembergischen Landesgewerbeamtes in Stuttgart gezeigt und von der Fachwelt nicht vorbehaltlos akzeptiert. So heißt es im „Fachblatt für Holzarbeiter“ aus dem Jahr 1929: „Ob diese Sitzform und besonders in der Anordnung und etwas leichten Verbindung mit dem Gestell, sich als brauchbar und solide erweisen wird, möchten wir bezweifeln; so ein Stuhl ist ja nicht zum Ansehen da.“[177] Die teils gewagten, diffizilen Verbindungen und Befestigungen kennzeichnen auch Engemanns Stuhl, zum Beispiel die Rückenlehne und Armlehnen aus gebogenem Eichenholz. Der dazugehörige Schreibtisch weist eine ähnliche Materialkonstellation auf und besticht durch ein maximales Stauraumangebot, das sich aus einer ausgeklügelten Anordnung und Kombination von englischen Zügen, verschließbaren Schubfächern, offenen Ablagen, einem Regal und einem Schreibmaschinenfach ergibt.

Auch der in einem Exemplar hergestellte frei schwingende Stahlrohrsessel, mit Bandfedern und einem Querflachpolster, das mit blaugrauem Wollrips überzogenen ist, erprobt einen konstruktiven Vorschlag. Die Innovation liegt bei diesem im Entwurf sehr luftig und transparent erscheinendem Stuhl im konstruktiven Aufbau, bei dem erstmals Stahlrohr und Bandstahl kombiniert wurden.

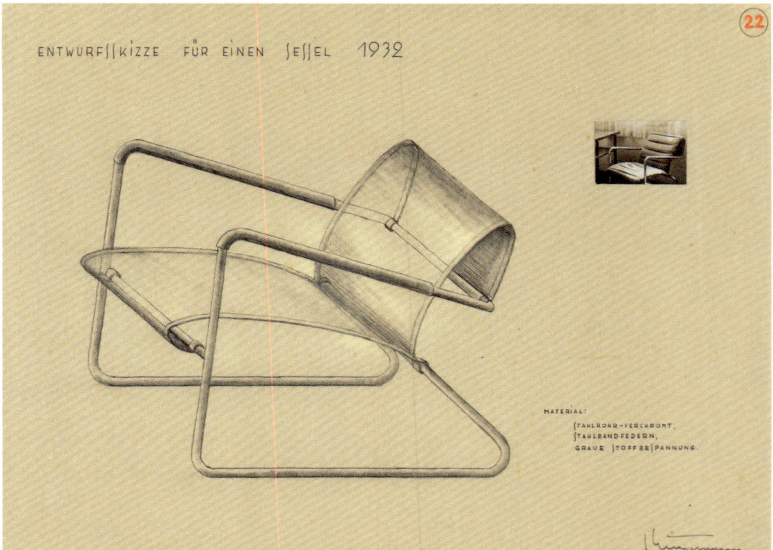

Abb. 52
Friedrich Engemann, Stahlrohrsessel, Entwurf und Herstellung 1932

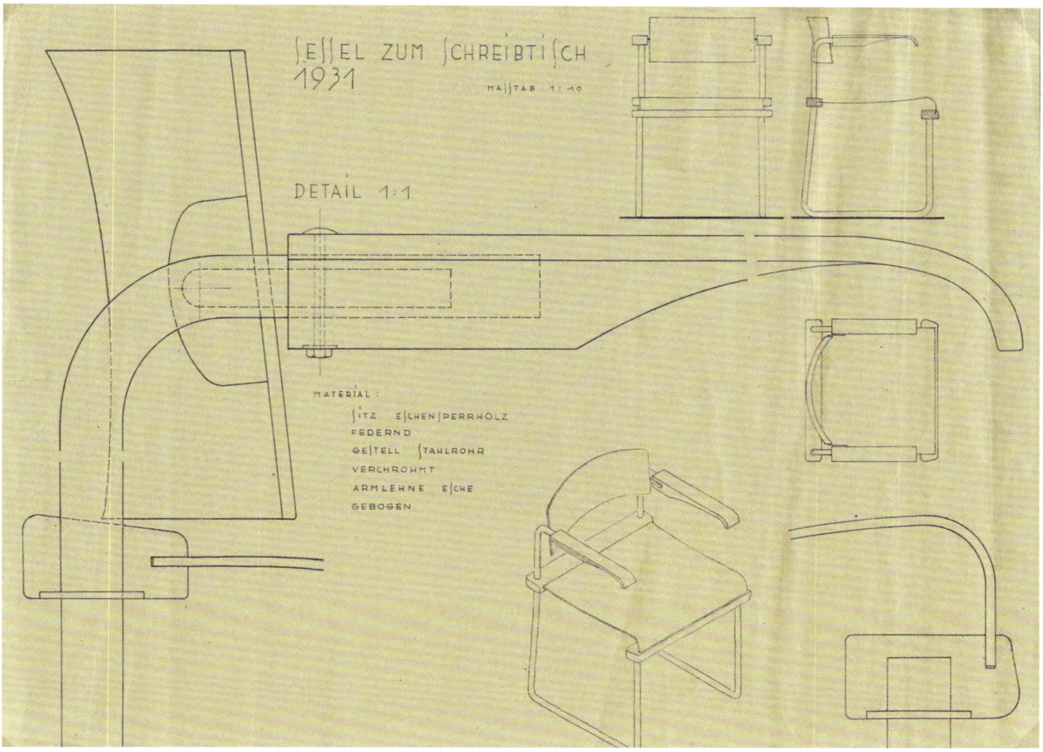

Abb. 53
Friedrich Engemann, Stahlrohrstuhl mit beweglicher Rückenlehne, 1931, Prototyp und Entwurfszeichnug

Abb. 54
Peter (Peer) Bücking, Stuhl mit gebogenem Sperrholz, um 1928

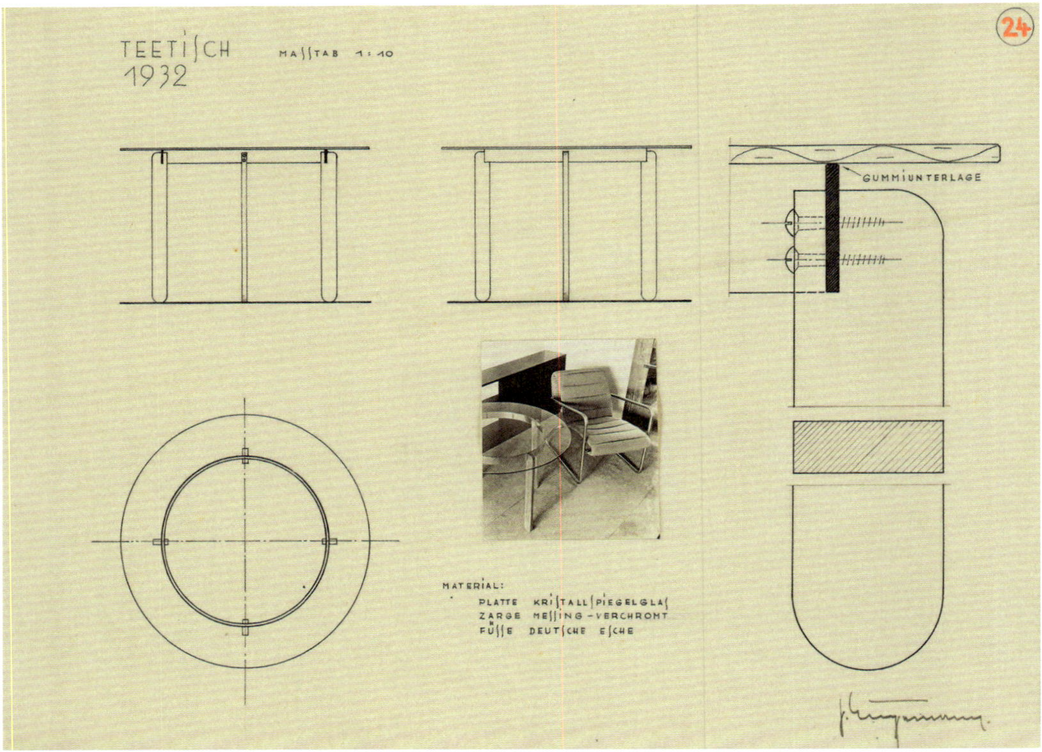

Abb. 55
Friedrich Engemann, Stahlrohrsessel und Teetisch, Entwurf und Herstellung 1932

Der dem Sessel zugeordnete Teetisch mit runder Kristallspiegelglasplatte, einer messing-verchromten Zarge und abgerundeten Eschenholzfüßen ist formal und konstruktiv stark reduziert. Allein durch die Zarge erhält der Tisch nicht genügend Stabilität, dadurch sowie durch die im Nutzungsprozess zur Labilität neigende Verschraubung vermittelt er den Eindruck eines fragilen Möbels. Zwar lassen diese Möbel aus Stahlrohr, in Kombination mit Holz als Handwerkermöbel gefertigt, etwas von jener Eleganz vermissen, die den Stahlrohrmöbeln von Marcel Breuer zu eigen ist. Dennoch haben sie in ihrer Solidität, Materialgerechtigkeit und ausgeprägten Funktionalität eine eigene Qualität.

Der multifunktionale, vom Architekten so bezeichnete Bücher- und Arbeitsschrank gehört zweifellos zu Engemanns herausragenden Möbelentwürfen. Das Besondere daran ist, dass es sich um einen nahezu einzigartigen Architektenarbeitsplatz handelt. Er wurde, die gesamte Wand ausfüllend, an der Ostseite des nach Norden ausgerichteten Arbeitszimmers aufgestellt und erhielt so von links das Tagesarbeitslicht.

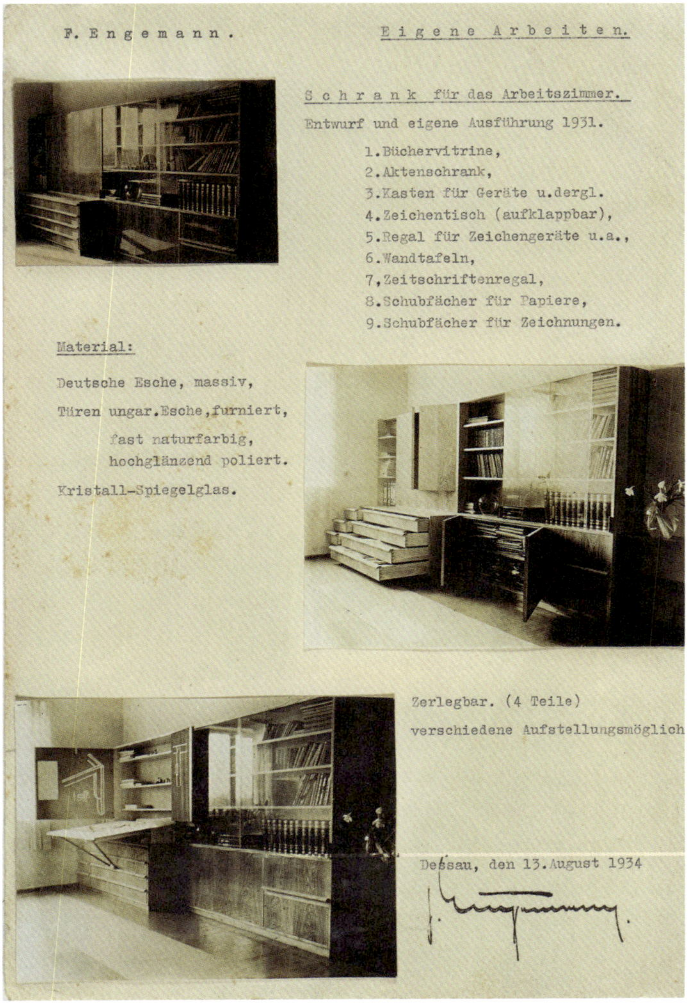

F. Engemann. Eigene Arbeiten.

Schrank für das Arbeitszimmer.

Entwurf und eigene Ausführung 1931.

1. Büchervitrine,
2. Aktenschrank,
3. Kasten für Geräte u.dergl.
4. Zeichentisch (aufklappbar),
5. Regal für Zeichengeräte u.a.,
6. Wandtafeln,
7. Zeitschriftenregal,
8. Schubfächer für Papiere,
9. Schubfächer für Zeichnungen.

Material:

Deutsche Esche, massiv,
Türen ungar. Esche, furniert,
fast naturfarbig,
hochglänzend poliert.
Kristall-Spiegelglas.

Zerlegbar. (4 Teile)
verschiedene Aufstellungsmöglich

Dessau, den 13. August 1934

Abb. 56
Friedrich Engemann, Bücher- und Arbeitsschrank, 1931

Abb. 57
Friedrich Engemann, Bücher- und Arbeitsschrank, 1931, Präsentationsblatt,

Während Architekt*innen heute ihre Projekte mittels digitaler Zeichnungen und fotorealistischer Renderings visualisieren, saßen die damaligen Vertreter*innen der Zunft noch mit Kohlestift vor ihrem Zeichenbrett, zogen per Hand Lineale und Winkel über das Transparentpapier, arbeiteten mit Durchschlag und Blaupause und bauten maßstabsgerechte Modelle. Der Arbeitsplatz von Architekt*innen hat sich in den letzten hundert Jahren grundlegend verändert. Engemanns Möbel ist, wie der gesamte atelierähnliche Innenraum, Bestandteil dieses Entwicklungsprozesses, insofern es bei seiner Gestaltung um Rationalisierung, Effektivität und Raumorganisation ging.

Der Schrank ist aus Eschenholz gefertigt und besteht aus vier Segmenten, wobei zwei den Sockelbereich bilden und zwei weitere als Aufsätze darauf positioniert sind. Damit entsteht eine Art Schrankwand, die bei verschlossenen Türen einen flächigen, beruhigten Eindruck vermittelt und, durchaus beabsichtigt, eine Wirkung als Ziermöbel entfalten kann. Das rechte obere Segment besteht aus einem dreibodigen Regal mit Schiebeverglasung zur Aufbewahrung von Fachbüchern, technischen und anderen Nachschlagewerken. Es steht auf einem zweiteiligen, kastenförmigen, mit Türen versehenen Schrankteil, das sich auf der linken Seite vertikal mit Türen und auf der rechten horizontal mit Klappen öffnen lässt. Hier wurden Aktenordner deponiert und eine Schreibmaschine aufbewahrt.

Das linke Schrankteil enthält den Kreativbereich. Hier, an einer Stelle, wo das meiste Licht hinfiel, befindet sich hinter den mehrteilig aufklappbaren Türen ein Zeichentisch, der spektakulär höhenvariabel ausgefaltet werden kann und von einem Gestänge getragen wird. Zwei übereinandergelagerte Papierrollen sind an der Rückwand des Schrankes auf gleicher Höhe des Zeichenbrettes montiert. Der Architekt hatte somit die Möglichkeit, zunächst Zeichenpapier für die Reinzeichnung und Transparentpapier darüber für die Entwurfs- und Ideenskizze zu fixieren. Die schwenkbare Tür, die im geschlossenen Zustand den Zeichentisch verbirgt, verfügt auf ihrer Innenseite über eine Art Wandtafel für Ideenskizzen und Demonstrationszwecke. Das nach vorn überstehende Sockelsegment unterhalb des Zeichenbretts besteht aus zwei verschieden dimensionierten Schrankteilen mit Schubfächern, die mit durchgehend aufgeleimten Muldgriffen versehen sind. Sie dienen einerseits zur Aufnahme von Zeichenutensilien, flächigen und gerollten Zeichnungen und im geschlossenen Zustand als Standfläche für die Stützen des Zeichenbretts.

Am auffälligsten ist, dass das Möbel viele Funktionen in sich vereint. Die Grundlage für den Entwurf bildete eine komplexe Arbeitsablaufanalyse nach dem Prinzip des Taylorismus, das die Zerlegung einer manuell ausgeführten Tätigkeit in kalkulierte Einzelabläufe vorsieht. Das Prinzip von Frederick Winslow Taylor wurde zuerst in der Industrie für die Weiterentwicklung mechanisierter Fertigungsprozesse genutzt, bevor es in den 1920er Jahren im Zuge der Entwicklung rationeller Wohnkonzepte auf die Arbeit im Haushalt angewendet wurde. Hier liegt die Assoziation mit dem Prinzip der geschlossenen Wandverkleidung von Grete Schütte-Lihotzkys Frankfurter Küche (1926) nahe. Diese war der erste rein funktional gestaltete Raum, bei der das Raumkonzept die Gestaltung einer geschlossenen Küchenzeile vorsah.[178] So wie Schütte-Lihotzky eine Raumeinheit entwickelte, die einzig der Funktion des Kochens entsprechen musste, entwarf Engemann eine Raumeinheit, die der Funktion des architektonischen Entwerfens dienen sollte – und deren gestalterisches Merkmal ebenso die durchgehende Wandgliederung war.

Der „funktionelle Raumgedanke", der „sich zuerst bei der Gestaltung funktionsspezifischer Küchenräume durchsetzen"[179] sollte, erfasste nach und nach andere Wohn- und Arbeitsbereiche. Im geöffneten, ausgeklappten Zustand demonstriert Engemanns Möbel Raumzuwachs, so wie es zusammengeklappt und geschlossen Raumkomprimierung vorführt. Daher kann man es als exemplarisch für die Raumauffassung der Moderne betrachten, „die den Raum nicht mehr länger als eine in sich ruhende euklidische Größe ansieht, sondern als etwas Gestaltetes, Konstruiertes, das sowohl die Augen als auch den Intellekt ansprechen" sollte.[180]

Engemann entwarf seinen mehrteiligen Schrank nicht mit dem Ziel der seriellen Produktion, sondern auf seine individuellen Bedürfnisse und die gegebene räumliche Situation abgestimmt. So war das Möbelstück, zumal im Zusammenklang mit den übrigen Funktions- und Raumeinheiten im Atelier, der maßgeschneiderte und flexible Arbeitsplatz für Friedrich Engemann. In der Inszenierung der zu erfüllenden Anforderungen spiegelte er zugleich die Professionalität des Nutzers. Das Möbel trug in hohem Maß den Forderungen nach

178
Vgl. Doris Weigel, Die Einraumwohnung als räumliches Manifest der Moderne. Untersuchungen zum Innenraum der dreißiger Jahre, Schliengen 1996, S. 34.

179
Ebd.

180
Ebd., S. 40.

Effizienz, Raumökonomie und Multifunktionalität Rechnung und kann deshalb zugleich als der programmatische Arbeitsplatz eines Architekten bzw. einer Architektin der Moderne in der ersten Hälfte des 20. Jahrhunderts gelten.
Dieser innovative Ansatz in der Verschränkung von raumbezogener Gestaltung, Konstruktion und Funktion ist auch anderen Möbelentwürfen Engemanns aus dieser Zeit eigen. Mit ihrer erkennbar funktionalen Aufteilung in unterschiedlich große Elemente sowie den bündig abschließenden Schubladen und Türen weisen die Einbaumöbel charakteristische Elemente auf, die sich auch in Entwürfen der Bauhaustischlerei, welcher Engemann zeitweise vorstand, finden. Das Erscheinungsbild der Möbel, die bis Ende der 1920er Jahre am Dessauer Bauhaus methodisch auf der Basis von Gropius' Wesensforschung entwickelt wurden, bestimmte bis 1928 überwiegend Marcel Breuer.

Marcel Breuers Möbelgestaltung

Breuer war es, der die Entwürfe erarbeitete, die wiederum in der Tischlereiwerkstatt vom Werkmeister und den Studierenden ausgeführt wurden. Das vorherige Prinzip der Auflösung von Korpusmöbeln in Flächen wurde zugunsten ihrer kastenförmigen Ausbildung verändert. Bauhausmöbel dieser Zeit sind von handwerklicher Solidität, einer reduzierten Detailausbildung und einem daraus resultierenden ruhigen Erscheinungsbild geprägt. Breuer entwickelte in Dessau auf Grundlage eines Einheitsmaßes von 33 Zentimetern und gezielter Volumenverdoppelung durch Erweiterung der Kantenmaße auf 66 Zentimeter ein flexibles System für Anbaumöbel aus elementaren Einheiten, wobei die Fläche als Volumenhülle im Kastenmöbel eine geschlossene Box bildet. Dafür verwendete er häufiger Sperrholz und Stahlrohr, Werkstoffe, die aufgrund ihrer Herstellung und speziellen Eigenschaften als zeitgemäß und wegweisend galten. Die Einführung dieser Materialien blieb nicht ohne formale Auswirkungen auf die Produkte der Bauhaustischlerei. Dazu gehören fortan glatte Oberflächen, größere verzugsfreie Flächen (z. B. bei Türen), Wegfall der Trennung von Rahmen und Füllungen. Lediglich Seiten- und Rückwände sowie Einlegebretter wurden in Massivholz gefertigt, bis auch hier Sperrholz zur Anwendung kam.

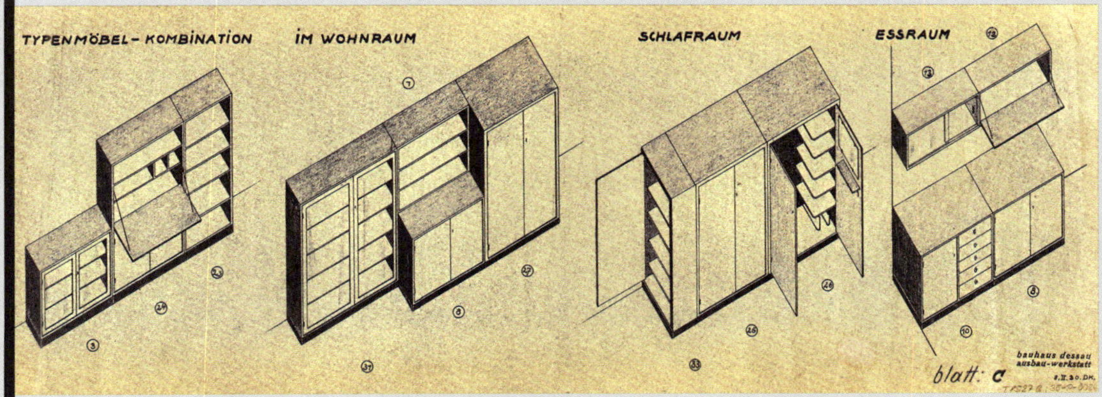

Abb. 58
Typenmöbel der Ausbauwerkstatt (nach Marcel Breuer), 1930, Blaupause

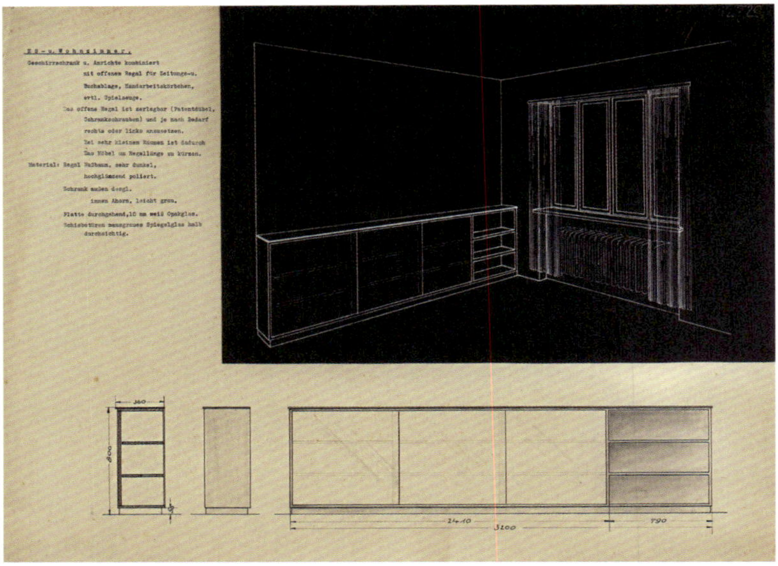

Abb. 59
Friedrich Engemann, Geschirrschrank und Anrichte, um 1931, Entwurfszeichnung

Als Breuer das Bauhaus verließ, führten Alfred Arndt und Josef Albers die Möbelproduktion formal und konstruktiv auf der von Breuer gelegten Basis fort. Aber auch Friedrich Engemann machte seinen Einfluss geltend und setzte mit eigenen Entwürfen und Möbelentwurfswettbewerben unter den Studierenden Akzente. Mehr als in Architekturentwürfen griff er bei Möbeln für den eigenen Bedarf auf ein Vokabular zurück, das am Bauhaus entwickelt wurde. Dabei war Holz sein Leitmaterial, auch wenn gelegentlich Stahlrohr zum Einsatz kam, wie bei der Gestaltung des Schlafzimmers im eigenen Wohnhaus. Die Nachvollziehbarkeit des konstruktiven Aufbaus, die Betonung der Materialität, handwerkliche Solidität und Gediegenheit charakterisierten seine Möbelentwürfe und unterschieden sie von denen anderer Gestalter.

Ein anderes Beispiel für Engemanns Gestaltungsauffassung ist der Entwurf einer Anrichte für das eigene Ess- bzw. Wohnzimmer. Das Besondere an diesem flachen, in vier offene Regalelemente unterteilten Schrank ist seine Variabilität. Er vereinte die Funktionen eines Geschirrschranks, einer Anrichte und eines Depots für Handarbeitsutensilien oder Spielzeug. Engemann stellte sich das Möbel als vollkommen demontierbar vor. Dafür sollen Patentdübel und Schrankschrauben sorgen. Beliebig rechts oder links ansetzbar, idealerweise das Längenmaß der Wand aufnehmend, aber auch beliebig um jeweils eine Regallänge einkürzbar, bietet es viele Möglichkeiten der räumlichen Adaption. Interessant ist auch eine materialästhetische Komponente. Engemann sieht für den Schrankkorpus ein dunkles, hochglänzend poliertes Eschenholz vor. Im Innern sollte es graues Ahornholz aufweisen. Schiebetüren aus halbdurchsichtigem grauem Spiegelglas bilden den raumseitigen Abschluss. Als Kontrast und obere Abdeckung war eine durchgehende, zehn Millimeter starke Platte aus weißem Opakglas vorgesehen. Solche Komponenten sind auch im Möbeldesign des von Engemann verehrten Ludwig Mies van der Rohe und von dessen Mitarbeiterin, der Architektin und Designerin Lilly Reich (1885–1947) zu finden – sowie, in dieser Zeit, bei Josef Albers. Eine komplexe Funktionalität, die Zweckdienlichkeit, Variabilität, Anmut und Eleganz einschließen, ist das wesentlichste Merkmal dieses bemerkenswerten Entwurfs.

Engemanns Möbelentwürfe, die dem Einzelmöbel eine besondere Bedeutung zukommen ließen, lenken unseren Blick weniger auf eine typische Art der Bauhausgestaltung als auf die Möglichkeiten der offenen Varianz und der Diversität der dort entwickelten Gestaltungsprinzipien. Dasselbe trifft auf die Gestaltung von Ausstattungsgegenständen zu, die Engemann für den Eigenbedarf entwickelte. Leuchten spielen eine besondere Rolle, insofern sie für verschiedene Nutzungsarten vorgesehen waren. Hier hat Engemann teilweise Bauhausmodelle adaptiert oder konterkariert. Als paradigmatisch ist hier jene Tischleuchte zu betrachten, die Friedrich Engemann 1930 für den Schreibtisch in seinem Wohnhaus entwarf und selbst realisierte – denn ähnlich wie in der Tischlerei bzw. im Möbelbau war Engemann auch in der Metallbearbeitung fachlich kompetent.

Diese Tischleuchte war – wie schon die Einzelmöbel für sein Wohnhaus – ein Experiment. Engemann fertigte die Leuchte in der Metallwerkstatt des Bauhauses, wo eine Vielzahl an Bauteilen zur Verfügung stand. Ausgangspunkt war die große Variante der Bauhausleuchte MT 10 mit Felsenglasfuß und -rohr von Carl Jakob Jucker und Wilhelm Wagenfeld aus dem Jahr 1923/24, die womöglich auch in der Dessauer Metallwerkstatt, hauptsächlich aber ab 1928 von der Berliner Firma Schwintzer & Gräff produziert wurde.[181] Engemann war nicht daran gelegen, das formale und technische Grundprinzip infrage zu stellen oder die Funktion der Lampe[182] zu optimieren, vielmehr schien er interessiert, die Herstellung durch Materialaustausch effizienter zu gestalten, um dadurch bessere Möglichkeiten der industriellen Produktion zu erschließen und die Leuchte preiswerter zu machen.

181
Klaus Weber, in: Experiment Bauhaus, Berlin (West) 1988, S. 136.

182
Streng genommen ist die Lampe nur der Träger des Leuchtmittels und ist in der Leuchte verbaut. Umgangssprachlich wird beides oft synonym gebraucht. Wir verwenden hier „Lampe“ nur dort, wo es nicht zu Missverständnissen führt.

So bildet er die Fußplatte aus Aluminium und ersetzt das Felsenglasrohr, das bei der Jucker/Wagenfeld-Variante zur Anwendung kommt, durch ein schwarzes, kommerziell erhältliches Phenoplastrohr[183]. Darauf montiert er ein verchromtes, zylindrisches Fassungsgehäuse mit einem gefederten schwarzen Ring aus identischem Material. Verchromte Fassungsaufsätze mit gefedertem Ring waren seinerzeit Fertigteile der Leuchtenzulieferindustrie. Der Ring ist ebenso Bestandteil der großen Bauhausleuchte von Jucker/Wagenfeld wie der halbkugelige weiße Milchglasschirm, der auch bei Engemanns Leuchte zum Einsatz kommt.

Engemanns „Kunststoffvariante" der Bauhausleuchte erregte nicht dieselbe Aufmerksamkeit wie Juckers und Wagenfelds betont technoide, ästhetisch herausragende Glas-Nickel-Kombination mit sichtbaren, farbigen Stromkabeln, deren Symbolwert schon seinerzeit – und heute mehr denn je – ihren Gebrauchswert übersteigt.[184] Dennoch ist es die Kombination des dunkel polierten modernen Kunststoffs mit dem hellmatten Aluminium, einzelnen Chromteilen und dem Weiß der Milchglasglocke, die der Leuchte ein zurückhaltendes und auch elegantes Erscheinungsbild verleiht. Die Engemann-Variante ist überdies – abgesehen von einer nur im Entwurf von Engemann existierenden Stehleuchte von 1928 – die einzig bekannte Bauhausleuchte, bei der die Materialqualität des Kunststoffs als Gestaltungselement eingesetzt wurde.[185] Der Architekt nutzt das Produktmuster bis zu seinem Lebensende zur Beleuchtung seines Arbeitsplatzes. Womöglich nahm er dabei den lichttechnischen Nachteil in Kauf, „dass das Beleuchtungsmaximum am Lampenfuß liegt, weil der Reflektor feststeht".[186]

Engemanns Design auf diesem Gebiet erschöpfte sich nicht in der Herstellung der Tischleuchte. Gerade für die Ausstattung seines Wohnhauses, wofür im Übrigen auch Modelle der Bauhäuslerin Marianne Brandt zum Einsatz kamen, entwarf Engemann eine ganze Reihe von Leuchten, darunter solche mit Standfuß in den verschiedensten Ausführungen und solche zur Befestigung an der Decke.

Das Erscheinungsbild dieser Leuchten unterschied sich nicht wesentlich vom modernen bzw. neusachlichen Design der Zeit, wonach die Formen sich den primären Funktionen eines Beleuchtungskörpers unterzuordnen hatten, und die bestanden in erster Linie darin, als angemessene Lichtquelle zu dienen. So lassen auch Engemanns Leuchtenentwürfe das Bemühen um eine klare Formensprache und optimale

183 Phenoplast = Phenol-Formaldehyd-Kunstharz.

184 Vgl. Philipp Oswalt, Wagenfeld-Lampe. Ein Gebrauchsobjekt als Bildikone, in: ders., Marke Bauhaus 1919–2019. Der Sieg der ikonischen Form über den Gebrauch, Zürich 2020, S. 204–229.

185 Vgl. Günter Lattermann, Bauhaus und Kunststoffe? – Kunststoffe ohne Bauhaus?, in: form+zweck, 20, 2003, S. 110–127.

186 So eine zeitgenössische Kritik an der Jucker/Wagenfeld-Leuchte von Wilhelm Lotz in: ders. (Hg.), Licht und Beleuchtung. Lichttechnische Fragen unter Berücksichtigung der Bedürfnisse der Architektur, Berlin 1928, S. 24.

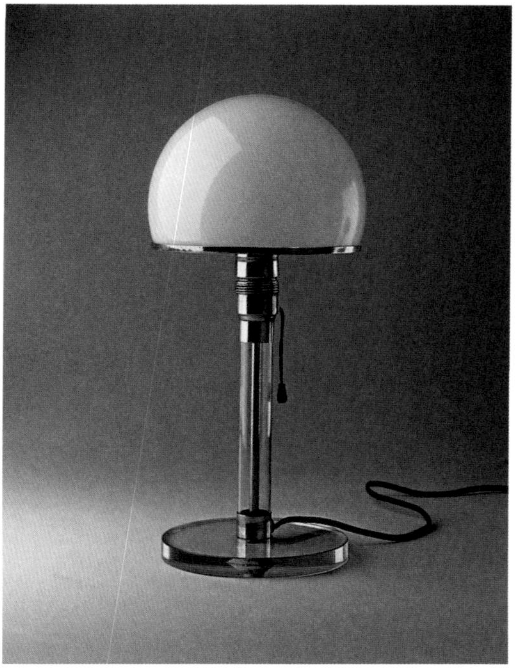

Abb. 60
Carl Jakob Jucker (Entwurf und Konstruktion des Prototyps 1922), Wilhelm Wagenfeld (Entwicklung zur Produktionsreife 1926–1928), Tischleuchte (Glasversion MT 9/ME 1), Entwurf 1923/24, Ausführung um 1927

Abb. 61
Friedrich Engemann, Tischleuchte unter Verwendung von Aluminium und Bakelit, um 1930

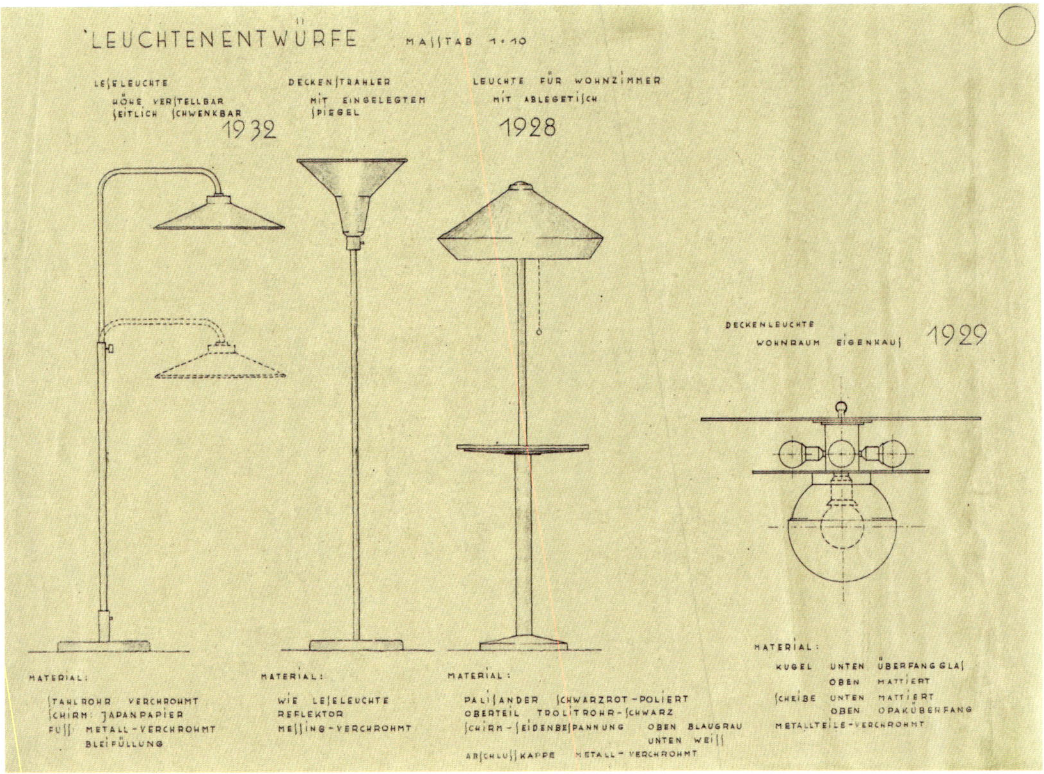

Abb. 62
Friedrich Engemann, Leuchtenentwürfe, 1928/32,
Blaupause

Zweckerfüllung erkennen. Dennoch nutzte Engemann die Spielräume aus, in denen jenseits lichttechnischer und funktioneller Notwendigkeiten ästhetische Entscheidungen zu treffen waren, zum Beispiel die der Materialauswahl und der Materialkombination, die ihrerseits das Erscheinungsbild einer Leuchte prägen. Für eine Wohnraumleuchte mit Ablagetisch aus dem Jahr 1928 kombiniert er mutig schwarz-rot poliertes Palisanderholz mit dem schwarzen neuen Press-Kunststoff Trolit für den Aufbau des zweiteiligen Lampenschaftes.[187] Den oberen Abschluss der Leuchte sollte ein kegelförmiger, mit blaugrauer und weißer Seide bespannter Lampenschirm bilden, der nach unten ein weitgehend helles, nach oben indes diffuses Licht verbreitet und für Blendschutz sorgt. Die Leuchte steht nicht im Widerspruch zu lichttechnischen Erkenntnissen, jedoch wird hier auch nicht der Form die bloße Zweckerfüllung überantwortet. Vielmehr offenbart der Entwurf in seiner aus der Gründerzeit übernommenen Typologie eine Gestaltungsauffassung, die ihren auf Intimität angelegten Ausdruckswert weitgehend aus der Welt des (Kunst-) Handwerks generiert. Das ist nicht verwunderlich, stammt der Entwurf dieser Stimmungsleuchte doch aus einer Zeit, als sein Urheber, noch mit den Eindrücken seines Studiums an der Dresdner Staatlichen Akademie für Kunstgewerbe behaftet, versuchte, sich am Bauhaus in Dessau zu orientieren.

Schon einige Zeit später, 1930/32, entwarf Engemann Leuchten, die erkennen lassen, dass er die Beleuchtungsfunktion allen Formfragen überordnete und dabei mit dem dennoch verbliebenen Formüberschuss in der Auswahl der Materialien und deren Kombination souverän umzugehen wusste. Der Deckenstrahler mit verchromten Stahlrohrschaft und messing-verchromten Reflektor, der zudem über einen eingelegten Spiegel verfügt, entsprach allen Anforderungen der Zeit und reiht sich durchaus in das bekannte Bauhaus-Leuchtensortiment ein. Etwa zur selben Zeit gelang es dem ehemaligen Studenten und späteren Lampendesigner Hin Bredendieck (1904–1995) in Zusammenarbeit mit dem Schweizer Architekturhistoriker Sigfried Giedion (1888–1968) unter anderem für die Wohnbedarf AG Zürich eine spezialvernickelte Bodenstehlampe zu entwickeln, die unter der Bezeichnung „indi-leuchte“ bekannt wurde.[188] Engemanns Deckenstrahlerentwurf weist im allgemeinen Formenaufbau und in großen Teilen der einfachen Linienführung eine verblüffende Nähe zu Bredendiecks/Giedions Bodenstehlampe auf.

187
Trolit ist ein nicht metallischer Stoff aus Zelluloseazetat. Es wurde u. a.zu Röhren verarbeitet und in der Elektrotechnik eingesetzt. Es lässt sich sägen, drehen und bohren. Arthur Sommerfeld, Plastische Massen. Herstellung, Verarbeitung und Prüfung nichtmetallischer Werkstoffe für spanlose Formung, Berlin 1934, S. 96.

188
„indi“ steht für indirektes Licht. Prospekt „indi-leuchten“ für die Firma BAG, Turgi und Wohnbedarf AG, Zürich, 1932. Siehe auch Klaus Weber (Hg.), Die Metallwerkstatt am Bauhaus, Berlin 1992, S. 188, S. 190.

Einen völlig anderen Gestaltungsansatz offenbart eine Deckenleuchte, die Engemann 1929 als Teil der Ausstattung seines Wohnhauses entwarf und für sich selbst herstellte. Es handelt sich um eine vierflammige Leuchte in verblüffendem Aufbau. Von den vier Glühlampen sind drei kleiner dimensioniert und horizontal sternförmig montiert, um ihr Licht vor allem seitlich abzugeben. Darunter findet sich in einer klassisch vertikal montierten Fassung eine größere Glühlampe mit höherer Lichtintensität, die nach unten in den Raum strahlen soll. Während die große Glühlampe durch eine zweizonige Glaskugel abgedeckt ist, welche die Leuchte nach unten abschließt, sind darüber zwei runde Reflektorscheiben unterschiedlichen Durchmessers aus mattiertem und opak überfangenem Glas angebracht. Zwischen den Scheiben werden die drei kleineren Glühlampen installiert. Wie bei seiner Tischleuchte bringt Engemann für diese Deckenleuchte erneut ein in der Metallwerkstatt vorgefundenes Bauteil zum Einsatz: eine zweizonige Glaskugel, bei der für eine indirekte Beleuchtung dicht opak überfangenes mit mattiertem Klarglas verbunden wurde. Sie gehört zu der für die Ausstattung des Bauhausgebäudes 1926 entwickelten Hängeleuchte (ME 94) von Marianne Brandt.

Abb. 63
Friedrich Engemann,
Deckenleuchte, 1931

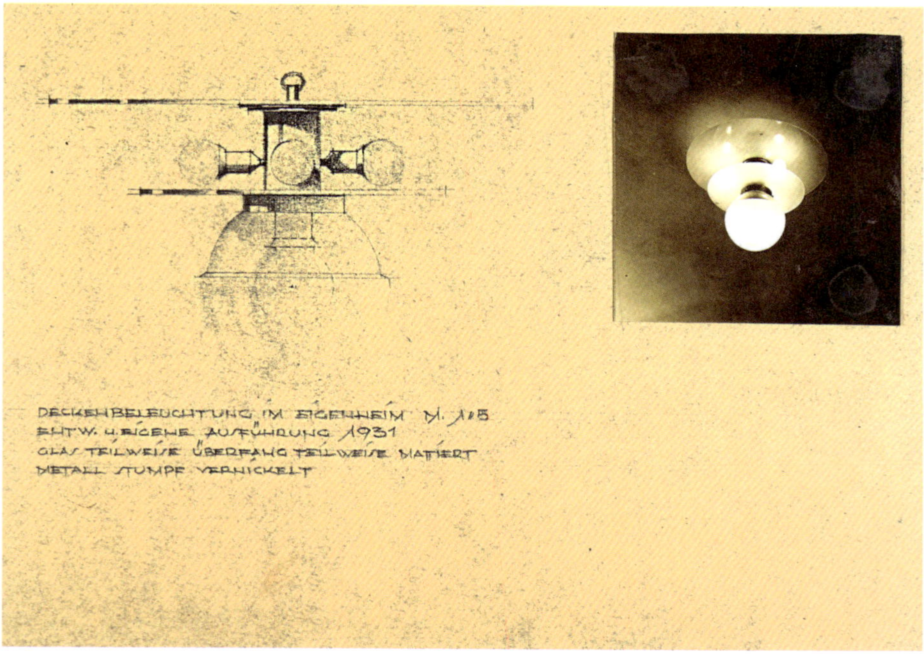

Abb. 64
Marianne Brandt, Deckenleuchte mit zweizoniger Glaskugel ME 94, 1926

Angeregt, eine solche mehrstufige Leuchte herzustellen, war Engemann zweifellos von einer Deckenpendelleuchte mit Opalglaskugel und zwei Reflektorscheiben aus Opalglas, die der unter anderem am Weimarer Bauhaus ausgebildete Goldschmied und Lampendesigner Naum Slutzky (1894–1965) entworfen hat und die 1927 in der Zeitschrift „i10. Internationale Revue“ gezeigt wurde.[189] Obwohl die Einzelformen von Engemanns Lösung weitgehend der primären Funktion des Beleuchtungskörpers untergeordnet und dabei auf das Wesentliche reduziert sind, erscheint sie insgesamt originell apparatehaft. Indem so der Leuchte mehr Aufmerksamkeit zukommt als dem von ihr gespendeten Licht, ist diese nicht frei von jenem „Formalismus, der die Form nicht bloßer Zweckerfüllung überantworten wollte, sondern ihr symbolische Funktion auftrug.“[190] Womöglich ist der Entwurf einer Ästhetik verpflichtet, die Anfang der 1930er Jahre auf dem Gebiet der Innenraumgestaltung die streng konstruktivistischen Tendenzen langsam ablöste. Ähnlich wie die Stahlrohrmöbel und andere Bauhauswerkstattarbeiten um 1930 können auch Engemanns Leuchten als Beleg für eine Gestaltungsauffassung gelten, welche gegenüber dem individuell künstlerischen Ausdruck eine Komfort und Zweckdienlichkeit betonende Form bevorzugte.

189 i10. Internationale Revue (1927), H. 10, S. 350; Weber, Die Metallwerkstatt, S. 274.

190 Thomas Heyden, Mehr Licht! Lampendesign der „Neuen Sachlichkeit“ in Deutschland, in: Weber, Die Metallwerkstatt, S. 99.

Abb. 65
Deckenleuchte im Arbeitszimmer Engemann, 1931

Abb. 66
Naum Slutzky, Deckenpendelleuchte mit Opalglaskugel, 1927

Wohnhaus für einen geistigen Arbeiter

Am 8. Juni 1932 wurden vier Architekten, darunter Ludwig Mies van der Rohe, zu einem Ideenwettbewerb für das Haus von Herbert Gericke (1895–1978) eingeladen. Gericke, Kunsthistoriker und Professor an der Vereinigten Staatsschule für freie und angewandte Kunst Berlin und seit 1928 Leiter der Villa Massimo in Rom,[191] beabsichtigte, auf einem Grundstück hervorragender Lage an der Großen Seestraße am Berliner Wannsee ein Wohnhaus zu errichten. Der Architekt des Berliner Olympiastadions, Werner March (1894–1976), koordinierte den Wettbewerb, das Planungsmaterial sollte nach dreiwöchiger Bearbeitungsfrist im Maßstab 1:100 vorgelegt werden. Es ist bekannt, dass sich der Bauhausdirektor Ludwig Mies van der Rohe mit einem großzügigen und komplexen Entwurf am Wettbewerb beteiligte, jedoch ein Entwurf des ebenfalls eingeladenen Berliner Architekten Moritz Ernst Lesser (1882–1958) zur Ausführung kam.[192] Weniger bekannt ist, dass sich auch Friedrich Engemann für dieses Bauvorhaben interessierte, von ihm ist ein Zeichnungskonvolut überliefert, das offensichtlich darauf Bezug nimmt.

Die zum Teil mit besonderem Aufwand ausgeführten Zeichnungen – weiße Tusche auf schwarzem Karton – sind partiell nummeriert und neutral mit „Wohnhaus für einen geistigen Arbeiter“ bezeichnet. Schließlich erfahren wir aus einem Überblick über eine Auswahl der von Engemann geschaffenen Architektur-, Innenraum- und Möbelentwürfe, dass das Haus für einen geistigen Arbeiter in „Berlin-Wannsee“ vorgesehen war.[193] Es ist fraglich, dass der junge Engemann in den Ideenwettbewerb einbezogen war, der unter vier wahrscheinlich namhaften Architekten, von denen lediglich Mies van der Rohe und Lesser bekannt sind, ausgeschrieben wurde. Eher ist anzunehmen, dass Mies van der Rohe Friedrich Engemann – der zu dieser Zeit zwischen Dessau und Berlin,

191
Herbert Gericke wurde 1938 als Chef der Villa Massimo entlassen, 1956 wiederberufen und leitete das Institut erneut bis 1965. Vgl. Angela Windholz, Villa Massimo. Zur Gründungsgeschichte der Deutschen Akademie in Rom und ihrer Bauten, Petersberg 2003.

192
Zum Wettbewerb und zum Entwurf von Ludwig Mies van der Rohe siehe Berry Bergdoll, Das Wesen des Raums bei Mies van der Rohe, in: Terence Riley/Berry Bergdoll, Mies in Berlin, München/London/New York 2001, S. 100–102, S. 114–118.

193
Friedrich Engemann, Inhaltsverzeichnis einer Werkauswahl v. 13.10.1948, Kopie im SBD.

wo er weiterhin am Bauhaus tätig war, pendelte – in seine Vorentwurfsplanung einbezog.[194] Die Aufgabe für den Entwurf des Hauses Gericke bestand darin, „ein Haus in den einfachsten Formen der Zeit und in glücklicher Verbindung mit der Landschaft und dem Garten“ zu gestalten.[195]

Dementsprechend entwickelte Engemann einen eingeschossigen, abgewinkelten, hell verputzten Mauerwerksbau, der sich zur Straße hin verschließt und zur Seeseite bzw. zum Garten hingegen großzügig öffnet und dort ein Wasserbecken vorsieht. Auf die Hanglage, die das Gelände zum See hin ausweist, ging Engemann, im Gegensatz zu den Wettbewerbsteilnehmern, nicht ein. Eindrucksvoll erscheint das bis zum Boden reichende Panoramafenster im als Gemeinschaftsraum groß angelegten Wohnraum, das sich über Eck in den großzügig dimensionierten Wohnflurbereich fortsetzt und somit das ansonsten streng geometrische Gebäude zur Gartenseite nahezu vollständig öffnet. Eine Verzahnung mit der Landschaft ist somit gegeben und die Tagessonne nutzbar gemacht. Möglich wird dies auch dadurch, dass das Haus in einen Wohn- und einen Schlaftrakt aufgeteilt ist. Sie stehen im rechten Winkel entgegengesetzt diagonal zur Nord-Süd-Richtung, sodass der Schlaftrakt nach Südost und der Wohntrakt nach Südwesten orientiert ist. Beide Trakte stoßen jeweils an einen Wohnkern, der aus Küche, WC, Vorraum, Abstellraum und kleinem Keller besteht. Alle Räume werden über einen langen Wohnflur erschlossen. Über ihn sowie über den Wohnraum erreicht man den nach Süden offenen Wohngarten.

Auf ein Arbeitszimmer für den Hausherrn verzichtete Engemann in seinem Entwurf, da er davon ausging und extra vermerkt hat, dass sich die „Arbeitsstätte außerhalb des Hauses“ befindet.[196] Konzeption und Raumgefüge, die zwar zwei Kinderzimmer vorsehen, jedoch die erwarteten Dienstboten unberücksichtigt lassen, sind vom Aufwand her bescheiden und erscheinen im Gegensatz zum ausgeführten zweigeschossigen Entwurf von Moritz Ernst Lesser und im Vergleich zu dem spektakulären und sehr differenzierten Vorschlag von Ludwig Mies van der Rohe zurückhaltend. Dennoch gehört das von Engemann entworfene „Wohnhaus für einen geistigen Arbeiter“, das trotz des vorgesehenen Walmdaches eine Nähe zu den avantgardistischen L-förmigen Häusern von Ludwig Hilberseimer aufweist, neben dem Entwurf für das Verwaltungsgebäude der Arbeiterdruckerei Dessau, zu den modernsten Entwürfen im Œuvre des Architekten.

194
Auch die Aufgabenstellungen für seine Studierenden verknüpfte Mies oft mit den Projekten, die er gerade selbst bearbeitete. Siehe Christian Wolsdorff, Die Architektur am Bauhaus, in: Experiment Bauhaus, Berlin (West) 1988, S. 310–349, hier S. 312.

195
Albert Kirchengast, Das unvollständige Haus. Mies van der Rohe und die Landschaft, Basel 2019, S. 257.

196
So lautet die vollständige Projektbezeichnung „Haus für einen geistigen Arbeiter. Arbeitsstätte außerhalb des Hauses“, siehe SBD, Inv.-Nr.: I 16382 G.

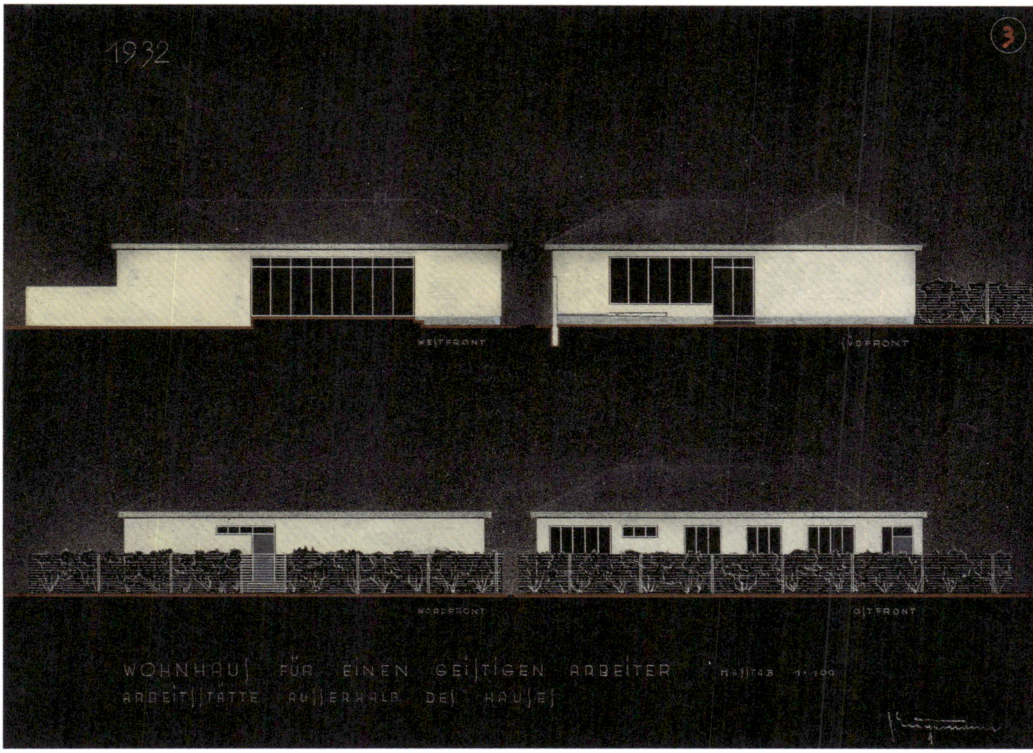

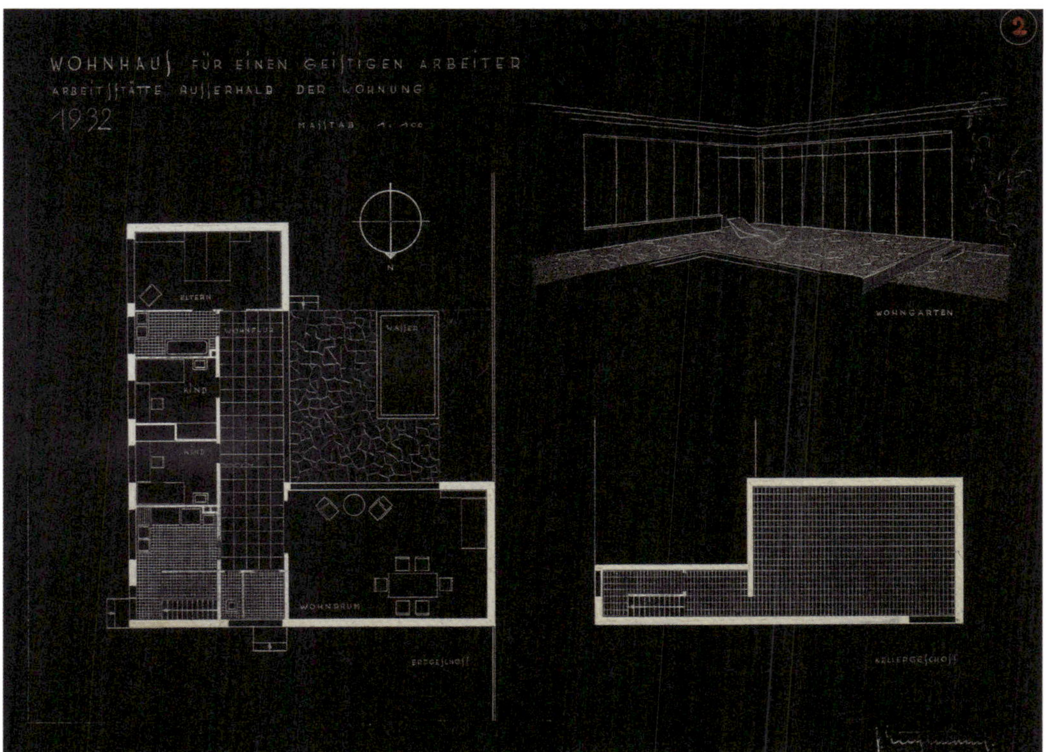

Abb. 67
Friedrich Engemann, Wohnhaus für einen geistigen Arbeiter mit Arbeitsstätte ausserhalb des Hauses, 1932, Ansichten und Grundriss

Lehrer an den Technischen Lehranstalten

Im April 1933 trat Friedrich Engemann neben seiner Lehrtätigkeit am Bauhaus eine Stelle als Fachlehrer an den Technischen Lehranstalten Dessau an; seine Anstellung an der Gewerblichen Berufsschule endete. Er begann mit einer Lehrverpflichtung von 26 Wochenstunden in einer Zeit dramatischer Umbrüche: wenige Monate, nachdem das Bauhaus in Dessau geschlossen worden war, und und wenige Tage, bevor in Berlin die Versiegelung der Bauhausräumlichkeiten durch die Gestapo erfolgte, welche das Ende einleitete. Bis zu Engemanns Einberufung zur Wehrmacht im Oktober 1939 sicherte die Stelle an den Technischen Lehranstalten seinen Lebensunterhalt.

Die Einrichtung ging aus der Kunstgewerbe- und Handwerkerschule hervor. Im Zuge des industriellen Aufschwungs in Dessau hatte sich deren Schwerpunkt mit Kursen zu Bauwesen und Maschinenbau bereits stärker zu den technischen Fächern hin verschoben. Nach Ansiedlung des Bauhauses wurde eine Reform der Ausbildung ins Auge gefasst. Dazu sollten im Interesse einer einheitlichen Ausbildung sowohl Schüler*innen als auch Lehrkräfte auf fachlich eindeutiger abzugrenzende Ausbildungsinstitutionen verteilt werden. Im „Untertitel" als „Maschinen-, Bau- und Handwerkerschule" bezeichnet, sollten die Technischen Lehranstalten ab November 1926 noch stärker der technischen Praxis verpflichtet sein. Zwar hatte die Stadt 1925 geplant, den kunsthandwerklichen Bereich „auf das Bauhaus zu übernehmen", doch war in der Folge nur noch von einem „Abbau der kunstgewerblichen Abteilung" die Rede.[197]

Als Direktor wurde, in Nebenfunktion zur Leitung des Bauhauses, Walter Gropius eingesetzt, der aber keinen nachweisbaren inhaltlichen Einfluss ausübte. Als er 1928 das Bauhaus verließ, blieb der Posten des Direktors der Technischen Lehranstalten für einige Jahre vakant, bis 1933 der Maler Wilhelm Danz (1873–1948) in diese Position berufen wurde, die er bis zu seiner Pensionierung 1937 innehatte. 1933/34 wurden die Klassen der Bauschule, eine Abteilung der Technischen Lehranstalten, in die Zerbster Bauschule verlegt.

Das überwiegend männliche Kollegium, das zur Zeit von Engemanns Eintritt annähernd 1000 Schüler*innen betreute, bestand im Schnitt aus 11 hauptamtlichen und 19 nebenamtlichen Lehrern. Die Zahl der Auszubildenden war aufgrund des Geburtenrückgangs im Ersten Weltkrieg erheblich gesunken. Es wären noch weniger gewesen, wenn nicht eine größere Zahl junger Leute aufgrund der zunehmenden Ar-

197 Hesse, Von der Residenz, S. 208, S. 226. In der bisherigen Forschung findet sich kein Hinweis auf eine Übernahme, vgl. Magdalena Droste, Die Werkstatt für Weberei, in: Bauhausarchiv (Hg.), Experiment Bauhaus, Berlin (West) 1988, S. 73–75.

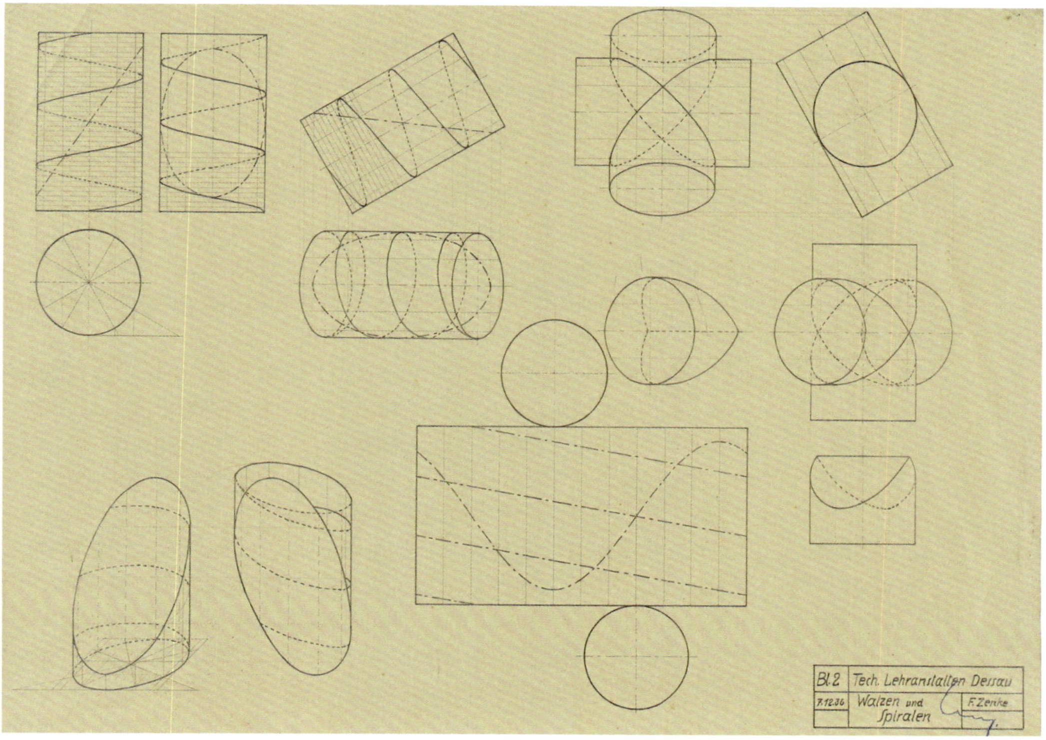

Abb. 68
Technische Lehranstalten Dessau, F. Zenke, Walzen und Spiralen, aus dem Unterricht in Darstellender Geometrie bei Friedrich Engemann, 1935, Bleistift auf Papier

beitslosigkeit die freie Zeit zur Ergänzung und Verbesserung ihrer theoretischen Ausbildung genutzt hätte, sodass die Tagesklassen immer noch gut besucht waren. Erschwerend kam aber hinzu, dass viele nicht in der Lage waren, das moderate Schulgeld aufzubringen. Am besten war die Situation in der den Winter über geöffneten Bauschulabteilung sowie in der gewerblichen Tagesklasse, die als sogenanntes „neuntes Schuljahr" auf einen Beruf vorbereitete; hier mussten einige Klassen sogar wegen Überfüllung geteilt werden.

Die Lehrfächer, die Engemann an den Technischen Lehranstalten unterrichtete, sind nur indirekt überliefert. Infrage kamen wohl folgende: das „grundlegende technische Zeichnen, das fachliche Zeichnen von Teilen und ganzen Möbelstücken, das Entwerfen von Einzelmöbeln und ganzen Innenräumen, Berechnungen, Besprechungen von verschiedenen Hölzern, die Stil- und Formenlehre".[198] Diese unterrichtete ab 1905 der Tischlermeister und Innenarchitekt Gustav Richter (1881–1947). Zur Arbeitsteilung oder Fächeraufteilung zwischen beiden liegen keine Quellen vor.

In Engemanns Nachlass sind zwei Zeichnungen von Schülern der Technischen Lehranstalten überliefert. Dies lässt darauf schließen, dass sie in seinem Unterricht entstanden. Die grafische Fixierung von sich durchdringenden Bauelementen, von technischen Elementen sowie Maschinenbauteilen ist auf Unterweisungen in Darstellender Geometrie zurückzuführen.

Zur Belebung des Unterrichts waren Exkursionen im Programm verankert, sie dienten der Stärkung der praktischen Orientierung. Besucht wurden nahe gelegene Industrie- und Handwerksbetriebe, Schlösser sowie Messen.[199] Damit räumte das Lehrprogramm sowohl der modernen Arbeitswelt als auch den historischen Grundlagen Aufmerksamkeit ein. Die Ausbildung verlor nie ihren Bezug zum traditionellen Handwerksethos. Dennoch öffnete sich die Schule angesichts der zunehmenden Industrialisierung und angeregt von dem im Stadtbild präsenten klassisch-schlichten Stil aus der Zeit um 1800[200] einer reformorientierten Neuausrichtung von Handwerk und Kunstgewerbe. Zugleich blieb die Ansiedlung des Bauhauses nicht ohne Auswirkungen auf das Lehrinstitut, denn bei allen inhaltlichen Unterschieden wurde das pädagogische Ziel auf ein Zusammenwirken von Kunst und Handwerk unter dem Primat des Bauens ausgerichtet.

198
Dauer, Die Geschichte der Handwerker- und Kunstgewerbeschule, S. 20.

199
Bericht über die Verwendung und den Stand der Gemeindeangelegenheiten der Stadt Dessau für 1. April 1928 bis 3. März 1933, S. 41.

200
Siehe Paul Mebes, Um 1800. Kunst und Handwerk im letzten Jahrhundert ihrer traditionellen Entwicklung, Berlin 1908.

Stets herausgestellt wurde eine Auffassung von „Gediegenheit und Materialtreue“[201], die sich Anfang der 1930er Jahre auf eine zwar handwerklich fundierte, dabei aber zunehmend an das „Volkstum“ gebundene Formtradition zu berufen begann. Schulleiter Wilhelm Danz, der dem Bauhaus künstlerisch nicht nahestand, begrüßte früh die nationalsozialistische Kunstentwicklung und bezeichnete das Jahr 1933 als „Wiederbesinnung“. Seine gestalterische Auffassung war von einem konventionellen Realismus geprägt, der weitgehend die detailgetreue Wiedergabe der gegenständlichen Umwelt verlangte und die handwerkliche Erstellung als eigenen Wert betrachtete. Die Neue Sachlichkeit in ihrer manchmal herben, manchmal doppelbödigen Nüchternheit oder gar die Abstraktion lagen ihm fern.

Wenn rückblickend konstatiert wird, dass das Wiederaufgreifen „altdeutscher“ Kunstauffassungen, „gepaart mit handwerklicher Solidität, [...] von der Kunstideologie des Nationalsozialismus als ‚Deutschtum‘ im Kampf gegen die Moderne missbraucht“[202] wurde, müssen zwei Dinge festgehalten werden: Erstens, dass antimoderne Affekte in der Weimarer Republik ein genuiner Bestandteil konservativer Strömungen waren, die nicht zwangsläufig, aber faktisch im Nationalsozialismus mündeten. Zweitens muss klar sein, dass die Ästhetik der NS-Zeit weniger an den Gründerzeithistorismus anknüpfte, als eine archaisch strenge Interpretation klassischer, regionalistischer und funktional abgeleiteter Momente anstrebte. Bei allen persönlichen Adaptionsversuchen und dem Überleben moderner Gestaltungselemente in verschiedenen Bereichen erwiesen sich die Bauhauskonzepte damit als nicht kompatibel.[203]

201
Dauer, Die Geschichte der Handwerker- und Kunstgewerbeschule, S. 17.

202
Ebd., S. 9, S. 23.

203
Vgl. Winfried Nerdinger (Hg.), Bauhaus-Moderne im Nationalsozialismus, München 1999; Frank Schmitz, Landhäuser in Berlin (1933–1945), Berlin 2007.

Friedrich Engemann und der National-sozialismus

Noch 1931 bezeichnete sich Friedrich Engemann gegenüber Landesschulrat Blum, der der sozialdemokratischen Regierung des Freistaats Anhalt unterstellt war, als dezidiert „unpolitisch“ und distanzierte sich – was ja eine politische Aussage ist – von rechtem Gedankengut.[204] Zwei Jahre später, am 1. Mai 1933, wurde er Mitglied der NSDAP und zwei Monate darauf trat er dem Nationalsozialistischen Lehrerbund (NSLB) bei. Vor seinem gerade errichteten Wohnhaus im Dessauer Fischereiweg hisste Engemann demonstrativ die Hakenkreuzfahne an einem eigens dafür installierten Fahnenmast. Ab April 1934 gehörte er zur SA-Reserve; diese Mitgliedschaft endete im Mai 1935.[205] Die SA hatte in der Weimarer Republik und den ersten Monaten der Regierungsübernahme die Machtpolitik der Nazis brutal umgesetzt,[206] doch nach dem Röhm-Putsch im Juni 1934 verzeichnete sie einen deutlichen Mitgliederschwund.

Wie kam es zu Engemanns Hinwendung zum Nationalsozialismus? Da war zunächst der politische Kampf um das Bauhaus. Schon im Zuge seiner Ansiedlung in Dessau, 1925, formierten sich Widerstände gegen die politisch als „links“ eingestufte Institution. Die Demission von Walter Gropius 1928 begriffen die rechten Parteien in Dessau als ersten bedeutenden Erfolg in ihrem Kampf gegen das Bauhaus. Dieser verschärfte sich mit der unter der Leitung von Hannes Meyer zunehmenden Politisierung am Bauhaus, woran sich auch Engemann störte. Meyers eigene Positionsbestimmung als „wissenschaftlich Marxist“,[207] seine Duldung der Aktivitäten der „kommunistischen Studentenfraktion“, die mit der Tätigkeit einer bereits Mitte 1927 geründeten KPD-Zelle einherging und es mit sich brachte, dass nach älterer Darstellung bis zu sechzig Prozent,[208] nach neueren, realistischeren Berechnungen etwa zwanzig Prozent[209] der Studierenden an KPD-Demonstrationen teilnahmen, führten zu Meyers „Hinauswurf aus dem Bauhaus“[210].

Allerdings wurde die Situation von der rechten Presse dramatisiert. Vor dem Hintergrund einer sich schon länger abzeichnenden Krise in den Beziehungen zwischen den kunst- und technikspezifischen Zugängen am Bauhaus hatte Meyer die Architektur auf eine neue wissenschaftliche Grundlage gestellt, was eine geschärfte Sicht auf die soziale Komponente einschloss. Dies bedeutete am Ende von Meyers Wirken in Dessau wohl eine marxistische Zuspitzung, aber keine parteipolitische Bindung an die KPD.[211] Meyers Nachfolger, Ludwig Mies van der Rohe, verfolgte zusammen mit Teilen des Kollegiums, als Ausweg die Entpolitisierung der Schule und

204
Friedrich Engemann, Brief an den Landesschulrat vom 10.10.1931, SBD, Inv.-Nr.: I 8215/1-4 D.

205
Friedrich Engemann, NSDAP-Mitgliederkarteikarte, Mitglied-Nr. 2049941: 1.5.1933, Eintritt in NSLB: 1.7.1933, hier aufgeführt als SA-Mann, Bundesarchiv; Besoldungsfragebogen für Berufs- und Fachschulkräfte vom 13.12.1948, in: Landeshauptarchiv Sachsen-Anhalt, KMVb, 1662, 17r,b.

206
Vgl. Daniel Siemens, Sturmabteilung. Die Geschichte der SA, München 2019.

207
Bei Hesse, Von der Residenz zur Bauhausstadt, S. 244.

208
Ulla Machlitt/Hans Harksen, Vor 50 Jahren kam das Bauhaus nach Dessau, in: Dessauer Kalender 1975, Dessau 1974, S. 19–28, hier S. 27: Von etwa 165 Studierenden gehörten bis zu 70 der kostufra an.

209
Wolfgang Thöner, ehemaliger Sammlungsleiter der Stiftung Bauhaus Dessau, im Interview: über 30 von ca. 150 (https://www.baunetz-campus.de/news/engagement-und-streitkultur-die-kommunistische-studentenfraktion-des-bauhaus-in-textform-8101349). Laut einer Übersicht vom Dezember 1931 gehörten am Bauhaus 22 von 170 Studierenden der kostufra an – ein hoher Anteil; an Berliner Universitäten waren es 120, in Frankfurt am Main 60, deutschlandweit 360. Vgl. Marcel Bois, Zwischen Intersozialismus und Sozialfaschismus, in: Wolfgang Thöner/Florian Strob/Andreas Schätzke (Hg.), Linke Waffe Kunst, Basel 2022, S. 18–34, hier S. 22.

210
Meyer, Mein Hinauswurf aus dem Bauhaus, S. 1307, S. 1307 ff.

211
Siehe dazu Philipp Oswalt, Die verschwiegen Bauhaus-Krisen, in: Thomas Flierl/Philipp Oswalt (Hg.), Hannes Meyer und das Bauhaus im Streit der Deutungen, Leipzig 2018, S. 247–276, hier S. 251–265.

suchte – bei zunehmender Bedrängnis durch die Rechten – nach prekären Kompromissen. Auch er konnte nicht verhindern, was seit Langem vorbereitet wurde: die Schließung des Bauhauses in Dessau zum 1. Oktober 1932, veranlasst von der nationalsozialistischen Regierung Anhalts und verfügt durch den Dessauer Gemeinderat am 22. August 1932.

Schon am 24. April desselben Jahres hatten die anhaltischen Landtagswahlen die Weichen für eine von den Nationalsozialisten beherrschte und von bürgerlichen Parteien unterstützte rechte Mehrheit gestellt. Für Friedrich Engemann zeichnete sich zu diesem Zeitpunkt die weitere politische Entwicklung ab. Es war die Zeit, als Millionen von Menschen mithilfe von Arbeitslosenunterstützung und Volksküchen überlebten und Arbeiter*innen und Angestellte von stetig sinkenden Löhnen betroffen waren. Den kleinen Selbstständigen, den Bauern und der Arbeiterschaft machte Hitler Versprechungen. Er stellte die Entmachtung des vermeintlich „raffenden", also jüdisch konnotierten Kapitals in Aussicht (ohne das „schaffende", nicht jüdische Unternehmertum infrage zu stellen) und verkündete eine blühende Zukunft im kommenden „tausendjährigen Reich". Das blieb nicht ohne Wirkung, und so war es vor allem der Mittelstand, aus dem sich ein großer Teil der Wählerschaft ebenso wie der Mitglieder der NSDAP rekrutierte. Doch noch 1935, zwei Jahre nachdem Engemann in die Partei eingetreten war, waren weniger als vier Prozent aller Deutschen Mitglied der Nazipartei.[212] Hitler wollte seine NSDAP exklusiv halten. Nach einer großen Eintrittswelle im Frühjahr 1933, durch die sogenannten „Märzgefallenen", war sie ab dem 1. Mai zunächst für die Öffentlichkeit nicht mehr zugänglich. Erst 1937 wurde die Partei für Anwärter, die sich bewährt hatten, wieder geöffnet. Prozentual waren die meisten NSDAP-Mitglieder Lehrer*innen bzw. Beamte und andere teilweise in den staatlichen Macht- und Unterdrückungsapparat – Justiz, Schulen, Gefängnisse, Armee etc. – eingegliederte Personengruppen. Von den Nazis geschaffene Institutionen wie Gestapo und SS wurden mit immer mehr Macht ausgestattet. Damit rüstete die deutsche Staatsmacht personell, ideologisch und politisch auf und gewann eine tödliche innen- und außenpolitische Schlagkraft.[213]

Mit der Machtübernahme der Nazis am 30. Januar 1933 begann also ein Staatsterror mit einer immer besser funktionierenden Diktaturmaschinerie. Zunächst galt es, alle erklärten und potenziellen Feinde des Systems auszuschalten. Nach der Verfolgung der Kommunisten und aller der KPD angehö-

212 Vgl. Jürgen W. Falter, Hitlers Wähler, München 1991.

213 Ebd.

renden, mit ihr sympathisierenden oder marxistisches Ideengut verbreitenden Künstler*innen und Wissenschaftler*innen setzte eine zweite massive Verfolgungsaktion ein. Sie richtete sich gegen große Teile der organisierten Arbeiterbewegung, gegen die Sozialdemokratie und demokratisch eingestellte Intellektuelle. Ihren ersten Höhepunkt erreichte die Terroraktion, die viele Menschen aus dem Lehramt und staatlichen Institutionen entfernte, mit der bekannten Bücherverbrennung am 10. Mai 1933.

Als im Oktober des Jahres das Preußische Kultusministerium öffentlich mitteilte, dass die systematische „Säuberung" der Kunstverwaltung und der Kunstschulen überall erfolgt sei,[214] war klar, dass auch die Liquidierung des Bauhauses keine besondere Maßnahme, sondern Bestandteil eines in die Diktatur führenden Prozesses war. Die endgültige Schließung des Bauhauses im April 1933 wurde mit dem Argument gerechtfertigt, bei der Durchsuchung des Berliner Schulgebäudes sei „kommunistisches Propagandamaterial" gefunden worden. Dabei handelte es sich um marxistische Hefte (Rote Fahne, Fanal), welche die Verleger – dasselbe galt für Publikationen anderer Parteien – unentgeltlich an die Bauhausbibliothek sandten, was bei früheren Revisionen der Bibliothek nie beanstandet worden war. Die Dessauer Behörden, die die Durchsuchung in Berlin veranlasst hatten, kannten den Bibliotheksbestand, der zu dem nach Berlin überführten Bauhausinventar gehörte. Auf diese Weise konnte also, politisch motiviert und scheinlegalisiert, das Bauhaus als Privatschule geschlossen werden.[215]

214
Winfried Wendland, Nationalsozialistische Kunstpolitik im neuen Preußen, in: Baugilde, 15. Jg (1933), H. 20, S. 974.

215
Vgl. Adalbert Behr, Ludwig Mies van der Rohe und das Jahr 1933, in: Wissenschaftliche Zeitschrift der Hochschule für Architektur und Bauwesen Weimar, 33 (1987), H. 4/5/6, S. 280.

Die Schließung des Bauhauses 1932/33

Am Ende hatte sich Ludwig Mies van der Rohes Versuch, unter diesen Bedingungen das Bauhaus als Privatinstitut in Berlin weiterzuführen, als vergeblich erwiesen. Viele Studierende und Lehrkräfte, darunter Friedrich Engemann, hatten ihn nach Kräften unterstützt und in der Gleichschaltung der Institution sogar einen Ausweg gesehen.[216] Während Mies van der Rohe den politischen Einfluss linksgerichteter Studierender zurückdrängte,[217] gewann eine Gruppe „national eingestellter Studierender" an Einfluss und verfasste im Juli 1932 eine Petition an Reichspräsident Paul von Hindenburg (1847–1934), um das weitere Bestehen des Bauhauses in Dessau zu erreichen. Dies blieb ebenso erfolglos wie 1933 die Initiative Ludwig Grotes, Landeskonservator und Förderer des Bauhauses. Er hoffte, mit der Hilfe einflussreicher Nationalsozialisten ein „deutsches Bauhaus" zu installieren.[218] Friedrich Engemann brachte sich für die Aufgabe des systemkonformen „Staatskommissars" dabei selbst ins Spiel.[219]

In einem Brief von Anfang Mai 1933 berichtet der Bauhausstudent Helmut Heide (1907–1992) seinem Studienkollegen Carl Bauer (1909–1999) – beide engagierten sich 1933 für den Fortbestand des Bauhauses – davon, wie Friedrich Engemann uneingeladen in die Besprechung einer Studierendengruppe hereingeplatzt sei und eine „fulminante Rede" unter anderem über die nationalen Ziele und die weiteren Aufgaben des Bauhauses gehalten habe. Er habe geäußert, dass er mit dem Bauhaus fertig sei; um seine Anstellung bei den Technischen Lehranstalten in Dessau nicht zu verlieren, hätte er eine Erklärung abgegeben und sich eindeutig vom Bauhaus lossagen müssen. Dadurch habe sich seine Stellung in Dessau nicht nur wesentlich gefestigt, sondern erheblich verbessert. Engemann habe außerdem die Ansicht vertreten, dass ein Weiterbestehen des Bauhauses vom Ein-

216
Vgl. Peter Hahn (Hg.), Bauhaus Berlin, Weingarten 1985.

217
Fachlich bestand die enge Zusammenarbeit mit Ludwig Hilberseimer fort, das galt auch für dessen Seminare und Arbeit mit linken Studierenden, etwa für den CIAM 1933.

218
Vgl. Christian Eger, Politik der Entpolitisierung – Ludwig Grotes Einsatz für ein *deutsches* Bauhaus, in: Peter Bernhard / Torsten Blume (Hg.), Ludwig Grote und die Bauhaus-Idee, Leipzig 2021, S. 93–104.

219
Hahn, Bauhaus Berlin, S. 129f.

satz eines „Kommissars“ abhängig sei. Und im Anschluss habe er noch dargelegt, was dessen wichtigste Aufgabe sei und was er selbst täte, wenn er dieser Kommissar würde.[220] Aus einem Brief von Bauer an Heide geht noch deutlicher hervor, wie einige am Bauhaus Engemann betrachteten: „[...] wenn der Fall eintreten würde, dass man Engemann als Kommissar beauftragen würde, wäre der letzte Nagel in den Bauhaussarg geschlagen. In dem Falle würden sich Mies, Lilly [Reich], Hilbs [d.i. Hilberseimer – L.S.] und die anderen sofort zurückziehen und damit wäre die Bahn für ein neues Bauhaus unter neuer ‚nationaler Führung‘ freigegeben und der heißersehnte Direktorposten für Engemann würde Wirklichkeit.“[221]

Engemanns Freund, der Bauhausmeister Alcar Rudelt, der sich in diesem Zusammenhang deutlich von linken Tendenzen am Bauhaus distanzierte[222] und Mitunterzeichner eines Gesuchs von Mai 1933 zur Wiedereröffnung des Bauhauses an Joseph Goebbels war,[223] stellte in einem Brief an den Studenten Carl Bauer die Situation anders dar. Ihm zufolge bedurfte es für die Weiterführung des Bauhauses eines organisatorisch wie pädagogisch außerordentlich begabten Menschen wir Fritz Engemann an der Seite von Mies van der Rohe, der dessen „künstlerische Totalität“ anzuerkennen und aufrechtzuerhalten in der Lage sei. Als einen seiner engsten Mitarbeiter hätte Mies van der Rohe selbst im Einvernehmen mit Lilly Reich Engemann als „Kommissar“ für das Bauhaus vorgeschlagen.[224] Engemann genoss offenbar nicht erst am Berliner Bauhaus, sondern schon in Dessau bei einigen Studierenden und Lehrenden den zweifelhaften Ruf eines Nationalsozialisten mit Ambition auf den Direktorenposten. Dieser Eindruck bestätigt sich durch eine weitere Aussage Rudelts, der sich 1933 daran erinnerte, dass Engemann zu jenen Meistern gehörte, die „seit Jahren offen bei jeder Gelegenheit für die nationalsozialistische Bewegung eingetreten sind“.[225] Auf einer Sitzung 1931 hätte Engemann etwa Folgendes ausgeführt: „Das Bauhaus kann seine Lebensberechtigung nur dadurch erweisen, dass es die innere Kraft aufbringt, zu einem Exponenten der Bewegung zu werden, die Deutschland heute ausmacht.“[226] Anzumerken ist, dass dieses Bekenntnis Engemanns ohne weitere politische Ausführungen vage bleibt, auch wenn Rudelt es auf den Nationalsozialismus bezieht. Sollte Engemanns Aussage jedoch so gemeint gewesen sein, widerspräche sie seiner bereits erwähnten Beteuerung aus dem selben Jahr, „unpolitisch“ zu sein und dem rechten Gedankengut distanziert gegenüberzustehen.

220 Helmut Heide, Brief an Carl Bauer vom 5. Mai 1933, in: Hahn, Bauhaus Berlin, S. 131 f.

221 Carl Bauer, Brief an Helmut Heide vom 6. Mai 1933, in: Hahn, Bauhaus Berlin, S. 132.

222 Anlage Rudelts zum Schreiben von Carl Bauer vom 20.7.1933, in: Hahn, Bauhaus Berlin, S. 135.

223 Folke Dietzsch, Die Studierenden am Bauhaus. Eine analytische Betrachtung zur strukturellen Zusammensetzung der Studierenden, zu ihrem Studium und Leben am Bauhaus sowie zu ihrem späteren Wirken, Diss., Hochschule für Architektur und Bauwesen Weimar 1990, S. 11.

224 Alcar Rudelt, Brief an Carl Bauer vom 20. Juni 1930 mit beiliegender Stellungnahme, in: Hahn, Bauhaus Berlin, S. 134 f.

225 Ebd.

226 Hahn, Bauhaus Berlin, S. 135. Siehe Anm. Friedrich Engemann, Brief an den Landesschulrat vom 10.10.1931, SBD, Inv.-Nr.: I 8215/1-4 D.

Zum 14. Juli wurde Mies van der Rohe schließlich durch das Provinzialschulkollegium, dem durch Nazierlass vom Mai 1933 alle Privatschulen unterstellt waren, vorgeladen. Offensichtlich erhielt er hier die verbindliche Zusage, dass die Gestapo die Genehmigung für eine Wiedereröffnung des Bauhauses in Berlin unter bestimmten Bedingungen erteilen würde. Die Auflagen bestanden, so ist es einem Brief des Preußischen Ministeriums für Wissenschaft, Kunst und Volksbildung vom 15. Juni 1933 an Ludwig Mies van der Rohe zu entnehmen, unter anderem darin, Kandinsky wegen seiner abstrakten „zersetzenden" Kunst und Hilberseimer wegen seiner linken politischen Einstellung sowie alle jüdischen Lehrer*innen aus dem Bauhaus zu entfernen und dafür das Lehrerkollegium mit Parteimitgliedern anzureichern, „die eine entsprechende Fortführung des Bauhauses" gewährleisten würden.[227] Ziel war faktisch die politische Gleichschaltung des Bauhauses. Wenn Mies van der Rohe und seine Kolleg*innen darauf eingegangen wären, hätte die Institution weiterexistieren können.

Für Mies van der Rohe, der sich beim NS-Ideologen Alfred Rosenberg und der Gestapo intensiv um eine Genehmigung zur Wiedereröffnung des Bauhauses bemüht hatte, lagen nun die Karten der Gegenseite auf dem Tisch. Am 20. Juli 1933 fiel offiziell der mit den Lehrern Albers, Hilberseimer, Kandinsky, Peterhans, Reich und Ernst Walther abgestimmte Beschluss zur endgültigen Auflösung des Instituts.[228] Nach eigener späterer Aussage hatte Mies bewusst auf genau dieses Ergebnis hingearbeitet.[229] Im Rundschreiben an die Studierenden vom 10. August 1933 hieß es allerdings, dass das Kollegium mit den Bedingungen einverstanden, die schlechte wirtschaftliche Lage jedoch ausschlaggebend gewesen sei.[230] In der Tat hatte die Institution massive finanzielle Schwierigkeiten, da Aufträge und Schulgeldeinnahmen ausblieben. Die Lage wurde noch dadurch verschärft, dass viele Unternehmen die Lizenzverträge mit dem Bauhaus stornierten und die Stadt Dessau die vertragsgemäß monatlich zu zahlenden Abfindungssummen an die Bauhausmeister in Berlin mit Berufung auf das „Berufsbeamtentumsgesetz"[231] einstellte.

Engemann hatte großes Interesse daran, das Bauhaus zu bewahren, seine Unterstützung für Mies van der Rohes und Grotes Initiativen waren letztlich erfolglos geblieben. Ob seine Parteimitgliedschaft in dieser Hinsicht ausschließlich taktischer Art war, muss offenbleiben. Zwar war er, als Angestellter der Technischen Lehranstalten, von den Kündigungen nicht sofort betroffen, doch geriet auch er in Bedrängnis. Man habe ihm gedroht, so ein Bekannter in einem als entlastend

227 Winfried Wendland, Brief (Abschrift) des Preussischen Ministeriums für Wissenschaft, Kunst und Volksbildung vom 15. Juni 1933 an Ludwig Mies van der Rohe, SBD, Inv.-Nr.: I 10806 D, Dauerleihgabe des IRS, Leibnizinstitut für Raumbezogene Sozialforschung, Berlin. Vgl. auch: Brief des Geheimen Staatspolizeiamtes an Mies van der Rohe vom 21. Juli 1933, Abschrift, in: Hahn, Bauhaus Berlin, S. 143.

228 Mies van der Rohe, Protokoll der Konferenz vom 20. Juli 1933, Abschrift in: Hahn, Bauhaus Berlin, S. 142.

229 Mies' Bericht vor Studierenden der North Carolina State University im Februar 1952, in: Hahn, Bauhaus Berlin, S. 153–156.

230 Hahn, Bauhaus Berlin, S. 144.

231 Das Gesetz zur Wiederherstellung des Berufsbeamtentums, kurz Berufsbeamtengesetz (BBG), wurde nach der Machtübernahme der Nationalsozialisten am 7. April 1933 erlassen und erlaubte es den neuen Machthabern im Deutschen Reich, jüdische und politisch missliebige Beamte aus dem Dienst zu entfernen. Reichsgesetzblatt vom 7. April 1933.

angelegten Dokument aus dem Jahr 1948,[232] ihn aus seinem Amt als Berufsschullehrer zu entlassen. Gleichzeitig wurde er gewarnt, dass ihm wegen seiner „kulturbolschewistischen“ Bauhaustätigkeit die Ausübung des Architektenberufs untersagt werden würde. Eine Weiterbeschäftigung als Lehrer schien nicht selbstverständlich. Folgt man dem Narrativ aus der Nachkriegszeit, drohte Engemann dadurch in eine wirtschaftliche Notlage zu geraten, denn er hatte für den Bau seines Wohnhauses einen Kredit abzuzahlen und sorgte sich um die weitere finanzielle Unterstützung seiner kranken Eltern. All dies waren Gründe, um in der schwierigen Lage 1933 „nominell“ – so eine in der Nachkriegszeit verbreitete Schutzbehauptung – Mitglied der NSDAP zu werden, worunter Engemann selbst, so der Bekannte 1948, wohl schwer gelitten habe.[233]

232
Dr. Ing. Ludwig Baumeister, Bescheinigung für Friedrich Engemann vom 30.10.1948, Personalakte Friedrich Engemann im Landeshauptarchiv Sachsen-Anhalt, Rep.: K MVb, Nr.: 1662.

233
Ebd.

Nach 1933

Neben allen aufgeführten äußeren Zwängen kann, angesichts seiner Nähe zu rechten Gastlehrern am Bauhaus wie Karlfried Graf Dürckheim, eine echte Sympathie Engemanns für das neue politische System nicht ausgeschlossen werden. Damit verhielt sich Engemann gerade in der Phase der nationalsozialistischen Machtkonsolidierung nicht anders als große Teile des deutschen Bildungsbürgertums, welches etwa ein Prozent der Bevölkerung ausmachte und große Erwartungen an das neue Regime hatte. Der Historiker Steffen Raßloff stellt dazu fest: „Der Nationalismus, die völkische Erneuerung und eine elitäre Sonderstellung in der angestrebten Volksgemeinschaft erweckten neuen Zukunftsglauben und die Bürger waren dazu bereit ihre Loyalität zu wahren."[234] Bei der Frage, inwieweit Engemann sein frühes Bekenntnis zur NS-Ideologie, sofern es mehr als ein Anpassungsverhalten war, im Laufe der Jahre revidierte, würde vor allem sein nach dem Krieg – im Besoldungsfragebogen für Berufs- und Fachschulkräfte – behaupteter Parteiaustritt[235] im September 1939 ins Gewicht fallen. Doch dieses angebliche Ende seiner Mitgliedschaft ist in seiner Mitgliederkarteikarte[236] nicht vermerkt und hilft daher nicht, diese Frage zu beantworten. Hintergrund für seine Angabe im Fragebogen von 1948 mag sein, dass Parteimitgliedschaften bei aktiven Wehrmachtsangehörigen ruhten,[237] eine Regelung, die im Herbst 1944 wieder aufgehoben wurde. Parteiaustritte nach 1933, die Nachteile nach sich ziehen konnten, gab es vor allem bei enttäuschten „Alten Kämpfern" der Nazis, weniger unter den „Trittbrettfahrern", die nach Hitlers Ernennung zum Reichskanzler zur Partei gestoßen waren.[238]

Bereits ab 21. April 1936 ist Engemanns aktiver Dienst in der Wehrmacht nachgewiesen, zuerst mit einer Kurzausbildung, dann der Teilnahme im Manöver Fluko (Flugwachkommando) Dessau im September 1937 und im Sudeteneinsatz vom

234
Steffen Raßloff, Flucht in die nationale Volksgemeinschaft. Das Erfurter Bürgertum zwischen Kaiserreich und NS-Diktatur, Köln 2003, S. 401.

235
Besoldungsfragebogen für Berufs- und Fachschulkräfte vom 13.12.1948, Landeshauptarchiv Sachsen-Anhalt, KMVb, 1662, 17r,b.

236
Friedrich Engemann, NSDAP Mitgliederkarteikarte, Mitglied-Nr. 2049941: 1.5.1933, Bundesarchiv.

237
Wehrgesetz vom 21. Mai 1935: „§ 26. Politik in der Wehrmacht. (1) Die Soldaten dürfen sich politisch nicht betätigen. Die Zugehörigkeit zur NSDAP oder zu einem der ihr angeschlossenen Verbände ruht für die Dauer des aktiven Wehrdienstes", https://www.verfassungen.de/de33-45/wehr35.htm.

238
Dies ist ein Ergebnis jüngerer Forschungen von Jürgen Falter. Bei: Matthias Gafke, Goebbels' Brechreiz, in: FAZ, 8.12.2016, https://www.faz.net/aktuell/politik/inland/juergen-falter-hat-zu-nsdap-mitgliedern-geforscht-14557293-p2.html.

Herbst 1938.[239] Wie viele der ehemaligen Bauhäusler wurde er 1939 zum Kriegsdienst einberufen, und zwar zum „fachlichen Einsatz als Architekt in Bau- und Ausbaustellen sowie an Luftschutz- und Fernmeldeschulen" in Halle (Saale) und Dresden.[240] Konkret diente er als Ausbilder und Auswerteoffizier in einem Flugwachkommandozug.[241] Zu seinen Aufgaben gehörte die Gestaltung von Lehrtafeln zur Flugzeugerkennung und eines Lehrfilms.[242] Er stieg dabei vom Gefreiten zum Unteroffizier (1938) und zum Oberleutnant auf; seine Beförderung zum Hauptmann wurde im April 1944 beantragt.[243] In den Beurteilungen wurden ihm unter anderem „ein klarer gefestigter Charakter, umfassendes Allgemeinwissen, gute Improvisationsgabe" sowie eine „tadellose nationalsozialistische Einstellung"[244] attestiert. Der letzte Passus, der sich mehrfach, leicht variiert, in den Zeugnissen findet, muss in seinem Aussagewert immer vor dem Hintergrund einer hochideologisierten Diktatur betrachtet werden; dies war nicht nur im Nationalsozialismus der Fall. Um fachlich wertvolle Mitarbeiter*innen, denen man sich eventuell persönlich verbunden fühlte, zu fördern, gehörte in jedem Fall die Versicherung der weltanschaulichen Zuverlässigkeit. Eine andere Formulierung, Engemann sei „durchaus positiv dem neuen Staat gegenüber eingestellt",[245] klingt sichtlich moderat, wobei das Konstatieren einer fanatischen Gesinnung in manchen Offizierskreisen auch nicht förderlich gewesen wäre.

Unmittelbar nach dem Krieg stellten mehrere Bekannte, Freunde und ehemalige Schüler*innen Friedrich Engemann ein positives politisches Leumundszeugnis aus. Diese im Folgenden wiedergegebenen Berichte müssen zur Kenntnis genommen, doch anhand der Einschätzung von Engemanns Umfeld gewichtet werden. Landläufig als „Persilschein" – zum „Reinwaschen" der betreffenden Person – bezeichnet, sind die Entlastungsaussagen aus der engeren Umgebung der Betroffenen weder blind zu übernehmen noch pauschal als Gefälligkeit abzuqualifizieren.[246] Die Glaubwürdigkeit von Entlastungsaussagen ist höher, wenn sie von bekannten Nazigegnern und -verfolgten stammen; beides konnte in Engemanns Fall nicht nachgewiesen werden.

Der ehemalige Bauhäusler Hubert Hoffmann (1904–1999), der von 1941 bis 1943 als Landesplaner in Litauen und nach dem Krieg als Baurat in Dessau tätig war, übernahm eine Bürgschaft, in der er betont, dass sich Engemann trotz seiner „nominellen Zugehörigkeit zur NSDAP niemals im nationalsozialistischen Sinne betätigt hätte".[247] Überliefert ist außerdem die Aussage von Joseph Maas, der während des

239 Bundesarchiv Berlin, Zentralnachweisstelle, Pers 6/233489 (Recherche Dez. 2022).

240 Friedrich Karl Engemann, Besoldungsfragebogen für Berufs- und Fachschullehrkräfte vom 13.12.1948, Landeshauptarchiv Sachsen-Anhalt, Rep.: K MVb, Nr.: 1662, S. 17r.

241 Bundesarchiv Berlin Zentralnachweisstelle, Pers 6/233489, Vorschlag zur Beförderung vom 4.11.1940. Seine Dienststelle war laut Meldungen vom 30.11.1939 und 31.12.1940 die 10. Flugmelde-Reservekompanie, Luftgau Nachrichten, Regiment 4. Auskunft der deutschen Dienststelle für die Benachrichtigung der nächsten Angehörigen von Gefallenen der ehemaligen deutschen Wehrmacht vom 17.3.2011. Für spätere Zeiträume gab es von dort keine Angaben.

242 Bundesarchiv Berlin Zentralnachweisstelle, Pers 6/233489, Vorschlag zur Beförderung vom 12.11.1941.

243 Bundesarchiv Berlin Zentralnachweisstelle, Pers 6/233489, Vorschlag zur Beförderung vom 10.5.1944.

244 Ebd.

245 Bundesarchiv Berlin Zentralnachweisstelle, Pers 6/233489, Vorschlag zur Beförderung vom 4.11.1944.

246 Vgl. Clemens Vollnhals, Entnazifizierung: politische Säuberung und Rehabilitierung in den vier Besatzungszonen 1945–1949, München 1991.

Abb. 69
Haus Engemann mit
NS-Fahnenschmuck, 1934

Krieges Engemanns Mitarbeiter in der Luftnachrichtenschule war. Er gab an, dass Engemann es immer wieder verstand, sich selbst und seine vertrauten Mitarbeiter*innen von parteilichen Vorträgen und dem Pflichtbesuch in derartigen Zirkeln fernzuhalten. Maas berichtet auch, dass Engemann auf Anordnung Hitlers 1944 aus nichtigen Gründen erschossen werden sollte und es ihm im Durcheinander der Rückzüge gelang, diesem Schicksal zu entrinnen.[248] Weitere Quellen zu diesem Vorgang konnten nicht ermittelt werden. Es erscheint zumindest fraglich, dass ein Vorfall in dieser Hierarchieebene bis auf den Schreibtisch des „Führers des Großdeutschen Reiches“ hochgereicht worden wäre.

Aus einer von dreizehn Personen (vorrangig Tischler aus Dessau) 1945 unterzeichneten Niederschrift geht hervor, dass Engemann während der NS-Zeit Vorträge gehalten haben soll, in denen er das Bauhaus verteidigt und jene, die die Schule geschlossen hatten, als Laien und Spießer bezeichnet habe. Die schweren Ausschreitungen der Nazis gegen die jüdische Bevölkerung hätten ihn seinerzeit dazu veranlasst, von „Straßenraub“ und „Schande“ zu reden, die sich eines Tages rächen würde.[249] Größte Fürsprache erfuhr Engemann nach dem Krieg von Tischler-Obermeister Wilhelm Engemann, der mit Friedrich Engemann in keinem verwandtschaftlichen Verhältnis stand, jedoch gelegentlich mit ihm zusammengearbeitet hatte. In einer auf Bitten Friedrich Engemanns im Oktober 1947 verfassten Bürgschaft be-

248
Joseph Maas, Zeugnisabschrift vom 29.2.1948, Personalakte Friedrich Engemann im Landeshauptarchiv Sachsen-Anhalt, Rep. K MVb Nr. 1662.

249
Niederschrift vom 30.11.1945 von 13 Personen über Vorträge des Herrn Engemann während der Nazizeit, Landeshauptarchiv Sachsenanhalt, K MVb, 1662, S. 13 r.

zeichnet Wilhelm Engemann ihn als einen jener Lehrer, die auch in den Jahren der Naziherrschaft frei, offen, scharf, klar und unverblümt ihre Meinung sagten und sich nicht in das politische Schema einzwängen ließen. Auch viele Jahre nach 1933 seien öffentlich als „Kommunisten und Juden“ beschimpfte Bauhäusler*innen, die er zum Teil sogar privat unterrichtete, in seinem Haus verkehrt. Der Tischlermeister gelangt zu der Feststellung: „Herr Engemann war niemals Nazi. Er ist Antifaschist.“[250]

Friedrich Engemann gehörte nicht zu jenen, die dem nationalsozialistischen System aktiv widerstanden und nachweislich Verfolgungen ausgesetzt waren. Schon gar nicht gehörte er zu den Opfern des Systems. Vielen von ihnen wurde wegen sogenannten „Hochverrats“ der Prozess gemacht, sie wurden zu hohen Gefängnis- oder Zuchthausstrafen verurteilt oder in Konzentrationslager verbracht, wo viele ums Leben kamen. Anderen wurde wegen „staatsfeindlicher Betätigung“ die „Wehrwürdigkeit“ aberkannt, sie fanden sich in der berüchtigten Strafdivision 999 wieder. Friedrich Engemann blieb 1933 in Deutschland. In den Entlastungszeugnissen wird behauptet, dass er sich auf den Weg der „inneren Emigration“ in eine Abkapselung vom politischen Zeitgeschehen begab oder sich tatsächlich kritisch äußerte – was aber nicht belegt ist. Darüber, inwieweit er umgekehrt die Ideologie des Nationalsozialismus – und dies bis Ende 1945 – verinnerlicht hatte, finden sich Aussagen von Zeitgenossen, aber keine Selbstzeugnisse. Seine Bemühungen um Anpassung an das NS-System, seine Partei- und SA-Mitgliedschaft, der Versuch, die Institution Bauhaus durch „Gleichschaltung“ zu erhalten, sein Engagement als Militärangehöriger, all das zielte sichtlich auf das eigene Fortkommen. Doch zahlte sich dies nur bedingt aus: Weder kam es bis 1945 zu einem Karrieresprung, noch brachte ihm sein Verhalten größere Bauaufträge ein.

250
Wilhelm Engemann, Bürgschaft für Friedrich Engemann, 20.10.1947, Landeshauptarchiv Sachsen-Anhalt, K MVb, 1662, S. 12 r.

Unmittelbare Nachkriegszeit

Ein Schlaglicht auf Engemanns Wahrnehmung des Krieges wirft ein in seinen Privatdokumenten gefundenes Gedicht. Als einziges bekanntes Selbstzeugnis zu diesem Thema ist sein Aussagewert begrenzt, es scheint jedoch typisch für die Haltung vieler Vertreter seiner Generation in Deutschland: Dem Gefühl, selbst ein „Erniedrigter, zwischen toten und zerfetzten Leibern taumelnd" zu sein, entspringen „Hass und Empörung" gegenüber dem Krieg und dem „Grauen unmenschlichen Leides". Ohne die Vergangenheit zu rechtfertigen, wird die Frage der Schuld ausgeblendet. Als ein Phänomen ohne auslösendes Subjekt bleibt der Krieg „Wahnsinn". Im Ganzen können die Zeilen als Ausgangspunkt, nicht als Ergebnis eines möglichen Reflexionsprozesses über das Geschehene angesehen werden.

Im Juni 1945 kehrte Friedrich Engemann aus kurzer amerikanischer Kriegsgefangenschaft nach Dessau zurück. Er hielt Folgendes dazu fest: „Krieg und Nazizeit lagen wie ein böser Traum hinter mir. Vor mir Trümmer über Trümmer. Die Menschen standen wie gelähmt."[251] Die Innenstadt war durch viele Angriffe, besonders den vom 7. März 1945, zu 85 Prozent zerstört, und es mangelte an allem. Der Bedarf an Wohnraum war enorm. Engemann, dessen Wohnhaus ebenfalls stark beschädigt war,[252] versuchte in der zerstörten Stadt wieder als Architekt tätig zu werden. In dieser schwierigen Zeit kam seine Tochter Christine zur Welt. Ein Angebot, zu Ludwig Mies van der Rohe in die USA auszuwandern, schlug Engemann aus, trauerte der verpassten Chance aber sein Leben lang nach.[253] Ob die Aussicht, selbst mithilfe der Fürsprache Mies van der Rohes, realistisch war, ist schwer einzuschätzen. In den ersten Nachkriegsjahren war es für Deutsche, an denen die US-Regierung nicht aus rüstungstechnologischen oder kulturpolitischen Gründen Interesse

251
Friedrich Engemann, Gedanken zum Neuaufbau des Gewerblichen Berufs- und Fachschulwesens, Februar 1946, SBD, Inv.-Nr.: I 8317/1-17 D.

252
„Unser Haus war stark angeschlagen. Sämtliche Türen und Fenster zerstört. Das Dach herunter und auch sonst sah es mehr einer Ruine ähnlich als einem Wohnhaus. Ein Raum war eigentlich nur noch bewohnbar und darin lebten außer meiner Frau noch 3 bis 5 andere, fremde Personen." Friedrich Engemann, Brief an Ruth Gengenbach vom 12.2.1950, Kopie im SBD.

253
Alma Else Engemann in einem Gespräch mit Ines Hildebrandt, 1993, Notiz im SBD, Akte Engemann.

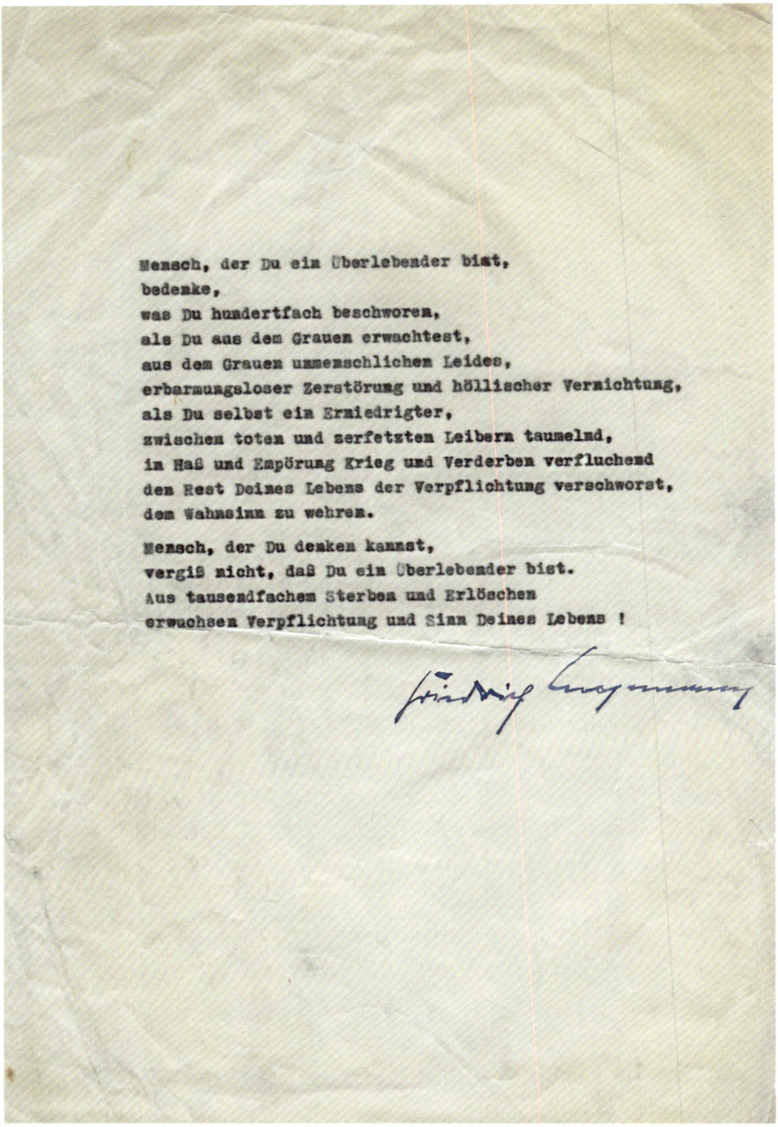

Mensch, der Du ein Überlebender bist,
bedenke,
was Du hundertfach beschworen,
als Du aus dem Grauen erwachtest,
aus dem Grauen unmenschlichen Leides,
erbarmungsloser Zerstörung und höllischer Vernichtung,
als Du selbst ein Erniedrigter,
zwischen toten und zerfetzten Leibern taumelnd,
im Haß und Empörung Krieg und Verderben verfluchend
den Rest Deines Lebens der Verpflichtung verschworst,
dem Wahnsinn zu wehren.

Mensch, der Du denken kannst,
vergiß nicht, daß Du ein Überlebender bist.
Aus tausendfachem Sterben und Erlöschen
erwachsen Verpflichtung und Sinn Deines Lebens !

Friedrich Engemann

Abb. 70
Friedrich Engemanns Gedanken über den Krieg und die Verantwortung für die Zukunft, unveröffentlichtes Typoskript, bei Christine Engemann

hatte, sehr schwierig einzureisen, geschweige denn als Architekt Fuß zu fassen. Dies galt in besonderem Maß, wenn wie bei Engemann ein Nachweis über die Mitgliedschaft in NS-Organisationen vorlag oder über ein früheres politisches Engagement in einer linken bzw. sozialistischen Partei, wie bei dem sehr viel profilierteren Richard Paulick.[254]

Im September 1945 wurde Engemann die Leitung der Bau-Lehrwerkstätten der Stadt Dessau übertragen. Oberbürgermeister war der von der sowjetischen Militäradministration wieder eingesetzte Fritz Hesse, der im März 1933 von den Nationalsozialisten aus dem Amt gedrängt worden war und jetzt erneut für das Bauhaus eintrat. Neben seiner Leitungstätigkeit übernahm Engemann in den ersten drei Jahren unter anderem im Auftrag der Stadt die Organisation der Umschulung berufsfremder Kräfte für das Baugewerbe, arbeitete an Planungsaufgaben und Wiederaufbaunormungen mit und engagierte sich nachhaltig, als es darum ging, das Bauhaus in Dessau wiederzubeleben.

Hinter dieser Initiative stand Hubert Hoffmann. Er hatte sich als Student mit seiner Beteiligung an der zur CIAM 1933 gezeigten Ausstellung zum Planungsraum Dessau profiliert und scharte nun einen Kreis von ehemaligen Bauhäuslern wie Rolf Radack, Carl Marx und Georg Neidenberger um sich. Zu den hauptamtlichen Lehrkräften sollte auch der wegen seines Engagements für den NS-Staat hochbelastete Graf Dürckheim gehören. Friedrich Engemann war auf der Lehrkräfteliste als Lehrer für Nebenfächer vorgesehen.[255]

Hoffmann war von Fritz Hesse ins Dessauer Planungsamt geholt worden. Er setzte die Arbeit auf verschiedenen Ebenen in Gang, so erstellte er ein Konzept zur Schrumpfung Dessaus mit Grünzügen und Gartenstadtvierteln.[256] Im Herbst 1945 begannen die Sicherungsarbeiten am beschädigten Bauhausgebäude. Das neue Institut sollte aus zwei zunächst unabhängigen Arbeitsgruppen zusammenwachsen: den handwerklich ausgerichteten „Bauhauswerkstätten“ und der „Planungsgemeinschaft Bauhaus“, die an mehreren Aufbauwettbewerben teilnahm. Neue Akzente des Hoffmann'schen Projekts lagen in der Biologie, konkret der Gärtnerei, sowie in einem raumplanerischen Ansatz, der schon von Hannes Meyer eingebracht worden war und nun auf die Stabilisierung der Nahrungsmittelerzeugung ausgerichtet war. Als Landesplaner in Litauen hatte Hubert Hoffmann im Dienst der deutschen Eroberungspolitik gestanden. Seine frühere Einbindung in den NS-Apparat führte – abgesehen vom ab-

254
Vgl. Eduard Koegel, Zwei Poelzigschüler in der Emigration: Rudolf Hamburger und Richard Paulick zwischen Shanghai und Ost-Berlin (1930–1955), Diss., Bauhaus-Universität Weimar 2006, S. 325–328.

255
Die Liste wurde später handschriftlich überarbeitet und gegen die der Gastlehrer ausgetauscht. Zum Wiederbelebungsprojekt vgl. Svenja Simon, Der Versuch der Wiedereröffnung des Bauhauses in Dessau nach 1945, in: Wolfgang Thöner/Stiftung Bauhaus Dessau (Hg.), … das Bauhaus zerstört 1945, 1947 das Bauhaus stört …, Dessau 1996, S. 8–34, hier S. 19.

256
Butter, Neues Leben, neues Bauen, S. 89, siehe auch S. 447 und Chronologie.

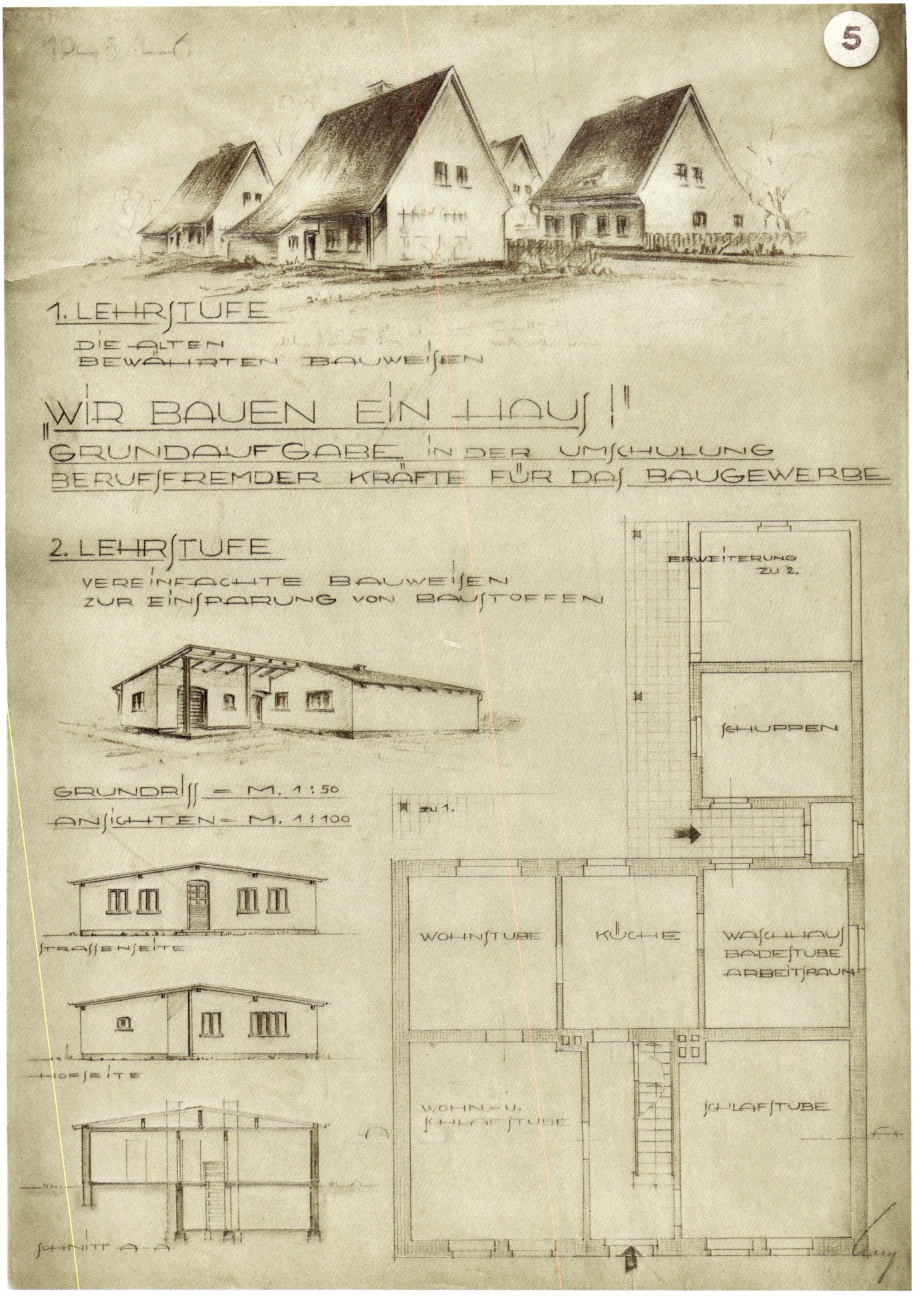

Abb. 71
„Wir bauen ein Haus!" Grundaufgabe in der Umschulung berufsfremder Kräfte für das Baugewerbe (Lehrtafel Nr. 5), 1945/46

flauenden Interesse bei Hesses Nachfolger im Rathaus und internen Konflikten unter den Kollegen – schon nach zwei Jahren dazu, dass der Versuch einer Neubelebung des Bauhauses scheiterte.

Friedrich Engemann übernahm die Geschäftsführung der Dessauer Torhaus-Werkstätten GmbH, einer Vereinigung von Kunsthandwerkern. In dieser Funktion beriet er das Dessauer Tischlerhandwerk in künstlerischen Fragen und erhielt von der Tischlerinnung den Meisterstitel im Tischlerhandwerk zugesprochen. Wie bei der an das Bauhausprojekt angeschlossenen und im Luisium angesiedelten Holzwerkstatt „Sieben Säulen“ von Max Ursin war die Arbeit vorrangig auf die elementaren Bedürfnisse einer ausgebombten Bevölkerung zugeschnitten. Neben dieser Tätigkeit war Engemann in der Nachkriegszeit freischaffend tätig und arbeitete für private ebenso wie behördliche Auftraggeber. Außerdem betrieb er auf seinem Grundstück im Dessauer Fischereiweg eine Werkstatt zur „Entwicklung von Modellen für die serienmäßige Herstellung zeitgemäßer Möbel, gutem Hausgerät und zweckmäßigem Ausbaubedarf“.[257]

Nach kurzer SPD-Mitgliedschaft wurde Friedrich Engemann am 13. Oktober 1946 Mitglied der Sozialistischen Einheitspartei Deutschlands (SED).[258]

257 Friedrich Karl Engemann, Lebenslauf vom 26.10.1948, Landeshauptarchiv Sachsen-Anhalt, Rep.: K MVb, Nr.: 1162, S. 5, 6.

258 Personalakte Friedrich Engemann, Landeshauptarchiv Sachsen-Anhalt, Rep.: K MVb, Nr.: 1662.

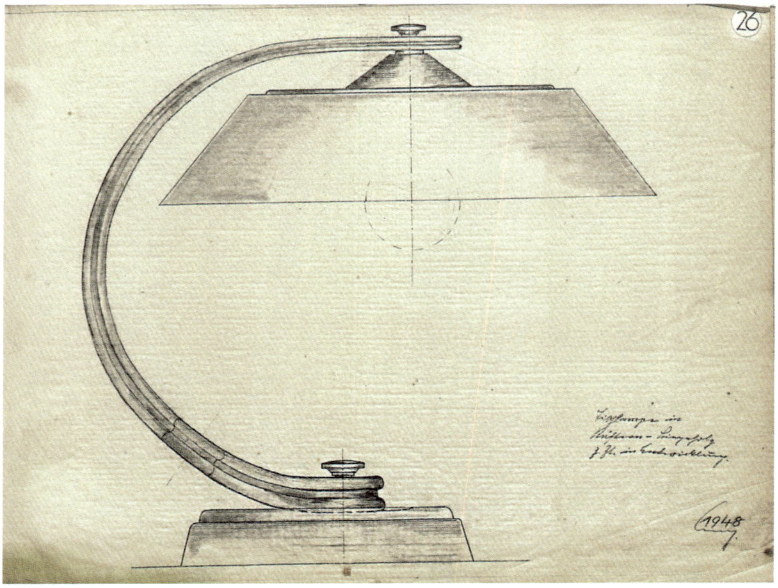

Abb. 72
Friedrich Engemann, Tischleuchte, Entwicklungsarbeit aus der eigenen Werkstatt, Entwurf (nicht realisiert), Modell für die handwerkliche Serienarbeit, 1948

Friedrich Engemann an der Kunstschule Burg Giebichenstein in Halle (Saale)

Von Angela Dolgner

Abb. 73
Der Bildhauer Gustav Weidanz (links) und Friedrich Engemann, vermutlich um 1955

Burg Giebichenstein – einst Grenzburg, dann erzbischöfliche Residenz, später Verwaltungssitz, Domäne, feudaler Privatbesitz – avancierte zum Synonym einer Kunstschule, die sich in den 1920er Jahren zu einer der bedeutendsten künstlerischen Ausbildungsstätten neben dem Bauhaus entwickelt hatte. Dabei spielte für den Ausbau der einstigen halleschen Handwerker- zur Staatlich-städtischen Kunstgewerbeschule die Architektur eine zentrale Rolle. Der Architekt Paul Thiersch (1879–1928), der 1915 ihre Leitung übernahm, formulierte dies in seinem Programm aus demselben Jahr – vier Jahre später schrieb Walter Gropius bei der Gründung des Staatlichen Bauhauses in Weimar der Architektur eine ebensolche Rolle zu. In den Folgejahren erhielten die Architektur und die Innenarchitektur einen festen Platz im Ausbildungsprofil der „Burg", wie die Schule nach ihrem Einzug in die historischen Gemäuer 1922 liebevoll genannt wurde.[259]

1933 in ihrer Existenz bedroht, gelang es der Kunstschule Burg Giebichenstein, der Schließung zu entgehen. Sie teilte somit nicht in vollem Umfang das Schicksal des Bauhauses. Die nun folgende Zeit brachte allerdings erhebliche Veränderungen mit sich. Die freien Klassen, die Architektur und die Tischlerei wurden auch in Halle geschlossen, dreizehn Lehrkräfte entlassen. Auf den Status einer Handwerkerschule zurückgeführt, hatten nur die kunsthandwerklichen Bereiche Bestand. Mit dem Ende der Naziherrschaft und der Berufung des Architekten Hanns Hopp (1890–1971) begann man mit dem Wiederaufbau der Klassen für Malerei, Grafik, Plastik[260] und Architektur. Der Gedanke des Gesamtkunstwerkes hielt erneut auf Giebichenstein Einzug. Hopp war bemüht, die geeigneten künstlerischen Lehrkräfte zu finden, und so verwundert es kaum, dass er sich auch an ehemalige Bauhäusler oder jene wandte, die den Auffassungen der Moderne der 1920er Jahre nahestanden.

Ab 1947 plante Hopp die Einrichtung einer Klasse für Innenarchitektur, deren Leiter dem der Architekturklasse, also Hopp, als Assistent unterstellt sein sollte. Der Bewerbung des Magdeburger Architekten Walther Brückner (1896–?) stand das Kollegium der Burg zurückhaltend gegenüber. Man wollte zunächst weitere Bewerbungen abwarten.[261] Auf Anregung Hanns Hopps bewarb sich schließlich im Oktober 1948 Friedrich Engemann, der bis dahin in Dessau gewirkt hatte.[262]

259 Siehe Angela Dolgner, Architektur an der Burg, in: 75 Jahre Burg Giebichenstein 1915–1990. Beiträge zur Geschichte. Ausgewählt und eingeleitet von Renate Luckner-Bien, Halle 1990, S. 180–197; dies., Architektur und Raumausstattung, in: Burg Giebichenstein. Die hallesche Kunstschule von den Anfängen bis zur Gegenwart, Halle/Karlsruhe 1993, S. 77–112; Katja Schneider, Burg Giebichenstein. Die Kunstgewerbeschule unter Paul Thiersch und Gerhard Marcks, 2 Bde., Weinheim 1992.

260 Gustav Weidanz gelang es schon seit 1942, wieder Bildhauer auszubilden. 1946 richtete man an der Burg offiziell eine zweite Bildhauerklasse ein, die Waldemar Grzimek übertragen wurde.

261 Lehrerkonferenzen, Protokolle der Beratungen vom 13.1.1948 und 3.3.1948, Archiv der Kunsthochschule Burg Giebichenstein Halle (im Folgenden: Burg-Archiv), A 2.5, 80; siehe auch Schriftwechsel zur Bewerbung von Walther Brückner vom 18.10.1947 bis 22.3.1948, Burg-Archiv, A 2.7, 26.

262 Bewerbungsschreiben Friedrich Engemanns vom 30.10.1948, Landesarchiv Magdeburg, Rep. K MVb, Nr. 1662, Bl. 4.

Leiter der Architekturklasse in Halle

Als Engemann im Dezember 1948 sein neues Amt antrat, betraute ihn Hopp sofort mit dem Aufbau und der Leitung der Klasse für Möbel- und Innenausbau. Konzeptionell hatte Engemann erste Erfahrungen in den Jahren zuvor gesammelt, denn er gehörte dem Kreis jener Bauhäusler an, die sich nach 1945 um die Neubelebung der Bauhauswerkstätten bemühten. In den von ihm vorgelegten Konzepten, die zunächst nicht unmittelbar auf die Wiedereinrichtung des Bauhauses selbst abzielten, gab er aber seiner „Überzeugung von der Richtigkeit der Bauhausidee“ Ausdruck.[263] Er strebte nach einer Reform auf dem Gebiet des Berufs- und Fachschulwesens, an deren Ende eine moderne Bauhochschule in der Tradition des Bauhauses stehen sollte. Außerdem gehörte Engemann der im Herbst 1946 als halbamtliches Institut eröffneten „Planungsgemeinschaft Bauhaus“ an, die nach dem später vorgesehenen Zusammenschluss mit den Bauhauswerkstätten zum Bauhaus als Hochschule für Planung und Gestaltung den Stamm des Lehrpersonals bilden sollte.[264]

Nach dem Weggang von Hopp Ende 1949 bemühte sich Engemann um die Neuorganisation der gesamten Architekturausbildung, deren Leitung er nunmehr übernommen hatte und deren inhaltliche Entwicklung er bis zu seinem Tod im Januar 1970 in hohem Maße mitbestimmte. Schon 1950 wurde er zum Professor mit Lehrauftrag berufen und ein Jahr später mit ihm ein Einzelvertrag abgeschlossen. 1952 bemühte sich Mart Stam (1899–1986), Engemann für die Abteilung Möbel und industrielle Gestaltung an die Hochschule für angewandte Kunst in Berlin-Weißensee zu holen, doch er blieb in Halle.[265] Neben seiner Fachklassentätigkeit übernahm er verschiedene Leitungsfunktionen – ab 1952 stellvertretender Direktor, ab 1. Januar 1957 stellvertretender Direktor für Studienangelegenheiten, ab 1960 Prorektor für Forschung und Entwicklung – und wirkte in verschiedenen außerschulischen

263 Friedrich Karl Engemann, Konzept für die Bau-Lehrwerkstätten der Stadt Dessau und für die Umschulungswerkstätten, Stadtarchiv Dessau, Akte 47/9; Friedrich Engemann; Gedanken zum Neuaufbau des gewerblichen Berufs- und Fachschulwesens, Februar 1946, Stiftung Bauhaus Dessau, Nachlass Engemann – zitiert nach Svenja Simon, Der Versuch der Wiedereröffnung des Bauhauses in Dessau nach 1945, in: Wolfgang Thöner/Stiftung Bauhaus Dessau (Hg.), ... das Bauhaus zerstört 1945, 1947 das Bauhaus stört ..., Dessau 1996, S. 8–34, hier S. 21.

264 Zu den Mitarbeitern zählten neben Hubert Hoffmann (1904–1999) und Friedrich Engemann noch Walter Funkat (1906–2006), Wilhelm Jakob Hess (1906–1982), Georg Neidenberger (1907–1964), Fritz Pfeil (1909–1965) und Willi Stamm (1905–1973). Vgl. Simon, Der Versuch der Wiedereröffnung, S. 20–23.

265 Schreiben vom 10.6.1952 und 15.10.1952, Burg-Archiv, B 1, 22 (Personalakte Friedrich Engemann).

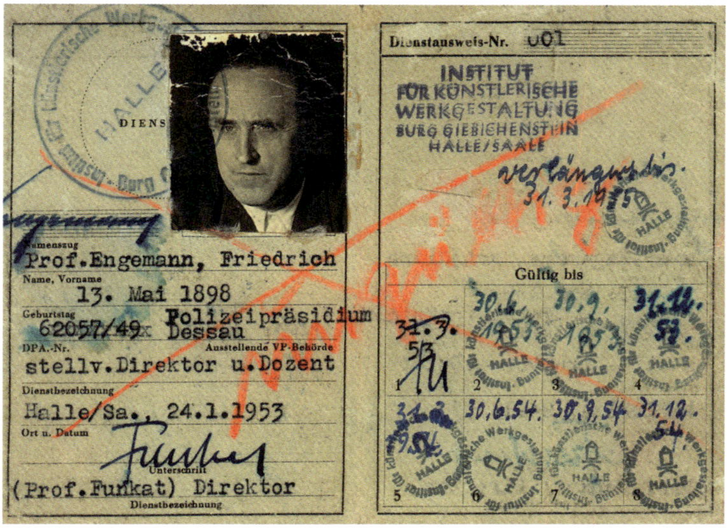

Dienstausweis-Nr. 001

INSTITUT FÜR KÜNSTLERISCHE WERKGESTALTUNG BURG GIEBICHENSTEIN HALLE/SAALE

verlängert bis 31. 3. 1955

Namenszug

Prof.Engemann, Friedrich
Name, Vorname

13. Mai 1898
Geburtstag

62057/49x Polizeipräsidium Dessau
DPA.-Nr. Ausstellende VP-Behörde

stellv.Direktor u.Dozent
Dienstbezeichnung

Halle/Sa., 24.1.1953
Ort u. Datum

Unterschrift
(Prof.Funkat) Direktor
Dienstbezeichnung

Gültig bis

1	2	3	4
31.3. 53	30.6. 1953	30.9. 1953	31.12. 53

5	6	7	8
31.3. 54	30.6.54.	30.9.54	31.12. 54.

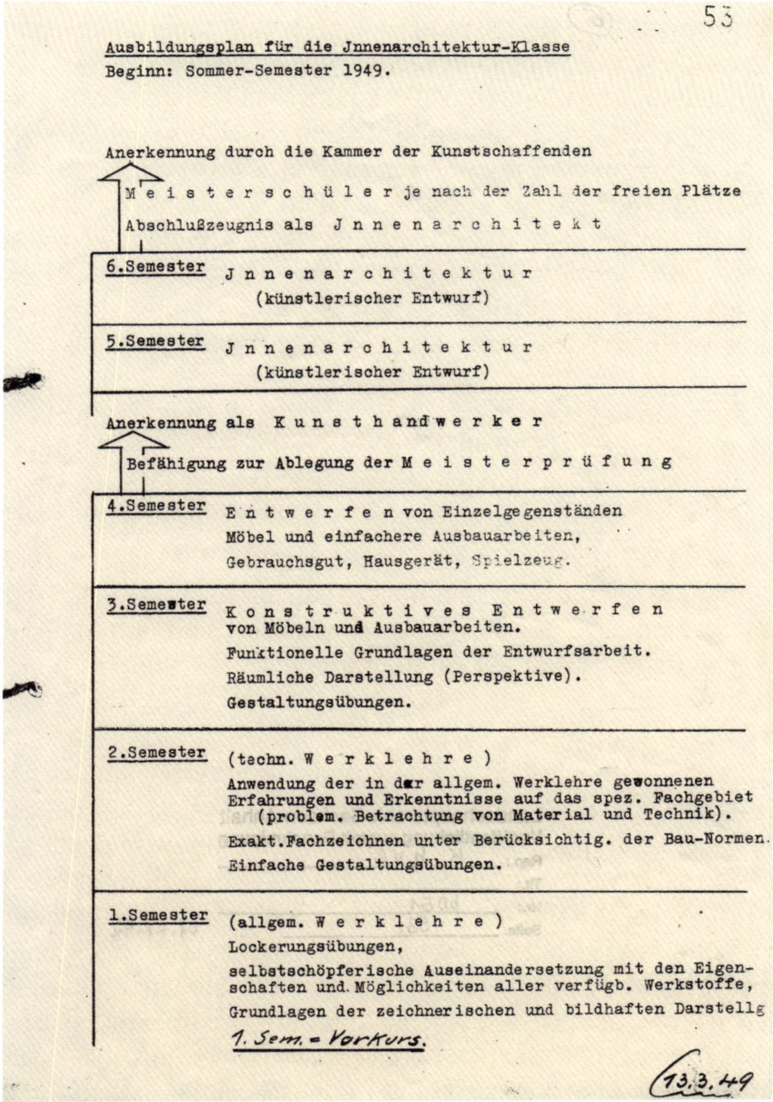

53

Ausbildungsplan für die Jnnenarchitektur-Klasse
Beginn: Sommer-Semester 1949.

Anerkennung durch die Kammer der Kunstschaffenden

M e i s t e r s c h ü l e r je nach der Zahl der freien Plätze

Abschlußzeugnis als J n n e n a r c h i t e k t

6.Semester J n n e n a r c h i t e k t u r
(künstlerischer Entwurf)

5.Semester J n n e n a r c h i t e k t u r
(künstlerischer Entwurf)

Anerkennung als K u n s t h a n d w e r k e r

Befähigung zur Ablegung der M e i s t e r p r ü f u n g

4.Semester E n t w e r f e n von Einzelgegenständen
Möbel und einfachere Ausbauarbeiten,
Gebrauchsgut, Hausgerät, Spielzeug.

3.Semester K o n s t r u k t i v e s E n t w e r f e n von Möbeln und Ausbauarbeiten.
Funktionelle Grundlagen der Entwurfsarbeit.
Räumliche Darstellung (Perspektive).
Gestaltungsübungen.

2.Semester (techn. W e r k l e h r e)
Anwendung der in der allgem. Werklehre gewonnenen Erfahrungen und Erkenntnisse auf das spez. Fachgebiet (problem. Betrachtung von Material und Technik).
Exakt.Fachzeichnen unter Berücksichtig. der Bau-Normen.
Einfache Gestaltungsübungen.

1.Semester (allgem. W e r k l e h r e)
Lockerungsübungen,
selbstschöpferische Auseinandersetzung mit den Eigenschaften und Möglichkeiten aller verfügb. Werkstoffe,
Grundlagen der zeichnerischen und bildhaften Darstellg
1. Sem. = Vorkurs.

13.3.49

Abb. 74
Dienstausweis Friedrich Engemanns an der Burg, 1953

Abb. 75
Ausbildungsplan für die Innenarchitektur-Klasse, 1949

Gremien mit. 1954 wurde er in den künstlerischen Beirat des Ministeriums für Leichtindustrie und den der Deutschen Bauakademie berufen. Er gehörte seit dieser Zeit mehreren zentralen Fachkommissionen von Industriebetrieben und des Handels an. 1962 erfolgte seine Wahl zum Vorsitzenden des Rates für Industrieform beim Ministerium für Kultur.

Nach dem von Engemann im März 1949 aufgestellten Ausbildungsplan für die Innenarchitekturklasse sollte der Unterricht offiziell im Sommersemester des gleichen Jahres beginnen.[266] Der Ansturm war groß: vierzehn eingeschriebene Studierende im Vergleich zu sieben in der Architekturklasse. Die Suche nach einer tragfähigen Konzeption für die gesamte Schule, die seit Hopps Ausscheiden unter der Direktion des ebenfalls vom Bauhaus kommenden Walter Funkat (1906–2006) stand,[267] hatte auch Auswirkungen auf die Entwicklung der Abteilung Architektur, Innenraum- und Möbelgestaltung. 1950 schloss Engemann die Klassen für Architektur und Innenarchitektur zum Fachseminar Bau- und Raumgestaltung zusammen. Aus der Tischlerei entstand in Anlehnung an die Bauhauswerkstätten, die Gropius einst als „Laboratorien" bezeichnet hatte, eine Versuchs- und Entwicklungswerkstatt. Sie ermöglichte nicht nur die praktische Ergänzung zu den theoretischen Lehrfächern, sondern hier ging es auch um konstruktive und Materialexperimente sowie um die Entwicklung von Modellen für die Serienherstellung.

Schon Anfang der 1950er Jahre versuchte Engemann Kontakte zwischen Hochschule und Möbelindustrie zu knüpfen. Es ging ihm nicht nur darum, eigene Entwürfe in die Produktion zu überführen, sondern er erhoffte sich in Gesprächen und Diskussionen eine gegenseitige Befruchtung und wünschte schon frühzeitig auf die künstlerische Ausbildung der Lehrlinge in den Betrieben Einfluss zu nehmen, um die Begabtesten später als Student*innen an die Burg zu übernehmen.

Engemanns Bestreben war dennoch vorrangig auf die Erneuerung der Architektur gerichtet. Er erkannte, dass die neuen technischen Möglichkeiten, Materialien, Verfahren und industriellen Baumethoden nicht ohne Einfluss auf die Form bleiben würden. Die 1948 einsetzende und sich zwei Jahre später verschärfende Debatte um den „Formalismus" in der Kunst zwang auch Friedrich Engemann zu einer Stellungnahme.[268] So warnte er davor, dass die „berechtigte Ablehnung des Konstruktivismus und des Funktionalismus als Erscheinungsformen des Formalismus in der Baugestaltung […] nicht dazu

266 Landesarchiv Sachsen-Anhalt, Rep. K MVb, Nr. 6051, Bl. 53.

267 Vgl. Ute Brüning / Angela Dolgner, Walter Funkat. Vom Bauhaus zur Burg Giebichenstein, Dessau 1996.

268 Zu den Auswirkungen des „Formalismus-Realismus"-Streites an der Kunstschule Burg Giebichenstein siehe auch Angela Dolgner, „Fauler Abfall des Kurfürstendammes". Repressalien an der Kunstschule Burg Giebichenstein in Halle (Saale) während der 1950er Jahre, in: Benjamin Schröder / Jochen Staadt (Hg.), Unter Hammer und Zirkel. Repressionen, Opposition und Widerstand an den Hochschulen der SBZ / DDR, Berlin 2011, S. 141–156.

BILD BZ

JLLUSTRIERTE BEILAGE DER BERLINER ZEITUNG - 7. JAHRGANG - NR. 23
8. JUNI 1952

Wie sollen
unsere Möbel aussehen?

Über Entwürfe von elf Architektenkollektivs wurde am 27. und 28. Mai in Berlin beraten. Hier erklärt (von links) Prof. Stampfer seinen Kollegen, den Professoren Engemann, Michel und Mart Stam, wie er sich die Wirkung der Profile eines Schrankes gedacht hat. (Einige dieser Vorschläge stellen wir heute auf den Innenseiten zur Diskussion)

Aufnahme: Horst E. Schulze

Abb. 76
In professoraler Runde: Friedrich Engemann (2. v. l.) im Gespräch mit Anton Alfred Stampfer (l., 1898–?), Horst Michel (2. v. r.) und Mart Stam (r.), Titelblatt der „Bild BZ" (Illustrierte Beilage der „Berliner Zeitung"), 8.6.1952

führen" dürfe, „die sachlichen Belange des Bauens, das Wissen um die wirtschaftlichen und materiellen Bedingungen, die Beherrschung der technischen und konstruktiven Möglichkeiten und die Notwendigkeit des Ringens um die optimale Erfüllung der funktionellen Forderungen zu unterschätzen". Es gehe „im Kampf um eine neue Architektur nicht um das eine oder andere, nicht um Bautechnik oder Baukunst, es geht um beides, wobei die Technik das Mittel, die Baukunst aber das Ziel unserer Bemühungen sein muß".[269]

Engemann orientierte gemäß den Traditionen der 1920er Jahre unter Paul Thiersch auf die Ausbildung „am großen Bau", am Zusammenwirken der verschiedensten Fachgebiete: „Eine neue Gemeinschaft am Bau muß zustande kommen, die Architekten, Konstrukteure, Ökonomen und Werkkünstler umfaßt. Und wenn wir im Kunsthandwerk die Vertreter gesteigerter handwerklicher Qualität und die Bewahrer und Pfleger der schöpferischen Leistungen sehen dürfen, dann sind sie auch in ihrer schöpferischen Möglichkeit auf dem breiten Experimentierfeld der Verwendung und der anspruchsvollen künstlerischen Formung neuer Werkstoffe in der neuen Gemeinschaft am Bau unentbehrlich! [...] In dem beginnenden neuen Zusammenwirken von Architektur und industrieller Formgestaltung bahnt sich die Entwicklung neuer Formen der künstlerischen Gestaltung an".[270] Doch auch die freien Künstler wollte Engemann bei der Bewältigung des angestrebten Gemeinschaftswerkes nicht ausgeschlossen wissen: „Der Architekt muß wieder lernen, den Künstler von Anfang an in die Planungsarbeit einzubeziehen. Nicht nur den Maler und Plastiker, sondern auch den Vertreter der angewandten Künste, den Keramiker, den Wandgestalter (Putzschnitt, Mosaik, Stuck), den Textilkünstler, den Metallformer, den Möbelgestalter, den Kunstschmied u. a."[271]

Engemanns Pläne, die Architekturausbildung vor allem auf den Hochbau zu konzentrieren, blieb vorerst eine Illusion.[272] Städtebau als Lehrfach war nur noch für 1950 auf dem Stundenplan zu finden. Die Tagung der Kunsthochschuldozenten und Kunsterzieher in Klein-Machnow im Mai 1949 hatte strukturelle und konzeptionelle Einschränkungen an allen Kunsthochschulen beschlossen, die auch das Ausbildungsprofil an der Burg beeinflussen sollten. Die Architektur, Grafik und Malerei gehörten nicht mehr zum Ausbildungsprofil. Das Ministerium forderte für Halle, die Ausbildung künftig allein auf die Werkkunst zu orientieren und die Studierenden der Malerei, Grafik und Architektur an die entsprechenden Hochschulen in Dresden, Leipzig und Weimar zu verweisen.[273]

269 Friedrich Engemann / Walter Funkat, Am Anfang einer Wende in der Architektur, in: Freiheit, 6.8.1955, Nr. 182, S. 6.

270 Interview der LDZ mit Friedrich Engemann, in: Liberal-Demokratische Zeitung, Oktober 1966.

271 Friedrich Engemann / Walter Funkat, Am Anfang einer Wende in der Architektur, in: Freiheit, 6.8.1955, Nr. 182, S. 6.

272 Erst nach 1958 sollte der Hochbau wieder eine größere Rolle in der Ausbildung spielen. Siehe dazu auch Dolgner, Architektur an der Burg.

Dass insgesamt nur wenige Burg-Student*innen dieser Forderung Folge leisteten – in der Architektur und Raumausstattung sind allerdings prozentual die meisten Austritte zu verzeichnen – und das breite Ausbildungsspektrum für die Burg erhalten blieb, ist wohl wesentlich dem damaligen Direktor Walter Funkat und seinem Stellvertreter Friedrich Engemann zu danken. Wie schon Mies van der Rohe wusste auch Funkat Engemanns pädagogische Fähigkeiten und besonders sein Organisationstalent zu schätzen. Er fand in ihm über viele Jahre seiner Amtszeit einen energischen Mitstreiter. Als brillanten Rhetoriker von stattlicher Erscheinung und mit entsprechendem Verhandlungsgeschick schickte Funkat seinen Stellvertreter gern „an die Front".

Als angewandte Bereiche deklariert, existierten die Malerei, die Grafik und ebenso die Plastik als Ausbildungsdisziplinen weiter. Die Architekturausbildung wurde in der Abteilung Raumgestaltung, später Bau- und Raumgestaltung, fortgesetzt. Zwischen 1950 und 1952 verließen dennoch 25 unter der Rubrik Architektur und Raumgestaltung eingeschriebene Student*innen die hallesche Kunstschule. Einige wenige hatten bereits vier Studienjahre absolviert oder als Lehrlinge die Gesellenprüfung abgelegt. Sechs wechselten nach Dresden und Weimar. Andere verließen die Burg in Richtung Westen, denn sie wollten sich dem durch die Regierung der DDR ausgeübten politischen Druck, der auf der als ein Zentrum des Formalismus abgestempelten Burg[274] lastete, nicht länger stellen. Ihre Entscheidung wurde letztlich auch dadurch bestärkt, dass noch nicht endgültig geklärt war, welchen Studienabschluss die Absolvent*innen der Burg tatsächlich erlangen konnten. In der Gesamteinschätzung der Überprüfung der Burg durch die Staatliche Kommission für Kunstangelegenheiten vom Dezember 1952 wurde der Abteilung Raumgestaltung einerseits attestiert, „zur Zeit Hochschulcharakter" zu besitzen, andererseits aber gefordert, diese „strukturell in eine Fachschulabteilung umzuwandeln".[275]

Doch die Ausbildung konsolidierte sich. Die Studienzeit betrug bis 1953, dem Jahr, in dem die ersten Architekturdiplome vergeben wurden, drei bis vier Jahre. 1954 erhöhte sich die Studienzeit auf vier, später fünf Jahre.[276] Neben der künstlerischen Ausbildung, der Entwurfs- und Funktionslehre, dem Hochbau, Landwirtschaftsbau und der Dorfplanung sah das Lehrprogramm auch den Unterricht in Baukonstruktion, Technischer Mechanik, Baustofflehre, Technischer Gebäudeausrüstung und anderen technischen Grundlagenfächern vor. Ganz ähnlich gelagert war die Ausbildung im Fachseminar

273
Lehrerkonferenzen, Protokoll der Beratung vom 2.4.1951, Burg-Archiv, A 2.4,7. Siehe auch Katharina Heider, Vom Kunstgewerbe zum Industriedesign, Weimar 2010, S. 122f.

274
Siehe Dolgner, „Fauler Abfall des Kurfürstendammes".

275
Protokoll vom 19.12.1952, S. 7, Burg-Archiv, A 2.7, 11.

276
Studienprogramme, Burg-Archiv, S 1.11, 55; S 1.11, 70; S 1.11, 211 und 213.

Abb. 77
Friedrich Engemann (l.) und Joachim Skerl (1959/60 Aspirant, 1960–1966 Assistent bzw. Oberassistent) diskutieren über die Pläne für das Konsum-Einrichtungshaus Dessau (Diplomarbeit von Georg Wüstholz aus dem Jahr 1959, Ausführungsplanung Engemann, Skerl, Wüstholz), 1959/60, nicht ausgeführt.

Raumgestaltung, doch konzentrierte sich diese vorrangig auf die Bewältigung des Innenraumes.[277] Dabei sollte der fachlich vorgebildete Studierende in der ersten Hälfte seines Studiums mit den wissenschaftlich-künstlerischen und ökonomisch-technischen Voraussetzungen seiner späteren Arbeit bekannt gemacht werden. Der zweite Ausbildungsabschnitt galt der Auseinandersetzung mit den Problemen der künstlerischen Gestaltung.

Für die Ausbildung in architektonischer Entwurfslehre und Tektonik hatte Engemann seit 1950 Baurat Alfred Müller (1904–1987) aus Dessau hinzugezogen. Weitere Lehraufträge wurden für die technischen Grundlagenfächer vergeben. Die unterschiedlichen Werkstätten der Burg (neben der Tischlerei, Weberei und Töpferei existierten die Metall-, Email-, Buchbinder-, Grafik- und Bildhauer-Werkstatt) boten den Studierenden Gelegenheiten einer fachlichen Ergänzung. Engemann, dem der Werkstattgedanke vom Bauhaus her nicht fremd war, ermutigte seine Student*innen, alle diese Möglichkeiten zu nutzen.

Bei den Themen für Studienarbeiten dominierten Kultur- und Sozialbauten. Wohnungsbau stand weniger im Mittelpunkt. Vorschläge für einzelne Aufgaben kamen zum Teil von den Studierenden selbst, wurden mit Engemann besprochen und zumeist von ihm akzeptiert.[278] Oft bearbeitete jede Person eine andere Aufgabe. Die Auswertung fand gemeinsam statt, und Engemann entwickelte bei der Korrektur das begonnene Projekt oft theoretisch weiter.[279]

Engemann brachte viele Anregungen und Gedanken aus dem Bauhaus in die Lehre ein. Studierende, die schon unter Hopp begonnen hatten, empfanden diese Orientierung als wesentliche Bereicherung. Das Thema „Architektur und Bauen" sei plötzlich aus einer ganz anderen Sicht betrachtet worden.[280] „In abendlichen Kolloquien mit Prof. Engemann wurde viel über Neues Bauen und Gestalten diskutiert", obwohl in dieser Zeit das Bauhaus absolutes Tabu war und den Studierenden offiziell nicht gestattet gewesen sei, moderne Architekturbücher zu lesen. So erinnert sich sein ehemaliger Schüler Peter Hüttel von Heidenfeld an die 1950er Jahre. Engemann sei es darum gegangen, „eine Gestaltungs- und Formensprache zu finden, die auf der Basis eines klassizistisch sachlichen Kulturerbes beginnend, zu einer Weiterentwicklung mit betont würdevoll menschlichem Maßstab zu einem Neuen Bauen als Ausdruck einer künftigen sozialis-

277
Informationsblatt des Institutes für angewandte Künste, 1950, Burg-Archiv, S 1.11, 212; Lehrprogramme und Schulstrukturen, Burg-Archiv A 2.7, 20; Stundenpläne, Burg-Archiv, A 3.1.1, 87.

278
Gespräche der Autorin mit Dieter Wagenknecht (1926–?, Student bei Engemann 1949–1951) am 20.5.1998 und Peter Hüttel von Heidenfeld (1931–2022, Student bei Engemann 1950–1957) am 17.6.1998.

279
Gespräch der Autorin mit Irmhild Göbner (1951–1961 Assistentin von Engemann; Fachschulabschluss in Erfurt, 1956–1957 als Studentin an der Burg eingeschrieben, 1957 Diplom) am 16.10.1992, Tonbandprotokoll.

280
Gespräch der Autorin mit Klaus Boas (1928–2015, Student bei Engemann 1948–1952) am 21.2.1992, Tonbandprotokoll.

tischen Gesellschaft gestaltet werden sollte".[281] Engemann strebte an – so seine, die Widersprüche der 1950er Jahre überspielende Aussage –, jenen Typ eines Architekten auszubilden, „der über die Voraussetzungen des Bauens hinaus breite Gebiete der angewandten Kunst beherrscht und es zugleich versteht, unser kulturelles Erbe mit der modernen Bautechnik zu verbinden. Die neue deutsche Architektur soll wieder reicher und lebendiger werden, um die ästhetischen Bedürfnisse der Menschen zu erfüllen."[282] Für Engemann spielten noch bis zu seinem Lebensende die Erfahrungen aus seiner Bauhauszeit eine wesentliche Rolle, proklamierte er doch immer wieder den „schöpferischen Kern der Bauhaus-Idee".[283]

Nach der Verleihung des Hochschulstatus im Jahr 1958 änderte sich die Bezeichnung für den Architekturbereich mehrfach: 1961 Architektur und Ausbaugestaltung, 1963 Bau- und Ausbaugestaltung, 1965 Bau und Raum. Die allgemeinere Bezeichnung „Bau und Raum" stellte den Versuch dar, den veränderten Anforderungen Rechnung zu tragen. Die Ausbildung wurde praxisbezogener. Immer deutlicher zeigte sich die wachsende gesellschaftliche Notwendigkeit, mit den Mitteln industrieller Produktion die gegenständliche Umwelt des Menschen kulturvoll zu gestalten. Die zunehmende Komplexität der Gestaltungsthemen bedingte als Prinzip die Gemeinschaftsarbeit mit anderen Fachbereichen und Sektionen.

Das Schwergewicht der Abteilung Bau und Raum verlagerte sich in den 1960er Jahren mehr und mehr auf die Ausbildung von Gestalter*innen für den Innen- und Ausbau. In den Diplomarbeiten wurden neben dem Entwurf der Gebäudehüllen auch Möblierungspläne und Detailzeichnungen verlangt. Die stets praxisorientierte Aufgabenpalette reichte von der Restaurierung und Modernisierung historischer Gebäude über Gesellschafts- und Wohnbauten bis zu städtebaulichen Planungen. Ebenso gewann die Hinwendung zum industriellen Möbelbau an Bedeutung. Zeugnis davon legt unter anderem die Wohnungseinrichtung für die Ausstellung „neues leben – neues wohnen" im Muster- und Experimentalbau P2 in Berlin-Fennpfuhl ab. 1964 vergab Engemann erstmals ein Diplomthema, das ausschließlich die Entwicklung eines Wohnmöbelprogramms für moderne Fertigungstechnologien zum Inhalt hatte. Um den Erfordernissen der Industrie auf den Gebieten Möbel- und Ausbaugestaltung auch durch die Ausbildung voll entsprechen zu können, erfolgte 1966 unter der Leitung von Rudolf Horn die Gründung des Institutes für Möbel- und Ausbaugestaltung. Im Ergebnis der Beschlüsse

281
Erinnerungen von Peter Hüttel von Heidenfeld, Anlage zum Brief an die Autorin vom 15.5.1998.

282
Werkkunst der „Burg" in ganz Deutschland anerkannt, in: Mitteldeutsche Neueste Nachrichten, Nr. 59, 11.3.1954.

283
Friedrich Engemann, Vom schöpferischen Kern der Bauhaus-Idee, in: ars. Kunsthistorische Revue der Slovakischen Akademie der Wissenschaften 1969, H. 2, S. 118–123; ders., Das Bauhaus in Dessau (Aus einem Vortrag vor Vertretern des sowjetischen Verbandes bildender Künstler, Moskau 1969), in: Dessauer Kalender 1977, S. 4–14.

zur dritten Hochschulreform gingen aus diesem Institut 1970 der Fachbereich „Möbel- und Ausbaugestaltung“ sowie die Forschungs- und Entwicklungsgruppe der Sektion „Wohnen, Bildung und Erholung“ hervor.

Die Architekturausbildung trat in den 1960er Jahren mehr und mehr in den Hintergrund. Dies lag nicht nur in der Profiländerung der Hochschule und ihrer verstärkten Ausrichtung auf die technische Formgestaltung begründet, sondern vor allem auch in den immer komplexeren Anforderungen an die Architekturausbildung. Die Vermittlung der stetig wachsenden umfangreichen Grundlagen technischer, konstruktiver, wirtschaftlicher, materieller und funktioneller Art konnte die Hochschule mit den ihr zur Verfügung stehenden Lehrkräften nicht mehr gewährleisten. Wie bereits Hans Wittwer, der 1929 vom Bauhaus an die Burg gewechselt war, für die Zeit um 1930 erkannt hatte, konnte sich die Ausbildung nun erst recht nicht mehr an einem einzigen Lehrer orientieren. Entsprechend der ministeriell festgelegten Studierendenzahlen wurden letztmals 1964 zehn Personen zum Direktstudium für Architektur immatrikuliert, die 1969 diplomierten.[284] Die Architekturausbildung im Direktstudium sollte fortan den Hochschulen in Weimar und Berlin sowie der Technischen Universität in Dresden vorbehalten bleiben.

Schon 1950 lobte der neue Burg-Direktor Walter Funkat Engemanns Vielseitigkeit, doch „seine Aspiration“ ginge „eindeutig in das Gebiet der Lehre und Forschung (Raumgestaltung, insbesondere industrielle Gestaltung und Fertigung)“.[285] Von seinen Student*innen wurde Engemann vor allem als Mensch, Manager und Leiter geschätzt.[286] Sie empfanden ihn als väterlichen Ratgeber, der den Vorgesetzten nie herauskehrte. Als Anfang der 1950er Jahre manche von ihnen die hallesche Schule in Richtung Westen verließen, war Engemann in einigen Fällen eingeweiht, ja gab überdies Ratschläge, wohin sie sich wenden sollten.[287] Joachim Skerl (geb. 1933), sein ehemaliger Student, Assistent und späterer Direktor der Fachschule für angewandte Kunst Heiligendamm, erinnerte sich 2008 an „den Kampf gegen Windmühlenflügel, denn weder die Realität noch die subjektiv kleinbürgerlichen Vorstellungen der Verantwortlichen, ließen eine Verwirklichung der Ziele zu“. Doch Engemann habe „trotz des Wissens um das Scheitern daran festgehalten“ und sei auch darin „seinen Studenten ein Vorbild“ gewesen.[288] Als planender und bauender Architekt trat Engemann in jenen Jahren wenig in Erscheinung.

284
Bereits 1963 erhielt die Burg zugunsten von Berlin-Weißensee kein Zulassungskontingent für die Architektur. Siehe undatiertes Schreiben, Burg-Archiv, 2.2, 11.

285
Beurteilung von Walter Funkat, undatiert (1950), Burg-Archiv, B 1, 22 (Personalakte Friedrich Engemann).

286
Mündliche Auskunft im Telefonat der Autorin mit Dieter Schaller (Student bei Engemann 1959–1964) am 3.7.1998.

287
Gespräch der Autorin mit Dieter Wagenknecht am 20.5.1998.

288
Schreiben Joachim Skerls vom Juni 2008 an die Autorin.

Abb. 78
Friedrich Engemann (3. v. l.) in Diskussion mit Studierenden vor dem Modell zum Wettbewerb der Marktplatzbebauung Weimar, Semesterarbeit von Horst Brühmann (l.) und Uwe Graul (3. v. r.). Modell für eine Hochschulerweiterung, Diplomarbeit von Bernd Czysch (2. v. r.), 1966

Ergebnisse

Das Neubauvolumen der ersten Nachkriegsjahre bis 1951 war durch die ökonomische Lage stark begrenzt. Die im Krieg zerstörten Städte und der dringend erforderliche Neuaufbau boten den angehenden Architekten jedoch eine Fülle von Themen, die es zunächst theoretisch zu bewältigen galt. Von Engemann sind Pläne für ein viergeschossiges Hotel für den Freien Deutschen Gewerkschaftsbund (FDGB, 1948) und einen Fabrikbau aus dem Jahr 1949 überliefert.[289] Seine Student*innen beteiligten sich in der Anfangszeit – ebenso wie die Architekturstudent*innen von Hopp vor 1949 – an mehreren Wettbewerben,[290] Ausstellungen und Ausbauvorhaben wie zum Beispiel von Kulturräumen. Praktische Umsetzungen geplanter Architekturen waren Engemann, der ohnehin mehr ein Theoretiker war, und seinen Studierenden selten vergönnt. Pläne und Zeichnungen aus der Zeit vor 1960 haben sich allerdings kaum erhalten. Überlieferte Fotografien dokumentieren vorrangig Möbelentwürfe.

1946 hatte Hubert Hoffmann im Zusammenhang mit der Wiederbelebung des Bauhauses und der Gründung der „Planungsgemeinschaft Bauhaus" auf einen „geradezu unwahrscheinlichen Mangel" an einfachsten Möbeln und Geräten aufmerksam gemacht.[291] Die Orientierung auf Gegenstände des täglichen Gebrauchs war nach dem Krieg eine zwingende Notwendigkeit. So erscheint es als selbstverständlich, dass sich Engemann mit seinen Studierenden dieser Aufgabe stellte. Die großindustrielle Fertigung von Massenbedarfsartikeln war zusammengebrochen. In den ersten Jahren nach dem Krieg dominierten wieder Handwerk und Kleinindustrie. Zu den von der Burg gefertigten und dringend benötigten einfachen „Volksmöbel[n]" zählte beispielsweise ein sogenannter Umsiedlerschrank mit variablem Zwischenbodensystem. Eine Gruppe beschäftigte sich mit Sesseln

289 Sammlung SBD, I 8575 G und I 8572 G–I 8574 G.

290 Lehrerkonferenz, Protokoll der Beratung vom 7.2.1949: Architekturklasse beteiligte sich an Wettbewerben für ein Schulgebäude in Artern, die Bodetalsperre und eine Leichenhalle in Halle-Kröllwitz, Burg-Archiv, A 2.4,7.

291 Brief von Hubert Hoffmann an Walter Gropius vom 12.10.1946, zitiert nach Simon, Der Versuch der Wiedereröffnung, S. 21.

und Stühlen, „die bei sparsamstem Materialverbrauch formschön sind und eine gesunde und natürliche Sitzhaltung ermöglichen“.[292] Erste Verträge mit Möbelfabriken wurden abgeschlossen, und so kam man zugleich den politischen Forderungen nach.

Zu den ersten praxisbezogenen Aufgaben zählte die künstlerische Ausgestaltung von Kulturräumen der Maschinen- und Ausleihstationen (MAS), unter anderem in Martinskirchen, Mark Zwuschen, Groß-Lübars, Königsborn und 1951 in Langenbogen bei Eisleben (Möbel, Beleuchtung, Wandschmuck),[293] sowie das MAS-Kulturhaus der Lokomotiv-und-Waggonbau-Werke (LOWA) in Görlitz (um 1952). Oft waren mehrere Fachbereiche beteiligt. Von halleschen Institutionen wurde Engemann für verschiedene Neugestaltungen von Innenräumen hinzugezogen, so 1950 für die Aula der Friedrich-Engels-Schule. 1951/52 leiteten er und sein Malerkollege Erwin Hahs (1887 – 1970) die Umgestaltung der Universitätsaula, wo sie durch ein neues Farbkonzept den ursprünglichen klassizistischen Raumcharakter wieder stärker zum Tragen brachten, Zutaten des späten 19. Jahrhunderts entfernten und zeitgemäße Elemente hinzufügten, wie zum Beispiel Bestuhlung und Beleuchtungskörper. Bedauerlich ist jedoch der Verlust des historischen Mobiliars.[294] Auch die Einrichtung des Festsaals der Pädagogischen Hochschule (1954/55) geht auf Vorschläge Engemanns zurück.

Einige Aufträge erhielt die Burg durch die Deutsche Bauakademie, offensichtlich durch die Vermittlung von Hopp, der zu ihren Gründungsmitgliedern gehörte. Hierzu zählen die Einrichtung einer Wohnung im Hochhaus an der Weberwiese in Berlin,[295] das 1951/52 nach Plänen des Kollektivs Hermann Henselmann (1905 – 1995) gebaut worden war, einer zweiten Musterwohnung im Rahmen des Nationalen Aufbauprogramms für die Leipziger Herbstmesse 1952[296] und Ladenausbauten in der Berliner Stalinallee (1952/53). Mit Entwürfen für eine Schlafzimmereinrichtung beteiligte sich Engemann zudem an der Ausstellung im Haus Berolina am Strausberger Platz.[297]

Im Bereich der Innenarchitektur zeitigte die Formalismusdebatte bis etwa 1954 Wirkungen. Der verordneten produktiven Aneignung des Ornaments konnte sich auch Engemann nicht völlig entziehen; ein Kinderzimmerschrank erhielt eine dezente Bemalung, auch ein runder Tisch mit Intarsie ist überliefert. Anbau- und Baukastenmöbel, alle sogenannten Additionsmöbel schlechthin, böten den Benutzer*innen

292
Freiheit, Nr. 282, 4.12.1951.

293
Der neue Weg, Nr. 45, 22.2.1952.

294
Vgl. Angela Dolgner, Das Universitätshauptgebäude in Halle als Objekt gestalterischer und denkmalpflegerischer Maßnahmen, in: Wiss. Zeitschrift Univ. Halle XXXX'91 G, H. 3, S. 124; dies.: Erwin Hahs. Das künstlerische Werk, Halle 2022, S. 113, 306.

295
Rahmenbedingung für die Einrichtungsentwürfe war die Ausstattung mit Industriemöbeln.

296
Bild BZ, Illustrierte der Berliner Zeitung, 7/1952, Nr. 23, 8.6.1952.

297
Holz und Wohnraum, 1/1953, H. 4, S. 106.

zu viel Individualität, wodurch der Ideengehalt uneindeutig würde und sich der gesellschaftlichen Kontrolle entzöge. Die postulierte Erziehungsfunktion der Kunst würde somit nicht gewährleistet, eine volksfremde Industrieästhetik würde nichts zur Lebensfreude beitragen. Als Leitbild dienten die „Nationalen Traditionen", verkörpert durch die Berliner Stalinallee und ihre Abwandlungen in anderen Aufbaustädten. Unter stetigem Druck durch die SED und vermittelt über Presse und Administration – aber nicht ohne kritische Einwürfe wie die von Kurt Junghanns (1908–2006) – verständigten sich die Formgestalter auf eine Hinwendung zum nationalen Kulturerbe.[298]

Trotz dieser Entwicklung und obwohl er den Kurs nicht rückwärts zur sogenannten Avantgarde führen wollte, bemühte sich Engemann in Anlehnung an die Bugholzmöbel der 1920er Jahre um ein neues Modell für die Serie, das gleichzeitig der gegebenen Materialsituation Rechnung zu tragen hatte. Stühle aus gebogenem Buchenholzfurnier – die geformten Teile wurden miteinander verschraubt – erhielten aus PVC-Plastikbahnen geflochtene Sitze (1950 oder 1951) und textile Aufleger.[299] Weitere Modelle in der Biegeholztechnik folgten.[300] Diese ersten Versuche mit Bugholzmöbeln wurden ebenso wie verschiedene Entwürfe für Kinderzimmermöbel, farbig lackierte Sperrholzmöbel und Lampen, Letztere gemeinsam mit der Metallwerkstatt entwickelt, auf der Leipziger Messe 1952 vorgestellt.

Engemann zeigte sich hinsichtlich der Entwicklung neuer Formen nicht als Radikalist. Die Veränderungen und Wandlungen der Formen sah er als Prozess, der weder von einem Tag zum anderen realisierbar sei, noch allein auf der Basis technischer Neuerungen erfolge. Die Formen „sind im Laufe einer jahrhundertelangen lebendigen Wechselbeziehung zwischen dem Menschen und seiner Umwelt gewachsen und geworden. In den Entwicklungsetappen unserer Wohnungsgestaltung manifestieren sich Lebensgefühl und Zeitempfinden ganzer Generationen. Mit der Entwicklung einer neuen, unserer Zeit und ihren Menschen eigenen Lebensform werden sich aus dem überkommenen Erbe heraus unter der Einwirkung der unser Leben bestimmenden Faktoren auch neue, uns eigene Möbelformen entwickeln."[301] Die künstlerische Verantwortung sah Engemann bei den Architekten. Die bestimmenden Faktoren sollten in den folgenden Jahren aber vorzugsweise durch die SED vorgegeben werden. Und so räumte Engemann zumindest ein: „Jede Architektur ist abhängig von der Ideologie ihrer Auftraggeber. Sie

298
Vgl. Heinz Hirdina, Gestalten für die Serie in der DDR 1945–1985, Dresden 1988, S. 46–49.

299
Eine Fabrik in Görlitz wollte das Modell in Serie produzieren, was wohl nicht geschah. Aber zumindest eine Kleinserie für die Ausstattung von Kulturräumen (bisher nicht lokalisiert) lässt sich nachweisen. SBD, Inv-Nr: I 46968–I 46970.

300
Protokoll zum Gespräch der Autorin mit Gunda Orf (geb. Krüger, verh. Rüprich, 1923–2018), Burg-Studentin 1947–1948 (Grafik), 1951–1953 (Raumgestaltung), nach eigener Aussage dazwischen Assistentin bei Engemann (April–Oktober 1951), am 12.6.1992. Die Datierung solcher Möbel wird in der Literatur unterschiedlich angegeben: zwischen 1950 und 1955. Siehe aber auch Freiheit, Nr. 282, 4.12.1951.

301
Möbel aus „Glas", in: Holz und Wohnraum, 1. Jg., 1953, Nr. 4, S. 115.

Abb. 79
Friedrich Engemann, Korbsessel, um 1951, schichtverleimte Robinie und Peddigrohrgeflecht, Messingbeschläge, H 74,5 cm, B 68 cm, T 192 cm

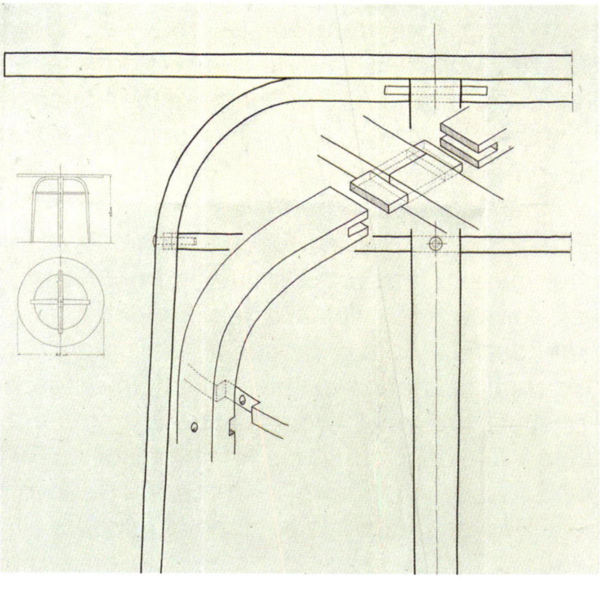

Abb. 80
Friedrich Engemann, Tisch mit Biegeholzkonstruktion, Entwurfszeichnung für ein Industriemodell, um 1952, Tusche auf Papier, 83,8 × 75 cm

Abb. 81
Friedrich Engemann, Bugholzmöbel, Sessel mit Plastgeflecht und textilem Aufleger, runder Tisch, um 1955

Abb. 82
Friedrich Engemann, Bugholzsessel mit Plastgeflecht, Konstruktionselemente, um 1955

wird in der Zeit baukünstlerischer Hochleistung zum Symbol, zum gegenständlichen Ausdruck dieser Ideologie und ihres gesellschaftlichen Anspruchs."[302]

Eben diese ideologische Prämisse dokumentiert das erste städtebauliche Großprojekt im Sinn der kanonisierten Nationalen Traditionen: der 1952 begonnene Ausbau der Stalinallee, an dem sechs Architektenkollektive unter der jeweiligen Leitung von Hanns Hopp, Hermann Henselmann, Richard Paulick (1903–1979), Egon Hartmann (1919–2009), Kurt Walter Leucht (1913–2001) und Karl Souradny (1904–1973) beteiligt waren. Die Koordinierung der Einzelentwürfe oblag Richard Paulick, Leiter der Meisterwerkstatt III der Deutschen Bauakademie und 1952 zum Sonderbeauftragten für das Nationale Aufbauprogramm Berlins ernannt. Der 80 bis 90 Meter breite Straßenzug mit Baumalleen, Grünanlagen und angrenzenden sieben- bis neungeschossigen Wohnblöcken sollte die im Krieg zerstörte Mietskasernenbebauung ersetzen. Diese Magistrale zwischen Straußberger Platz und Frankfurter Allee säumte eine repräsentative, plastisch stark differenzierte Randbebauung mit gehobenem Wohnstandard, deren Gestaltungselemente sich sowohl an der klassizistischen Wohnhausarchitektur Berlins orientierten als auch auf identitätsstiftende Weise Motive hochrangiger Bauten vom Brandenburger Tor bis zum Gendarmenmarkt einbezogen. Die Erdgeschosszone des Straßenzuges hatte Geschäfte, Restaurants, Büros und andere Versorgungsräume aufzunehmen. Bis zum 1. Mai 1953 sollten für den 1,7 Kilometer langen ersten Bauabschnitt 82 Läden fertiggestellt werden.[303] Die Burg erhielt den Auftrag, in kürzester Zeit Entwürfe für mehr als zwanzig Ladeneinrichtungen zu konzipieren. Die Grundrisse und die Funktionen (Bäcker, Bekleidung, Eisdiele, Fischladen, Herrenartikel, Lebensmittel, Milchladen, Reformgeschäft, Schuhgeschäft, Uhren- und Schmuckgeschäft u.v.m.) waren vorgegeben. Die Ausführungsplanungen erfolgten 1953 in den in der Hannoverschen Straße in Berlin gelegenen Räumen der Bauakademie.

Zu Engemanns Arbeitsstab gehörten zeitweise mehrere Studenten,[304] seine Assistentin Irmhild Göbner (geb. Fuchs, 1927–?), die theoretische und organisatorische Aufgaben übernahm, sowie zwei hinzugeladene Architekten, Max Schlemmer (1903–1978) aus Halle und Otto Gaudig (1909–1991) aus Merseburg.[305] Wie viele Läden tatsächlich durch die Burg projektiert und letztlich nach deren Entwürfen auch fertiggestellt wurden, ließ sich nicht ermitteln.[306] Fotos sind nur für die künstlerische Ausgestaltung durch die Malklasse

302
Friedrich Engemann, Architektur und Formgestaltung, in: Institut für angewandte Kunst (Hg.), Lehrgang Formgebung der VVB–EBM an der Hochschule für bildende und angewandte Kunst Berlin-Weißensee, Berlin 1959, S. 142.

303
Die Deutsche Bauakademie, die HO und ihre Ladenausbauten in der Stalinallee, in: Neues Deutschland, 13.6.1953. Nach Herbert Nicolaus/Alexander Obeth, Die Stalinallee, Berlin 1997, S. 244, waren es 97 geplante Läden.

304
Dies waren Herbert Gebhardt (1923–1985), Peter Hüttel von Heidenfeld, Arthur Jungbluth (1920–1981) und Albrecht Müller (1929–?). Brief von Peter Hüttel von Heidenfeld vom 16.11.1998 an die Aurorin. Nach Angaben von Irmhild Göbner waren außerdem Klaus Boas (1928–?) und Gunda Rüprich beteiligt. Gespräch der Autorin mit Irmhild Göbner, Tonbandprotokoll vom 16.10.1992.

305
Gespräch der Autorin mit Irmhild Göbner, Tonbandprotokoll vom 16.10.1992.

306
Mitte Dezember 1952 stellte die Burg erste Rechnungen für künstlerische Arbeiten für Fischhalle, Eisdiele, Wildladen, Reformwaren, HO Lebensmittel/Süßwaren. Vgl. Burg-Archiv, A 2.7, 5. Die meisten Ausbauaufträge wurden aber durch die Bauakademie an externe Firmen vergeben.

Abb. 83
Schachraum und Veranstaltungsraum mit Bugholzmöbeln, nach 1952 (Ort nicht identifiziert)

Abb. 84
Friedrich Engemann (Entwurf), Tisch (sog. „Kesselpaukentisch"), 1952/54, Rotbuche, gebogenes Schichtholz, Tischplatte mit Intarsie, 67 × 90 cm

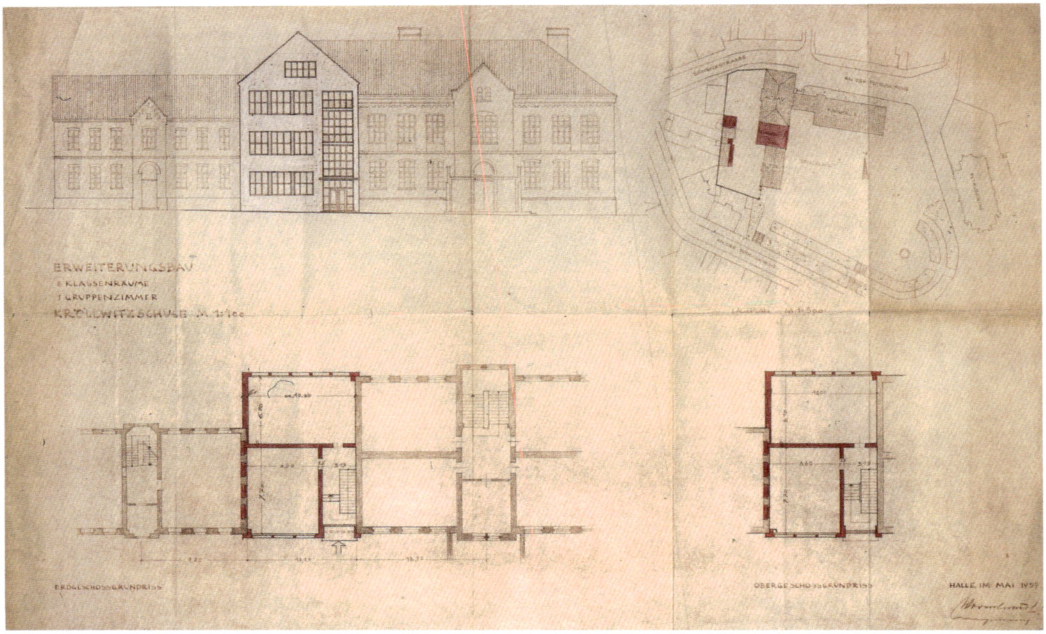

Abb. 85
Friedrich Engemann, Kröllwitzschule Halle, Erweiterungsbau, Entwurfszeichnung, Lichtpause, Buntstift, 39,5 × 51,1 cm, 1959

überliefert.[307] Einzig ein von Friedrich Engemann entworfener runder Tisch mit einem Gestell aus gebogenem Schichtholz und mit Intarsien verzierter Tischplatte für den HO-Tabakladen hat sich als Ausstattungselement erhalten.[308]

Die meisten Läden, auch jene anderer Architektenkollektive wurden bis zum vorgegebenen Eröffnungstermin am 1. Mai 1953 nicht fertig. Deshalb übte die SED-Führung harte Kritik an der Bauakademie. Außerdem fand die Gestaltung der Mehrzahl der Geschäfte nicht die Zustimmung der Partei. Die Architekten hätten die Stalinallee nur als ein interessantes Experimentierfeld betrachtet, bis zuletzt probiert, verändert, verbessert. Die wenigsten Läden würden „der Vorstellung von Geschäften in der Straße, die den Namen Stalins trägt“, entsprechen – was immer man auch darunter verstanden haben mag.[309] Aber auch die Studierenden – und hier deutet sich eine, wie sich im Lauf des Jahrzehnts bestätigen sollte, eher der Moderne zugewandte Haltung der jüngeren Generation an – beurteilten die gesamte Anlage der Stalinallee aus einer anderen Perspektive kritisch: Sie empfanden sie „nicht als gültigen Ausdruck eines zukunftsorientierten sozialistischen Bauens“.[310]

307
Burg-Archiv, Fotosammlung; siehe auch Heider, Vom Kunstgewerbe, S. 124.

308
Siehe hierzu auch Dimitri Reibestein, Die Formalismusdebatte Ost und der Bauhäusler Friedrich Karl Engemann, Masterarbeit im Aufbaustudiengang design studies, Dessau/Halle 2013, S. 60.

309
Die Deutsche Bauakademie, die HO und ihre Ladenausbauten in der Stalinallee, in: Neues Deutschland, 13.6.1953.

310
Erinnerungen von Peter Hüttel von Heidenfeld, Anlage zum Brief an die Autorin vom 15.5.1998.

Abb. 86
Friedrich Engemann und Georg Wüstholz, Neuererzentrum in Halle, 1960 (inzwischen abgerissen)

Die Architekturabteilung befasste sich aber auch mit der räumlichen Erweiterung der eigenen Schule. Dafür lieferte Engemann in den 1950er Jahren verschiedene Projektstudien. Die Palette der Entwurfsvarianten reicht von der einfachen Baracke bis zur pavillonartigen Anlage. Als Standort hatte Engemann das der Burg gegenüberliegende Gelände an der Seebener Straße, unterhalb des Bartholomäusberges, vorgeschlagen, wo 1965/66 das sogenannte Weiße Haus als neues Domizil für die damalige Sektion „Gestaltung der Arbeitsumwelt und Arbeitsmittel" entstand.

Überliefert sind ebenso die Pläne für den Erweiterungsbau der Kröllwitzschule in Halle aus dem Jahr 1959. Gemeinsam mit seinem Absolventen Georg Wüstholz (1933–2014) projektierte Engemann ein sogenanntes Neuererzentrum,[311] das als Stahl-Glas-Konstruktion innerhalb von drei Wochen mithilfe von 30 Betrieben errichtet und am 1. Mai 1960 seiner Bestimmung übergeben wurde. Die Ausgestaltung der 24 Meter langen Ausstellungshalle mit Vortragsaal erfolgte durch den Lehrstuhl Grafik der halleschen Hochschule.[312]

311
Ein Neuerer war ein im sozialistischen Bewusstsein fortgeschrittener Werktätiger mit entsprechenden fachlichen Kenntnissen und Erfahrungen auf seinem Gebiet, der sich schöpferisch mit überholten und veralteten Arbeitsmethoden und Technologien auseinandersetzte. Ziel war es, immer mehr Werktätige und auch Jugendliche in die Entwicklung neuer Technologien, Verfahren, Methoden und Produkte einzubeziehen. Es wurde schließlich eine sogenannte Neuererbewegung ins Leben gerufen.

312
Modernes Neuererzentrum in Halle eröffnet, in: Freiheit vom 2.5.1960; Joachim Fitzermann, Ziele und Aufgaben der Hochschule für industrielle Formgestaltung, Halle, Burg Giebichenstein, in: Junge Kunst, 1961, H. 2, S. 45.

Der Wohnungsneubau der DDR wurde durch die Verwendung von Typenprojekten bestimmt. Jenseits der repräsentativen Zentrumsprojekte war dies von Anfang an so. Mit den nach Stalins Tod intensivierten Bemühungen um den industriellen Wohnungsbau und dem schrittweisen Wiedereinzug einer modernen Entwurfshaltung entstanden die ersten Typen für Wohnhäuser in Großblock- und Großtafelbauweise, Letztere landläufig auch „Platte" genannt. Um die Entwicklungsergebnisse nicht nur am Reißbrett zu präsentieren, beschloss man im Wohngebiet Fennpfuhl in Berlin-Lichtenberg die Errichtung eines Muster- und Experimentalbaus des Typs P2, gekennzeichnet durch eine relativ große Gebäudetiefe von zwölf Metern und die Innenlage von Treppenhaus, Küchen und Bädern. Die Übergabe dieses Versuchsbaus nach einem Projekt von Wilfried Stallknecht (1928–2019), Achim Felz (geb. 1933) und Herbert Kuschy war mit der Ausstellung „neues leben – neues wohnen" verbunden, veranstaltet 1962 durch den Volkswirtschaftsrat der DDR, Abteilung Holz/Papier/Polygrafie und das Institut für Hochbau der Deutschen Bauakademie. Elf Architektenkollektive und der staatliche Handel hatten insgesamt fünfzehn Wohnungen ausgestattet, um Vorschläge für die künftige Raumnutzung und mögliche Wohnqualität zu unterbreiten und gleichzeitig in breiten Kreisen der Bevölkerung zur Diskussion zu stellen. Neben der Burg, vertreten durch Friedrich Engemann und Joachim Skerl, stellten die Schulen in Weimar, Magdeburg und Heiligendamm, die Deutsche Bauakademie und verschiedene Entwurfsbüros der Möbelindustrie sowie der Architekt Franz Ehrlich (1907–1984) aus.[313]

Erstmals fand die Variationsfähigkeit der Wohnung stärkere Beachtung, jedoch beschränkt auf die bauseitige innere Ausbildung nach Wunsch des Erstmieters. Eine abermalige Veränderung war nicht möglich. Auch Engemanns Einrichtungsvorschläge zielten auf Variabilität. Er distanzierte sich von den starren, raumbeherrschenden und raumdiktierenden Möblierungen. So setzte er auf Regalmöbel mit einheitlichem Maßsystem, die sich für die industrielle Fertigung eigneten, auf auswechselbare und kombinierbare Einzelmöbel sowie raumtrennende Schrankeinbauten. Die Modernität im Wohnmilieu begriff er in „übereinstimmenden Wertmerkmalen, wie Zweckdienlichkeit, unkomplizierte und sinnvolle industrielle Herstellungsart und durch ihr klares und überzeugendes Verhältnis zum Menschen".[314] Die Möbel von Engemann und seinem Assistenten Skerl wurden nach der Ausstellung von Mieter*innen übernommen. Die auf Ersuchen des Bundes Deutscher Architekten und im Einvernehmen mit den Ver-

313 Deutsche Architektur, 1962, H. 2, S. 125; H. 3, S. 156/157; H. 6, S. 290; H. 9, S. 523–546. Die 16. Wohnung war der Ausstellungsleitung vorbehalten.

314 Friedrich Engemann, Architektur und Wohnkultur, in: Deutsche Architektur, 1962, H. 9, S. 542.

Abb. 87
Friedrich Engemann und Joachim Skerl, Wohnzimmereinrichtung für die Ausstellung „neues leben – neues wohnen“ in Berlin-Fennpfuhl, 1962

Abb. 88
Friedrich Engemann und Joachim Skerl, Kinderzimmereinrichtung für die Ausstellung „neues leben – neues wohnen“ in Berlin-Fennpfuhl, 1962

anstaltern nachträglich gebildete Jury bewertete die von der Hochschule für industrielle Formgestaltung eingerichtete Wohnung neben jener der Deutschen Bauakademie sogar als die gelungenste.

In einer Nachbetrachtung des gesamten Projektes einschließlich Ausstellung forderte Engemann für die Zukunft mehr Komplexität in der Herangehensweise, ein Zusammenspiel von städtebaulicher Einordnung eines Bauvorhabens, Grundrissgestaltung, Bauausführung, Ausbau und Möblierung der Wohnungen bis hin zur industriellen Formgestaltung aller Gegenstände für Einrichtung und Ausstattungsbedarf. Diese Zusammenarbeit müsse fortan viel früher beginnen als im Beispiel Fennpfuhl, denn die „Ausstattung einer Wohnung ist keine Frage der Dekoration, sondern eine Aufgabe der Architektur".[315]

Zu den von Engemann betreuten Ausbauvorhaben der 1960er Jahre gehören die Ausstattung von Büro- und Sitzungsräumen im Ministerium für Kultur (1965/66) und die Neugestaltung der Direktionsräume des VEB Deutsche Schallplatten (1967). Die Ausstattungsentwürfe seiner Klasse beschränkten sich jedoch keineswegs auf Wohn-, Büro- oder öffentliche Räume, sondern waren ebenso auf das Interieur von Schiffen, Flugzeugen[316], Schienen- und Straßenfahrzeugen gerichtet. Ende der 1950er Jahre wurde Engemann zur Mitwirkung an einem Prestigeprojekt der Luftfahrtindustrie der DDR eingeladen, der legendären, aber am Ende gescheiterten „Baade 152", und wirkte als „Mitglied des zentralen Arbeitskreises für Forschung und Technik ‚Flugzeugbau', Arbeitsgruppe ‚Innenausstattung und Passagierkomfort'" mit.[317] Eine Kooperation bezüglich „Forschungs- und Entwicklungsaufgaben der Flugzeugeinrichtung und Ausstattung" bestand zudem mit dem VEB Maschinen- und Apparatebau Schkeuditz.[318]

Verträge mit Betrieben wie der Warnow-Werft Warnemünde oder dem Waggonbau Ammendorf in Halle besiegelten eine weitere Zusammenarbeit im Verkehrsbereich. Aus der Kooperation mit Ammendorf ging Mitte der 1960er Jahre beispielsweise die Einrichtung eines Salonwagens für die Transsibirische Eisenbahn hervor.[319] Selbst an der Inneneinrichtung des Trabant, des DDR-Volkswagens, waren Engemann und seine Studierenden 1961 beteiligt. Auch Messe- und Ausstellungsbau gehörten zum Studieninhalt. Für ein Möbeleinrichtungshaus in Halle wirkten Engemann und seine Klasse als Berater für die Verkaufsausstellungen.

315 Ebd., S. 541.

316 Burg-Archiv, Fotosammlung, Inv.-Nr.: 1.2.6, 346–349. In den Gestaltungsprozess war auch Georg Wüstholz involviert.

317 Reibestein, Die Formalismusdebatte Ost, S. 64 f.

318 Burg-Archiv, A 2.7, 13.

319 Diesen Hinweis verdanke ich Joachim Skerl. Brief vom 14.11.1998 an die Autorin.

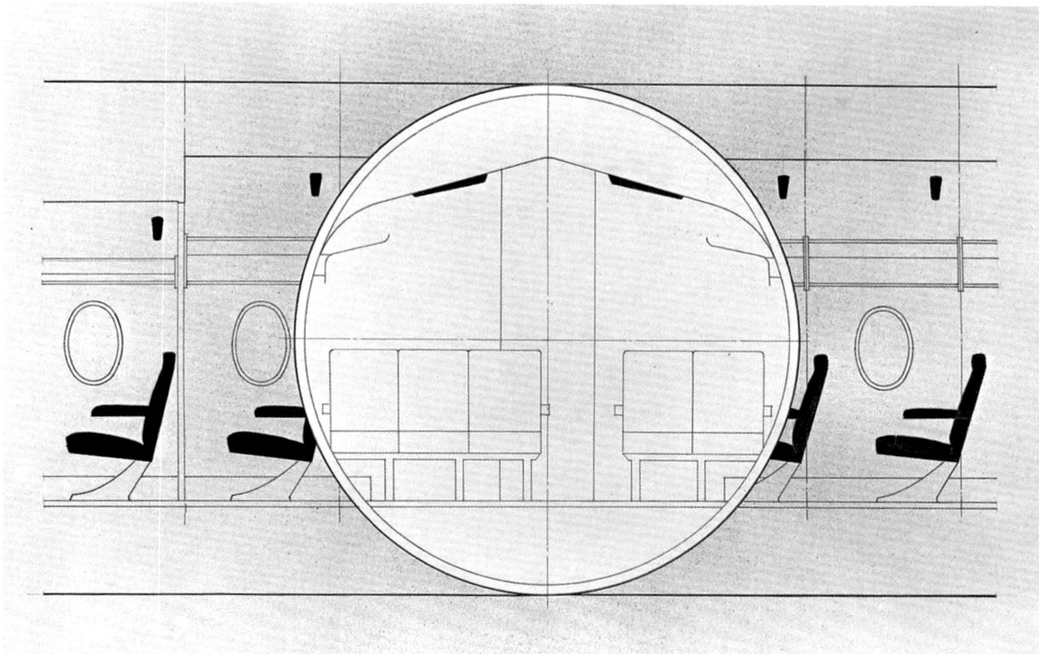

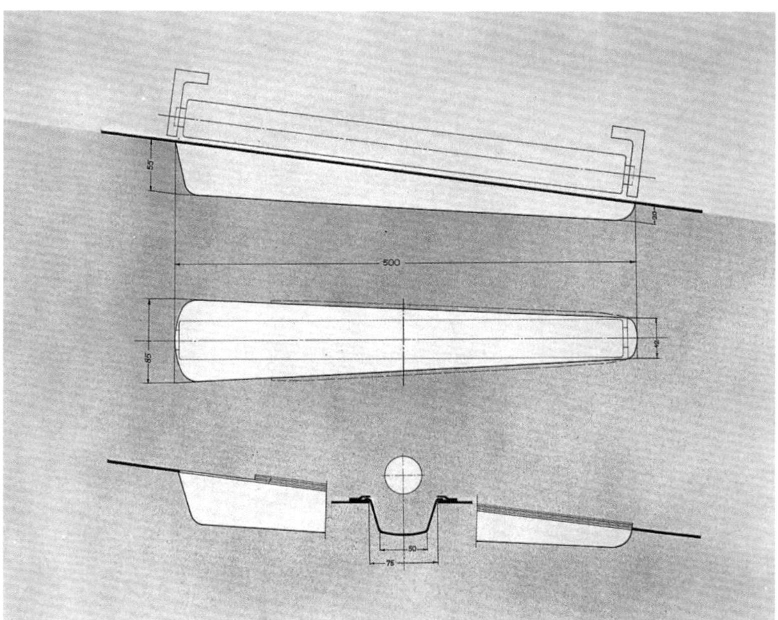

Abb. 89
Friedrich Engemann mit Georg Wüstholz, Flugzeugleuchten, Entwurfszeichnungen (Reproduktion), ca. 1960–1962, Realisierung VEB Leuchtenbau Leipzig

Engemanns Bemühungen um die Industrieformgestaltung

Nach ersten Ansätzen Ende der 1920er Jahre äußerten 1948 die Dozent*innen der Burg erneut den Wunsch, Einfluss auf die industrielle Gestaltung zu nehmen. Zwei Jahre später schlug der damalige Direktor Walter Funkat vor, den Begriff Formgestaltung in den Namen der Schule aufzunehmen: „Institut für künstlerische Formgestaltung", hier jedoch noch unter dem werkkünstlerischen Aspekt. Der zwischen der Burg und Engemann geschlossene Einzelvertrag verpflichtete ihn zur Mitarbeit in Gutachterausschüssen des Deutschen Amtes für Material- und Warenprüfung (DAMW), einer 1950 etablierten Einrichtung, die über Gütezeichen und Produktionsgenehmigungen entschied.

Als zeitweiliger Vertreter Funkats unternahm Engemann 1951 einen erneuten Vorstoß, die Arbeit in den Seminaren und Werkstätten „stärker als bisher auf allgemein breitere Bedürfnisse einzustellen und damit zusammenhängend der Frage der industriellen Formgebung auf allen Gebieten unserer Auseinandersetzungen größere Beachtung zu schenken. Die Anfragen vonseiten der Industrie gehen immer zahlreicher ein und können unter den derzeitigen Verhältnissen nicht genügend berücksichtigt werden."[320] Unter diesen Umständen empfahl Engemann, „Industrielle Formgebung" als „Lehr- und Entwicklungsdisziplin einzurichten, die nicht an ein besonderes Seminar oder eine Werkstatt gebunden ist, sondern über das Gesamtgebiet unserer Aufgaben hinweg greifend alle berührt. Diese Lehr- und Entwicklungsstelle würde die Aufgabe haben, für eine kontinuierliche Bearbeitung dieser Probleme und einzelnen Aufgaben zu sorgen, von Fall zu Fall die notwendigen Arbeitsgruppen zu bilden, anzuleiten, zweckmäßige Diskussionen im größeren Rah-

320 Lehrerkonferenzen, Protokoll der Beratung vom 12.11.1951, Burg-Archiv, A 2.6, 4.

men zu veranlassen, für die Ausbildungsvoraussetzungen zu sorgen und die Verbindung mit der Industrie zu pflegen."[321] Um dies zu gewährleisten, forderte er das Kollegium auf, Vorschläge über eine geeignete Besetzung einer solchen Stelle zu unterbreiten.[322] Den Anlass für diesen Vorstoß hatte vermutlich das 1950 unter Mart Stam ins Leben gerufene Berliner „Institut für industrielle Gestaltung" gegeben.[323] Als erstes Zentrum der Formgestaltung im Nachkriegs-Ostdeutschland ist jedoch Weimar anzusehen. Noch vor der offiziellen Wiedereröffnung der Bauhochschule 1946 hatte Horst Michel (1904–1989) eine Arbeitsgemeinschaft Formgestaltung[324] gegründet, dem 1951 die Einrichtung eines „Instituts für Innengestaltung" folgte.

Industrielle Gestaltung als Unterrichtsfach wurde bereits seit 1950 in den Werbeprospekten der halleschen Schule ausgewiesen. Das „Formalismus"-Verdikt, das zunächst gegen die freie Kunst gerichtet war, hatte allerdings auch bald Auswirkungen auf die angewandten Bereiche. Selbst der Terminus „Industrielle Gestaltung" galt einige Jahre als verdächtig. Erst Ende 1957 wurde an der Burg das „Institut für Entwurf und Entwicklung" gegründet, dessen Mitarbeiterstab sich aus den Bereichen „Bau- und Raumgestaltung" und „Gerät" zusammensetzen sollte.[325] Zunächst konnten im Besetzungsplan 1958/59 jedoch nur zwei Stellen realisiert werden, bis 1960 kamen noch drei weitere hinzu.[326] Insbesondere Absolventen der Schulen in Halle und Berlin-Weißensee entwarfen fortan Produkte für die industrielle Fertigung.

Mit der wirtschaftlichen Konsolidierung, die die Genese einer sozialistischen Lebensweise beschleunigen sollte, wuchs der Druck, der gebauten Umwelt ein neues Gesicht zu geben: „Die Entwicklungsstelle arbeitet in unmittelbarer Verbindung mit der Industrie und schafft die notwendige Wirkungsbeziehung zwischen sozialistischer Praxis und Hochschularbeit" hieß es in der Vorlage zur Besprechung mit dem Staatssekretär Alexander Abusch (1902–1982), dem Stellvertretenden Kultusminister Hans Pischner (1914–2016), dem Leiter der Hauptabteilung Bildende Kunst im Ministerium für Kultur Werner Laux und zwei weiteren Genossen aus dem ZK und der Bezirksleitung der SED am 14. Juni 1958.[327] Ende 1959 arbeitete die Hochschule bereits mit vierzig Betrieben und Institutionen zusammen.[328]

Die Institutsleitung hatte im Januar 1958 Friedrich Engemann übernommen, der in dieser Funktion im April 1960 von dem im Herbst 1958 aus Berlin gekommenen Martin Kelm

321
Ebd.

322
Ebd.

323
Das Programm ist abgedruckt in Hiltrud Ebert (Hg.), Drei Kapitel Weißensee. Dokumente zur Geschichte der Kunsthochschule Berlin-Weißensee 1946–1957, Berlin 1996, S. 79–81. Das Institut wurde 1951 dem Ministerium für Kultur unterstellt und 1952 unter dem neuen Leiter Walter Heise in „Institut für angewandte Kunst" (bis 1963) umbenannt. Siehe hierzu auch Günter Höhne, Das große Lexikon: DDR-Design, Köln (2008), S. 17–20.

324
Vgl. Hirdina, Gestalten für die Serie, S. 15–23, S. 38ff.

325
In der Literatur wird auch 1958 als Gründungsdatum angegeben, doch der erste Mitarbeiter Heinz Barth (1914–?) wurde zum 1.11.1957 zum stellvertretenden Leiter der Entwicklungsstelle bestellt. Er hatte bereits seit dem 1.6.1956 einen Lehrauftrag für Holzgestaltung an der Burg.

326
Burg-Archiv, A 2.7, 12. Zu den Mitarbeitern gehörten anfangs Heinz Barth und Albert Krause, dann folgten Horst Giese, Martin Kelm und Günter Reissmann.

327
Burg-Archiv, A 3.1.1, 86. Das Konzept stellte die Grundlage für die Umwandlung der Burg – zwischen 1956 und 1958 als Institut für künstlerische Werkgestaltung der Hochschule für bildende und angewandte Kunst Berlin (Weißensee) angegliedert – in eine selbstständige Hochschule für industrielle Formgestaltung dar.

328
Der neue Weg, 13.10.1959.

(geb. 1930) abgelöst wurde.[329] Doch unterstand Engemann das Institut für Entwurf und Entwicklung in seiner neuen Funktion als Prorektor für Forschung und Entwicklung auch weiterhin. Schon in den ersten beiden Jahren wurden hier 129 Serienentwicklungen für neun Betriebe hervorgebracht, 75 weitere Modelle für neunzehn Betriebe befanden sich in der Entwicklung,[330] wobei der Schwerpunkt auf der Gestaltung von Plastikartikeln lag. Das im November 1958 beschlossene Chemieprogramm befeuerte diese Entwicklung. Bis Ende 1961 entwarf die Burg allein 150 Serienmodelle für die plastikverarbeitende Industrie.

Als eigener Studiengang wurde „Technische Formgestaltung" 1958 erstmals angeboten.[331] Drei Studierende schrieben sich ein und vier weitere, im Jahr zuvor in anderen Bereichen immatrikuliert, wechselten zur Formgestaltung. 1959 übernahm der bisherige Ministeriumsmitarbeiter Werner Laux die Leitung der neu gebildeten Abteilung „Technische Formgestaltung". Nach 1960 wurde die „Technische Formgestaltung" schließlich zur selbstständigen Fakultät ausgebaut, zu der auch die Studienabteilung „Architektur" gehörte.[332] Am Unterrichtsgeschehen für Industriedesigner war Engemann zwar nicht unmittelbar beteiligt, bezog jedoch in seiner Fachklasse das „Industrielle Bauen" verstärkt in den Unterricht ein. Das Studieninformationsblatt von 1958 umriss den Ausbildungsinhalt mit „Industrielle und werkkünstlerische Formgestaltung in der Architektur", jenes von 1960 mit „Bau- und Ausbaugestaltung, Formgestaltung in der Architektur".[333] Die Architekturabteilung widmete sich neben baulichen Aufgabenstellungen zudem Möbelentwicklungen für die Industrie, entwarf Serienmodelle für Massenbedarfsgüter, entwickelte Modelle für Klimageräte für den VEB Maschinen- und Apparatebau Schkeuditz und lieferte Form- und Farbvarianten für die Automobilindustrie sowie den Waggonbau und mehr.[334] Der Architekturstudent Georg Wüstholz untersuchte bereits 1959 im theoretischen Teil seiner Diplomarbeit den „Zusammenhang zwischen Architektur und industrieller Formgestaltung".[335] Ein Jahr später widmete sich Engemanns Student Claus Reddel in seiner schriftlichen Graduierungsarbeit den Problemen „der Projektierung und der baulichen Gestaltung moderner Hochschulinstitute, insbesondere eines Institutes für industrielle Formgestaltung".[336]

Ab 1962 stand Engemann dem neu gegründeten Rat für Industrieform beim Ministerium für Kultur[337] vor. Außerdem bestimmte er als Prorektor für Forschung und Entwicklung die gesamte Hochschulplanung und -entwicklung maßgeblich

329
Engemann war Institutsleiter vom 10.1.1958 bis 31.3.1960 (siehe Burg-Archiv, B 1, 22 (Personalakte Friedrich Engemann); S 1.1.1, 367–369 (Dossier Friedrich Engemann). Martin Kelm kam im Herbst 1958 von der Berliner Hochschule für bildende und angewandte Kunst. Zu Kelm siehe auch: Christian Wölfel/Sylvia Wölfel/Jens Krzywinski (Hg.), Gutes Design. Martin Kelm und die Designförderung in der DDR, Dresden 2014; Günter Höhne, Design made in GDR. Der Formgestalter Martin Kelm im Gespräch, Berlin 2021. Allerdings entsprechen die hier abgedruckten persönlichen Ausführungen Kelms, insbesondere was die Etablierung der industriellen Formgestaltung in Halle betrifft, nicht den in den Akten des Archivs der Kunsthochschule Burg Giebichenstein Halle dokumentierten Fakten. Seine Aussagen erscheinen stark subjektiv gefärbt und wurden von den Autoren bzw. Herausgebern offensichtlich nicht hinterfragt.

330
Reinhard Vahlen, Alte Burg = Moderne Formen, in: Hallesches Monatsheft, 1960, H. 8, S. 384 (Nachdruck aus „Für Dich", Zeitschrift für die Jugend des VEB Leuna-Werke „Walter Ulbricht", 1959, H. 1).

331
Studieninformationsblatt 1958, Burg-Archiv, S.1.11, 859.

332
Die Struktur, Benennung und Zuordnung der einzelnen Fachgebiete änderten sich im Lauf der 1960er Jahre noch mehrfach.

333
Studieninformationsblätter 1958 und 1960, Burg-Archiv, S.1.11, 859 und Privatarchiv der Autorin. Auch die Fachgebietsbezeichnung hatte sich von „Bau und Raum" in „Architektur und Ausbaugestaltung" gewandelt.

334
Schreiben von Walter Funkat an das Ministerium für Kultur vom 9.4.1962, Burg-Archiv, 2.7, 13.

335
Burg-Archiv, S 1.14, 217.

336
Burg-Archiv, S 1.14, 162.

337
Gegründet am 12.9.1962.

mit.[338] Die nach 1958 neu profilierte Hochschule für industrielle Formgestaltung war die erste und einzige Schule ihrer Art in der DDR.[339]

Engemanns professioneller Rat war stets gefragt. Er arbeitete in Gutachterkommissionen mit, hielt Vorträge und verfasste Artikel in der Fachpresse. Eine seiner Kernforderungen lautete, „wieder den Menschen zum Maß aller Dinge zu machen".[340] Im Hinblick auf Technikfixierung und Gigantomanie im 20. Jahrhundert erscheint dies als eine mäßigende Perspektive, die aber Fragen offen lässt. So leitete auch der frühere Bauhausmitarbeiter Ernst Neufert das zweite Kapitel seiner Bauentwurfslehre, das er mit „Maßgrundlagen • Maßverhältnisse" überschrieb, mit einem ähnlichen Motto ein: „Der Mensch als Maß und Ziel" und widmete sich nachfolgend dem Menschen als „Das Maß aller Dinge".[341] Das Werk gilt seit seinem Erscheinen 1936 als ein technisch und gestalterisch für die Maßordnung grundlegendes Werk, nicht nur in Deutschland. Als problematisch erwies sich jedoch die allumfassende Normierungsideologie und dass jahrzehntelang als einziges Modell des „Menschen" der mitteleuropäische Mann als Maßstab zugrunde gelegt wurde.[342]

Nach Engemann war die Formgestaltung ohne die enge Verbindung zur Architektur nicht denkbar, „wenn es nicht eine ‚kosmetische Hüllenmacherei' sein soll".[343] Außerdem unterliege sie in ihrer Tätigkeit den gleichen Formgesetzen. Engemanns wohldurchdachte und historisch belegte Vorstellungen vom Zusammenspiel von Architektur, Formgestaltung und Industrie scheiterten aber an der sozialistischen Wirklichkeit. Doch auch er zeigte sich der proklamierten Utopie von der besseren und funktionierenden Gesellschaft verbunden: „Die Welt, die wir heute bauen, wird die Welt des Sozialismus sein."[344]

Engemann gehörte zu jenen Kräften, die die Formgestaltung als eigenständige Fachrichtung in der DDR beförderten und das Berufsprofil mitbestimmten. Er forderte die Ausbildung spezieller Formgestalter, „die über die Gesichtspunkte architektonischer Gestaltung und die Berücksichtigung wissenschaftlicher Bedingungen hinaus in einer weitgehenden Einfühlung in die Arbeit des Ingenieurs und des Technologen alle Voraussetzungen besitzen für eine Zusammenarbeit mit der modernen industriellen Produktion". Andererseits wünschte er sich komplex ausgebildete Architekten – er verwies als Beispiel auf Peter Behrens –, „die sich in einer speziellen Einfühlung in die Fragen der industriellen Produk-

338
Vorschlag der Hochschule für Industrielle Formgestaltung Halle-Burg Giebichenstein zur Verbesserung und Vertiefung der Lehr- und Forschungstätigkeit auf dem Gebiet der industriellen Formgestaltung (sog. „Schwarzbuch"), erarbeitet 1966/67 unter der Leitung von Erwin Andrä in Zusammenarbeit mit Friedrich Engemann u. a., Burg-Archiv, A 3.1.1, 222; Weiterführung der 3. Hochschulreform an der Hochschule für industrielle Formgestaltung Halle-Burg Giebichenstein zur Entwicklung der Hochschule bis 1975, erarbeitet 1969/70 unter Leitung von Erwin Andrä unter Beteiligung von Engemann, Burg-Archiv, ohne Sign.

339
Gesetzlich erst 1961 verankert: GBL 1961, Teil III, Nr. 32, Anordnung über die Bildung der Hochschule für industrielle Formgestaltung Burg Giebichenstein (Halle) vom 10.11.1961, siehe auch Brüning/Dolgner, Walter Funkat, S. 107. Funkats Aussagen zur Hochschulgründung sind allerdings subjektiv gefärbt und entsprechen nicht dem neuesten, jedoch bisher nicht publizierten Forschungsstand der Autorin.

340
Engemann, Architektur und Formgestaltung, S. 145.

341
Ernst Neufert, Bauentwurfslehre. Grundlagen, Normen und Vorschriften über Anlage, Bau, Gestaltung, Raumbedarf, Raumbeziehungen, Maße für Gebäude, Räume, Einrichtungen und Geräte mit dem Menschen als Maß und Ziel, 33., vollst. neuerarb. und neu gest. Aufl., Braunschweig/Wiesbaden 1992, S. 24f. (1 Aufl. Berlin 1936).

342
Vgl. Walter Prigge (Hg.), Ernst Neufert: Normierte Baukultur im 20. Jahrhundert, München 1999.

343
Engemann, Architektur und Formgestaltung, S. 145.

344
Ebd., S. 150.

tion mit den besonderen Bedingungen dieser Tätigkeit auseinanderzusetzen haben".[345] Zugespitzt formulierte er 1959: „Vorher gab es Tradition und Kultur, jetzt drängen Technik und Ökonomie nach vorn."[346] Dennoch war er sich bewusst, dass „Technik, so stark ihr Einfluss auf unser Leben und auf die Entwicklung auch sein mag", niemals Selbstzweck sein sollte. Hier offenbarte er Züge sowohl von Strenge als auch von konzeptioneller Offenheit: „Die bewusste Planung, Entwicklung und Herstellung gegenständlicher Dinge" erfordere, so Engemann, „die Fähigkeit, Überholtes, Falsches und Unnützes auszuscheiden, Neues zu erkennen, aufzunehmen, einzugliedern und der Entwicklung nutzbar zu machen. Das setzt die enge Zusammenarbeit von Wissenschaft, Technik und Kunst voraus."[347] Formgestaltung sei Gegenwartskunst: „Was dem Formgestalter nicht abgenommen wird, tritt nicht in Erscheinung, es wird nicht produziert. Die Hoffnung manches freien Künstlers, dass ihn die Nachwelt vielleicht einmal besser verstehen wird, gibt es für den Formgestalter nicht."[348]

Auf der Vierten Deutschen Kunstausstellung 1958 war der Bereich „Industrieform" erstmals präsent. Vier Jahre später gehörte Engemann bereits zum Komitee der Fünften Deutschen Kunstausstellung und war zugleich mit einem Modell für Kindermöbel als Aussteller vertreten. An der Organisation der VI. Deutschen Kunstausstellung 1967 war er maßgeblich beteiligt, denn er gehörte einer der drei Fachjurys an.[349] In diesem Zusammenhang trat er für die Aufweitung des gängigen Konzepts einer Kultur ein, „die noch allzu häufig als etwas Besonderes, etwas Zusätzliches oder Ergänzendes, etwas außerhalb und neben dem praktischen Leben, der praktischen Arbeit Stehendes"[350] gelten würde und in dieser Beschränkung überwunden werden müsse. Ganz im Zuge der Modernisierungstendenzen in der DDR, die nicht von den weltweiten, auch im eigenen Land popkulturell gefärbten „Kulturrevolutionen" losgelöst zu sehen sind, ließ Engemann an dieser Stelle die Avantgardeposition einer Enthierarchisierung von Alltags- und „Hoch"-Kultur anklingen.

Um diesen umfassenderen Ansatz von Gestaltung Wirklichkeit werden zu lassen, engagierte sich Engemann für ein administrativ gesteuertes Herangehen im Systemzusammenhang: So konstatierte er 1962 anlässlich der Gründung der Rates für Industrieform erfreut: „Es ist anzuerkennen, dass die noch vor einigen Jahren bestehenden Vorurteile leitender Funktionäre in der Produktion und im Handel gegen die Mitarbeit des Gestalters weitgehend als überwunden angesehen werden können."[351] Engemann forderte nun eine zentra-

345 Ebd., S. 149f.

346 Ebd., S. 145.

347 Friedrich Engemann, Gründung des Rates für Industrieform am 12. September 1962, in: form+zweck, Jahrbuch 1963, S. 27.

348 Friedrich Engemann, Architektur und angewandte Kunst, in: Institut für angewandte Kunst (Hg.), Vorkonferenz zur Kulturkonferenz an der Hochschule für bildende und angewandte Kunst Berlin-Weißensee, Berlin 1960, S. 65.

349 Während er 1962 als Architekt genannt wurde, firmierte er 1967 als Industrieformgestalter. Die Burg hatte ihm 1964 ehrenhalber den Grad „Diplom-Formgestalter" verliehen.

350 Friedrich Engemann, Betrachtungen zur Industrieformgestaltung, in: Bildende Kunst, 1967, H. 8, S. 437.

351 Engemann, Gründung des Rates, S. 29.

le Lenkung und „die Einbeziehung der Formgestalter in die Plansystematik der Wirtschaft“.[352] Trotz aller Bemühungen und aller Erfolge vollzöge sich die Arbeit noch viel zu sehr in Einzelaktionen; sie sei insgesamt zu sporadisch, zu unplanmäßig, im Verhältnis zur Gesamtproduktion zu unkontrolliert und von Zufällen abhängig.[353]

Allerdings bedeutete dies, den Einfluss planwirtschaftlichen Denkens zu verstärken: „Der Rat für Industrieform entsteht zu einem Zeitpunkt, an dem es notwendig geworden ist, vom bisherigen Stadium der Einzelaktionen – vorangetrieben von Institutionen, Hochschulen und bereits in der Industrie wirksamen Formgestaltern – überzugehen zu einem zentral gelenkten koordinierten Handeln.“[354] Für Engemann, den man zum Vorsitzenden dieses 1962 durch das Ministerium für Kultur initiierten Gremiums berufen hatte – zu den fünfzehn bis zwanzig Mitgliedern[355] gehörten weiterhin die Designer Rudi Högner (1907–1995) und Horst Michel, der Hauptdirektor des VEB Eisen-Blech-Metallwaren (EBM) Thilegard Halbauer sowie als Sekretäre Werner Patzke und Horst Speemann –, bedeutete dieses Amt aber auch eine weitere politische Abhängigkeit, wie sie auch sein auf der dritten Tagung des Rates für Industrieform im März 1964 gehaltenes Hauptreferat deutlich macht.[356] Doch forderte Engemann, die Zeit für die notwendigen Maßnahmen des Entwicklungsprozesses der Industrieformgestaltung in der DDR am „Tempo der industriellen und gesellschaftlichen Entwicklung in der Welt“ zu bemessen.[357]

Die 1960er Jahre wurden zum wissenschaftlichen Jahrzehnt, und so konstatierte Engemann: „Mit dem Eindringen hoch entwickelter Technik in alle Gebiete unseres Lebens gewinnen die wissenschaftlichen Grundlagen der Technik und die ihr eignen Gesetze der Vernunft und des logischen Denkens Einfluss auf unsere sachlichen Wertvorstellungen und auf unser ästhetisches Empfinden. […] Der Begriff Schönheit verbindet sich mit der Forderung nach Vollkommenheit. Schön ist der Gegenstand nur dann, wenn er alle Forderungen erfüllt, die an diesen Gegenstand zu stellen sind.“[358] Das Ziel sah Engemann in der Überwindung des „individualistisch betonten Chaos unbegründeter Formen“ und dem „Streben nach Verallgemeinerung und Weiterentwicklung des anerkannt gültigen, nach einer Vielfalt auf der Ebene einer variierbaren Ordnung“.[359]

352
Ebd., S. 30.

353
Ebd.

354
Ebd., S. 31.

355
Zu Struktur und Stellenplan siehe Aufstellung vom 15. Juli 1961. Burg-Archiv, A 3.1.1, 8.

356
Friedrich Engemann, Die Entwicklung der Industrieformgestaltung in der deutschen Demokratischen Republik, in: Informationen. Rat für Industrieform, Nr. 2, hg. vom Zentralinstitut für Formgebung Berlin, 1964, S. 1–6.

357
Ebd., S. 6.

358
Friedrich Engemann, Harmonie von Licht und Form, in: Leuchteninformation 1964, S. 4.

359
Ebd., S. 10.

Friedrich Engemann und die Bauhausrezeption in der DDR

Gleich nach dem Krieg gab es sowohl im östlichen als auch im westlichen Teil Deutschlands die unterschiedlichsten Bemühungen, das Bauhaus institutionell oder aber in der Übernahme und Weiterentwicklung seiner Ideen wiederzubeleben. In dem Versuch, die Bestrebungen des historischen Bauhauses auf den Wieder- bzw. Neuaufbau des Landes und später des politischen Systems des Sozialismus zu übertragen, liegt eine Besonderheit in der DDR-spezifischen Bauhausbetrachtung. Schon die ersten Versuche der Wiederbelebung des Bauhauses in der sowjetischen Besatzungszone konzentrierten sich auf die gesellschaftspolitischen Aspekte der „progressiven Kunstschule". Auch Engemanns Verständnis des Bauhauses war in dieser Zeit eher von inhaltlichen als von formalen Aspekten geprägt. Für ihn war das Besondere am Bauhaus, dass „der Mensch im Mittelpunkt aller Betrachtungen" stand, „der Mensch und sein Verhältnis zur Umwelt".[360] Daher lag es nahe, ihn als Mitglied der ehemaligen Bauhausgemeinschaft in die Wiederbelebungsversuche des Bauhauses in Dessau einzubeziehen. Dieser kurze Abschnitt in Engemanns Arbeitsbiografie wurde bereits in Kapitel 5 angesprochen und soll hier vertieft werden.

Die Initiative ging von Oberbürgermeister Fritz Hesse aus. Er gewann Hubert Hoffmann für die Aufgabe, der von 1926 bis 1929 am Bauhaus in Dessau studiert hatte und in den frühen 1930er Jahren an der Erarbeitung eines Generalbebauungsplanes für die Stadt Dessau beteiligt gewesen war. Als Baurat in Dessau nahm Hoffmann nun die Wiedereröffnung des Bauhauses in Angriff.[361] Er versuchte vornehmlich (aber nicht ausschließlich) die in Dessau ansässigen Bauhäusler Carl Marx, Rolf Radack, Max Ursin und Friedrich Engemann zur Mitarbeit zu bewegen. Zunächst plante er eine Bauhausschau, die allerdings erst vier Jahre später in West-Berlin stattfinden konnte. In dem neuen, aus einer Planungsgemeinschaft und den Werkstätten zu bildenden Institut war auch ein Lehrbetrieb vorgesehen, sodass am Ende des Formierungsprozesses ein neues Bauhaus als Hochschule für Planung und Gestaltung stehen sollte.[362] Zu Hoffmanns Mitarbeitern gehörten neben Engemann unter anderem die Bauhäusler Walter Funkat (1906–2006), Wilhelm Jakob Hess (1906–1982), Georg Neidenberger (1907–1964), Fritz Pfeil (1909–1965) und Willi Stamm (1905–1973). Sie alle waren zugleich Angestellte der Stadt- oder Landesverwaltung, sodass eine Koordination zwischen den einzelnen Aufgabenfeldern, zwischen Planungsarbeit und Praxis, gegeben war.

360
Friedrich Engemann, Briefentwurf an Hermann Henselmann vom 17.9.1945, SBD, Inv.-Nr.: I 17225 D. Dieser Briefentwurf entstand in Reaktion auf einen Zeitungsartikel, der am 16.9.45 in der „Täglichen Rundschau" (Berlin) erschienen war. Der Artikel trug die Überschrift „Bauhaus wird wieder Bauhaus – Einrichtung eines Lehrstuhls für landwirtschaftliches Bauen". Der Verfasser, der Architekt Hermann Henselmann, hatte zu dieser Zeit in Weimar den Versuch unternommen, das Bauhaus institutionell an seinem Gründungsort wiederzubeleben. Henselmann hatte für die zu eröffnende Hochschule in Weimar den Namen „Das Bauhaus. Hochschule für Baukunst und das gestaltende Hand- und Maschinenwerk" vorgesehen, was mit den Dessauer Bemühungen um Fritz Hesse und Hubert Hoffmann zu kollidieren schien.

361
Vgl. Svenja Simon, Der Versuch der Wiedereröffnung des Bauhauses in Dessau nach 1945, in: Wolfgang Thöner/Stiftung Bauhaus Dessau (Hg.), … das Bauhaus zerstört 1945, 1947 das Bauhaus stört …, Dessau 1996, S. 8–34.

362
Ebd., S. 20.

Wie Svenja Simon in ihrer Untersuchung zur Wiedereröffnung des Bauhauses nach 1945 feststellt, gehen dem Konzept für die Bauhauswerkstätten Programme von Friedrich Engemann voraus, die dieser im Rahmen seiner Zuständigkeit für die Dessauer Lehrwerkstätten erarbeitet hatte und die ganz im Zeichen des Wiederaufbaus standen. Besonders in seinem Konzept für die Bau-Lehrwerkstätten der Stadt Dessau und die Umschulungswerkstätten sowie in seinen Ideen zum Neuaufbau des Gewerblichen Berufs- und Fachschulwesens[363] strebte Engemann eine Reform auf dem Gebiet des Berufs- und Fachschulwesens an. Ihm schwebte eine moderne Bauhochschule vor, die unter anderem mit der Vorlehreklasse für die Bau-Lehrwerkstätten in der Tradition des Bauhauses stehen, dieses jedoch nicht kopieren sollte. Als erfahrener Gewerbelehrer war ihm vor allem eine zeitgemäße Berufs- und Fachpädagogik wichtig.

Als es um die Einrichtung und Inbetriebnahme der von Hoffmann initiierten Bauhauswerkstätten ging, die schon in der Namensgebung an die historischen anknüpften und teilweise in den Werkstattflügel des Bauhausgebäudes integriert werden sollten, waren für die Lehre ehemalige Bauhäusler*innen vorgesehen. Geplant waren acht verschiedene Ausbildungsbereiche. Das Konzept sah vor, die vorhandenen von den Bau-Lehrwerkstätten übernommenen Bereiche für Bau, Holz (Tischlerei) und Metall um die Lehrbereiche für Farbe (Wandmalerei), Textil, Druck (Gebrauchsgrafik), Töpferhandwerk und „Garten und Landschaft" zu ergänzen. Gegen Ende 1946 waren sechs Werkstätten arbeitsbereit, Personalplanung und Kostenplanung lagen vor.[364]

Anfang 1947 waren also alle Voraussetzungen geschaffen, um das Bauhaus als Hochschule für Planung und Gestaltung mit den Bauhauswerkstätten und der Planungsgemeinschaft wiederzueröffnen. Friedrich Engemann hatte inzwischen seine anfängliche Skepsis hinsichtlich der Neugründung des Bauhauses abgelegt. Seiner Meinung nach sollte das neue Bauhaus die Funktion von Modellwerkstätten, einer „Planungsstelle", eines „Entwicklungsbetriebes" und einer „Beratungsinstanz" übernehmen, verbunden mit einen „Lehr- und Schulbetrieb modernster Art" und „lebendigster Verbindung zum praktischen Leben". Er schien überzeugt davon, dass ein derart komplex ausgerichtetes Bauhaus in der Lage wäre, einen Beitrag zur Lösung der Probleme in der Nachkriegszeit zu leisten: etwa beim Bau von Wohnungen, der Entwicklung von baurelevanten Ausbauteilen wie Türen, Fenstern, Treppen und der Herstellung „einfacher, aber anständiger Möbel",

363
Friedrich Engemann, Konzept für die Bau-Lehrwerkstätten der Stadt Dessau und für die Umschulungswerkstätten, Stadtarchiv Dessau, Akte 47/9 und Gedanken zum Neuaufbau des Gewerblichen Berufs- und Fachhochschulwesens, Februar 1946, SBD, Inv.-Nr.: I 8317/1-17 D.

364
Friedrich Engemann (?), Die Bauhauswerkstätten (mit Personal- und Kostenplan), Manuskript, November 1946, SBD, Inv.-Nr.: I 8318/1-10 D.

Abb. 90
Friedrich Engemann, Bauplanung/Hotelbau für den FDGB (Freier Deutscher Gewerkschaftsbund) am Theaterplatz in Dessau, Entwurf (nicht realisiert) im Rahmen der Planungsgemeinschaft Bauhaus Dessau, 1948

praktischer Hausgeräte und lebenswichtiger Gebrauchsgegenstände. Darüber hinaus hielt er eine „geistig-schöpferische Arbeit zur Schaffung der neuen Mittel und Wege“ für unerlässlich.[365] All dies wäre im neuen Bauhaus in die Praxis eingeflossen, wenn es denn eröffnet worden wäre. Dazu kam es jedoch nicht.

Mit dem Wahlsieg der SED veränderte sich das politische Klima, und mit Beginn des Kalten Krieges um 1947 beschleunigte sich die Stalinisierung der sowjetischen Besatzungszone. Ab 1948 kam es in der Malerei, ab 1950 in der Architektur zu einer offiziellen Um- und Neubewertung moderner Gestaltungskonzepte und damit des Bauhauses, das nun als Ausdruck kapitalistischer Dekadenz verstanden wurde. Das Feindbild des „Formalismus“, das in der Sowjetunion bereits zwanzig Jahre zuvor aufgebaut worden war, verstärkte sich noch durch den in der westlichen Welt prägenden International Style – nicht zuletzt durch die in die USA emigrierten Bauhausmeister*innen und ihre Schüler*innen.

Als Fritz Hesse aus dem Amt schied und Hubert Hoffmann aufgrund seiner Tätigkeit für den NS-Staat (siehe Kapitel 5) im März 1947 suspendiert wurde, standen die wesentlichen Protagonisten für einen Neubeginn des Bauhauses in Dessau nicht mehr zur Verfügung. Die Planungsgemeinschaft existierte ab Herbst 1947 als private Vereinigung weiter, bis sie sich wenig später endgültig auflöste.

Über sein Engagement in der unmittelbaren Nachkriegszeit hinaus versuchte Friedrich Engemann bis zu seinem Lebensende eine positive Bauhausrezeption in der DDR anzuregen, indem er bei jeder sich bietenden Gelegenheit seine Stimme erhob, Kontakte nutzte, Vorträge hielt und in Zeitschriften publizierte. Seine Motivation zog er aus der unbeirrbaren „Überzeugung von der Richtigkeit unserer Bauhausidee“.[366] In leitender Funktion an der Burg Giebichenstein in Halle sowie durch seine Mitgliedschaft in vielen einflussreichen Gremien (Leiter des Rates für industrielle Formgestaltung beim Ministerium für Kultur) hatte er die Möglichkeit, Einfluss geltend zu machen. So im Juli 1964, als er sich brieflich mit dem Betreff „Bauhaus Dessau“ an das Ministerium für Kultur der DDR, Abteilung Bildende Kunst und Museen wandte.[367] Engemann schrieb den Brief als Privatperson im Kontext der 1962 einsetzenden Bemühungen der Stadt Dessau, das Bauhausgebäude zu rekonstruieren. In der Anlage befindet sich eine vom damaligen Dessauer Stadtarchitekten Karlheinz Schlesier entwickelte Konzeption für die Rekonstrukti-

365
Friedrich Engemann, unveröffentlichter Text in Reaktion auf den Artikel „Wird das Bauhaus neu eröffnet?“ in der „Freiheit“ vom 21.2.1947, SBD, Inv.-Nr.: I 17234/1-6 D.

366
Friedrich Engemann, Gedanken zum Neuaufbau des Gewerblichen Berufs- und Fachschulwesens, Februar 1946, S. 4, SBD, Inv.-Nr.: I 8317/1-17 D.

367
Friedrich Engemann, Brief an das Ministerium für Kultur, Abteilung Bildende Kunst und Museen vom 8.7.1964, SBD, Inv.-Nr.: I 17229 D.

on des Bauhausgebäudes,[368] verbunden mit der Bitte an „den Genossen Minister für Kultur um ggf. weitere Veranlassung". Einige Tage zuvor hatte Engemann auf Einladung an einer Unterredung mit der Oberbürgermeisterin der Stadt Dessau, Thea Hauschild (1932–2001), der Leitung des Stadtbauamtes, der Finanzverwaltung und anderen Dienststellen teilgenommen, um die Möglichkeiten einer angemessenen Nutzung des Bauhausgebäudes zu beraten.

Der Prozess der Wiederaneignung des Bauhauses hatte eine lange Vorgeschichte. Er begann Mitte der 1950er Jahre, nach Stalins Tod, mit den neuen Paradigmen des industriellen Bauens.[369] Ab 1961, in der kurzen Phase des „Neuen Ökonomischen Systems der Planung und Leitung der Volkswirtschaft", als Wissenschaft, Technik und moderne Managementmethoden in der DDR an Bedeutung gewannen, setzte ein Prozess der Rehabilitierung des Funktionalismus und des Bauhauses unter den Bedingungen des sozialistischen Aufbaus ein.[370]

Im März 1963 wurde Engemann vom Kulturbund der DDR zu einem Vortrag über das Bauhaus nach Dessau eingeladen, und im Juni des Folgejahres war die Zeit reif. Aus den bei verschiedenen Anlässen verwendeten Redemanuskripten, die in Teilen überliefert sind, geht hervor, welche Position Engemann Anfang der 1960er Jahre dem Bauhaus gegenüber einnahm: „Es scheint mir an der Zeit, daß auch wir uns etwas eingehender mit diesen Fragen beschäftigen […] im Ringen um die neuen Ausdrucksformen und die künstlerischen Schaffensmethoden auf den Gebieten des industriellen Bauens, der Industrieformgestaltung und Bereichen der angewandten Kunst […] in Bereichen der Lehre, Forschung und Entwicklung".[371]

Auch der Aspekt, international Anerkennung und Einfluss zu generieren, durfte nicht fehlen. Engemann ging davon aus, dass das Bauhaus Dessau als eine weltbekannte Institution in der Gestaltung und Kunstpädagogik Einfluss auf „alle Schulen der Welt, die sich mit Kunst und Architektur beschäftigen", ausübte.[372] Dabei räumte er „unterschiedliche Betrachtungen und Bewertungen" des Bauhauses ein, während er selbst überzeugt war, dass der Bauhausgedanke überhaupt erst „unter den veränderten gesellschaftlichen Verhältnissen" im Sozialismus zur vollen Entfaltung kommen könne, was ihm während seiner Reisen in die sozialistischen Länder immer wieder bewusst geworden war.[373] Wie weit allerdings das Ideengut des Bauhauses einer gesellschaftlichen Ent-

368
Stadt Dessau, Stadtbauamt, Stadtarchitekt Karlheinz Schlesier, Konzeption für die Rekonstruktion des Bauhauses in Dessau, 20.6.1964, Stadtarchiv Dessau, SB/68.

369
Vgl. Andreas Butter, Zwischen Modernebegeisterung und Nationalen Traditionen, in: Thomas Schleper (Hg.), Staatsaffäre Bauhaus. Beiträge zur internationalen Bauhaus-Rezeption, Berlin 2020, S. 91–116, hier S. 111.

370
Vgl. Wolfgang Thöner, Zur Bauhausrezeption in Ostdeutschland 1945–1990, in: ders./Claudia Perren (Hg.), Fortschrittliches Bauhauserbe. Zur Entstehung einer ostdeutschen Bauhaussammlung, Dessau 2019, S 13–22, hier S. 20.

371
Friedrich Engemann, Redemanuskript zum Vortrag im Kulturbund Dessau, 29.3.1963 und 17.6.1964, SBD, Inv.-Nr.: I 8710/1-15 D und I 17220/1-16 D. Engemann hat diesen Vortrag mit geringfügigen Änderungen immer wieder gehalten, zuletzt im Dezember 1969, kurz vor seinem Tod, als er nach Moskau reiste, um dort vor Vertretern des sowjetischen Verbandes bildender Künstler über das Bauhaus zu sprechen.

372
Ebd.

373
Ebd.

wicklung unter sozialistischen Vorzeichen nutzbar gemacht werden könne, sei „eine Frage eingehender kunst- und gesellschaftswissenschaftlicher Untersuchungen", die erst noch zu leisten sei. Wie kaum einer seiner Mitstreiter war er sich offenbar der übergreifenden Bedeutung der Gestaltung der gegenständlich-räumlichen Umwelt in Abhängigkeit von gesellschaftlichen Entwicklungsprozessen bewusst, wenn er feststellt: „Alles was wir entwickeln, formen, gestalten und produzieren[,] wird in seiner Summe und in seiner sinnvoll räumlichen Ordnung die Formen und den Charakter dieser Lebens- u. Schaffensbereiche, das neue Verhältnis des Menschen zu seiner Umwelt ausführen und bestimmen."[374]

Die Zeit um 1960 kann als ein Wechselbad der Beziehungen zwischen Ost und West charakterisiert werden: Es blieb der von machtpolitischen Interessen und konträren Ideologien geprägte fundamentale Systemgegensatz, der im Mauerbau, in der Kubakrise und im Vietnamkrieg gipfelte. Allerdings befanden sich Ost wie West auf beschleunigten soziokulturellen und ästhetischen Modernisierungskursen, die trotz spezifischer unterschiedlicher Ausprägungen auch Parallelen aufwiesen. Engemann wurde nicht müde, die „Pflege des Bauhaus-Erbes" in der Bundesrepublik zu kritisieren. „Die wirklich fortschrittlichen, der gesellschaftlichen Entwicklung verbundenen progressiven Impulse"[375] würden verleugnet und dementsprechend die Hannes-Meyer-Ära überwiegend verschwiegen.[376] In diesem Zusammenhang polemisierte er auch gegen einen vorgeblichen „Bauhausstil" sowie oberflächliche Nachahmung und Verzerrung der Bauhausideen. Bemerkenswert ist, dass Engemann bei seiner Würdigung des Bauhauses besonders auf „die biologische Seite des Verhältnisses zwischen dem Menschen und seiner Umwelt" als ein „Zentralproblem aller Auseinandersetzungen" am Bauhaus, insbesondere unter der Leitung von Hannes Meyer insistierte.[377]

Engemanns Äußerungen über das Bauhaus beziehen sich im starken Maße auf den sowjetischen Wissenschaftler Leonid Pažitnov (1930–?), der 1962 in einer Moskauer Kunstzeitschrift einen Aufsatz über das „schöpferische Erbe des Bauhauses" publiziert hatte. Dieser Text, im Jahr darauf in deutscher Übersetzung vom Ost-Berliner Institut für angewandte Kunst veröffentlicht,[378] darf als Initialzünder für eine nunmehr offenere Beschäftigung mit dem Ideengut des Bauhauses gewertet werden. Dennoch schienen es hauptsächlich politische Gründe und weniger die Gefahr der Darstellung einer subjektiven Sicht – wie Engemann meinte – zu

374
Ebd.

375
Ebd.

376
Dies zeigt sich z. B. im Katalog der Stuttgarter Ausstellung von 1968: Wulf Herzogenrath/Herbert Bayer, 50 Jahre Bauhaus, Stuttgart 1968.

377
Friedrich Engemann, Redemanuskript zum Vortrag im Kulturbund Dessau, 29.3.1963 und 17.6.1964, SBD, Inv.-Nr.: I 8710/1-15 D und I 17220/1-16 D.

378
Leonid N. Pažitnov, Das schöpferische Erbe des Bauhauses 1919–1933, Berlin 1963.

sein, die einen Bezug auf Pažitnov nahelegten. Politisch solchermaßen über eine Moskauer Veröffentlichung „abgesichert“, wandte sich Engemann auch an das Ministerium für Kultur. In seinem Brief breitet er zunächst einige „Gedanken zum Bauhaus“ aus (so ist auch sein Dessauer Vortrag überschrieben), leitet dann zur „Dringlichkeit einiger Probleme auf dem Gebiet der Industrieformgestaltung“ über, um schließlich auf das eigentliche Anliegen, die Rekonstruktion des Bauhausgebäudes, zu sprechen zu kommen.[379] Engemann stellt hier die seiner Meinung nach einseitige, überwiegend formal-ästhetisch ausgerichtete, ausschließlich auf Absatz und Profit hinauslaufende Rezeption des Bauhauses in West-Deutschland infrage und bedauert insbesondere die stiefmütterliche Behandlung der „fortschrittlichsten Etappe der Bauhauszeit, die Zeit unter Hannes Meyer“. Er argumentiert mit Zitaten aus Meyers Programm, die das soziale Anliegen, die Ausrichtung auf die Gesellschaft und die Abwendung von vordergründig formalen Gesichtspunkten in der Gestaltung zum Ausdruck bringen. Dazu hebt er jene Äußerungen Meyers hervor, bei denen er davon ausgehen kann, dass sie mit der Ideologie einer „wissenschaftlichen Weltanschauung“ (eine in der DDR häufig gebrauchte Umschreibung des Marxismus-Leninismus) und eines kollektiven Gesellschaftsmodells konform gehen: „Erziehung zum schöpferischen Denken, zur Fähigkeit, das Leben in seiner Ganzheit zu sehen, die Dinge aus ihrem Wesen heraus und in ihrer Bedeutung für den Menschen zu begreifen und zu gestalten.“ „Einheit in der Vielfalt und Überwindung des Subjektivismus und des Ich-Kults!“[380]

In seiner Argumentation verweist er auf die internationale Anerkennung und positive Bewertung der Bauhausideen und appelliert, „Dinge und Erscheinungen [so auch das Bauhaus – LS] aus ihrer geschichtlichen Entwicklung heraus zu erkennen und zu begreifen“. „Das Bauhaus läßt sich nicht wiederholen!“, fährt Engemann in seiner Argumentation fort, um zu der Schlussfolgerung zu gelangen: „Das in Wahrheit ‚schöpferische Erbe des Bauhauses‘ herauszukristallisieren, es von Irrtümern, Verzerrungen, von überholten Zeiterscheinungen und falschen Vorstellungen zu trennen und unserer Entwicklung nutzbar zu machen, das wäre einer größeren Mühe wert, als wir sie bisher darauf verwandten.“[381]

Im zweiten Teil des Briefes erlaubt sich Engemann in ungewöhnlicher Schärfe einige kritische Bemerkungen, die sich auf die damalige Situation der Industrieformgestaltung in der DDR beziehen. Er beklagt unter anderem den Mangel

379
Friedrich Engemann, Brief an das Ministerium für Kultur, Abteilung Bildende Kunst und Museen vom 8.7.1964, SBD, Inv.-Nr.: I 17229 D.

380
Ebd.

381
Ebd.

an „Leistungskollektiven“, an Mitteln und Methoden für eine wirkungsvolle, koordinierte Zusammenarbeit. Im Besonderen missfällt ihm der immer noch vorhandene und seiner Meinung nach unproduktive, unzeitgemäße „Subjektivismus“ (ein in der DDR zu dieser Zeit häufig benutztes Schlagwort, gedacht, um unliebsame Positionen als einseitig verzerrt abzustempeln; es wurde, am Ende seiner Amtszeit, sogar gegen Ulbricht selbst verwendet[382]): „Macht nicht vielfach bei uns immer noch jeder nicht nur ‚seine Politik‘[,] sondern auch ‚seine Kunst‘ für sich?“ Engemanns strenge Diagnose eines verbreiteten „Fetischismus der Form“ nahm kritische Einschätzungen, wie sie auch im Westen mit Wolfgang Fritz Haugs 1971 erschienener Studie „Kritik der Warenästhetik“ auf die Tagesordnung kamen, vorweg. Mit Blick auf „führende Formgestalter“ (er nennt keine Namen) stellt er deren „Ich-Leistungen“ sowie „die in gelben, roten und blauen Broschüren dick und großzügig unterstrichenen sogenannten ‚Sonderleistungen‘ […] einzelner Institute, Schulen oder Persönlichkeiten“ infrage und fordert stattdessen „eine echte kollektive Arbeit“, „das gemeinsame – nach Schwerpunkten im Sinne gesellschaftlicher Dringlichkeit geordnete – Suchen nach optimalen Lösungen ‚aus dem Wesen der Dinge heraus‘“.[383]

Aus dem Brief geht hervor, dass Engemann versuchte, dem Bauhaus im Zusammenhang mit der Industrieformgestaltung in der DDR neben der äußerlichen Wiederherstellung des Gebäudes in Dessau einen „Inhalt von zentraler Bedeutung zu geben“. Seine Bemühungen um das Haus waren an eine in Aussicht gestellte internationale Formgestaltertagung der sozialistischen Länder in der DDR gekoppelt. Sie deckten sich mit den Vorstellungen der Stadt Dessau, die darauf hinausliefen, im Bauhaus Dessau ein „geistiges Zentrum von nationaler und internationaler Bedeutung“ zu schaffen.[384]

Dieses Anliegen gestaltete sich als erfolgreich. Kulturminister Hans Bentzien (1927–2015) konnte als Fürsprecher gewonnen werden, und das Kulturministerium betrachtete fortan die Wiederherstellung des Bauhauses „als akute und zu unterstützende Aufgabe“ von internationaler Bedeutung.[385] In den darauffolgenden Jahren wurde die Diskussion um die Rückführung des Bauhausgebäudes auf das ursprüngliche Erscheinungsbild weitergeführt und um ein Nutzungskonzept gerungen. Erst im Januar 1976 allerdings beschloss das Politbüro der SED die „Wiederherstellung der ursprünglichen baulichen Anlage bis zum 50. Jahrestag der Eröffnung des Bauhauses Dessau“ und die Ausarbeitung einer gemeinsamen Konzeption zur künftigen Nutzung des Bau-

382
Brief von Mitgliedern des SED-Politbüros an das KPdSU-Politbüro und Generalsekretär L. I. Breshnew, 21. Januar 1971, SAPMO-Bundesarchiv, DY 30/J IV 2/2A/3196; abgedruckt in: Andreas Herbst u. a. (Hg.), Die SED. Geschichte, Organisation, Politik. Ein Handbuch. Berlin, 1997, S. 719–721. https://ghdi.ghi-dc.org/pdf/deu/Chapter2Doc_14.pdf.

383
Friedrich Engemann, Brief an das Ministerium für Kultur, Abteilung Bildende Kunst und Museen vom 8.7.1964, SBD, Inv.-Nr.: I 17229 D.

384
Ebd.

385
Rat der Stad Dessau, Karlheinz Schlesier, Aktenvermerk vom 18.7.1964, Kopie der Abschrift im Archiv der Stiftung Bauhaus Dessau.

386
Bezirksleitung Halle der SED, Sekretär für Wissenschaft, Volksbildung und Kultur, Information zur Nutzung des Bauhaus Dessau vom 20.3.1984, Landesarchiv Merseburg, Bestand SED Bezirksleitung Halle, V E-2/902, Nr. 531, Bl. 179.

hauses durch die Ministerien für Bauwesen, für Hoch- und Fachschulwesen, für Kultur sowie des Amtes für industrielle Formgestaltung und des Rates des Bezirkes Halle, zu dem Dessau gehörte.[386] Der Beschluss wurde umgesetzt und das Bauhausgebäude beispielhaft rekonstruiert. Am 4. Dezember 1976 wurde es schließlich feierlich eröffnet. Dieses Ereignis durfte Friedrich Engemann nicht mehr erleben, denn er war bereits im 24. Januar 1970 nach einem Verkehrsunfall ums Leben gekommen.

Schalendach am Waldessaum: Das Haus der Familie Lott in Möst

Von Andreas Butter

Wenige Jahre vor seinem plötzlichen Tod widmete sich Friedrich Engemann noch einmal einem Dessauer Projekt – dem Eigenheim für die befreundete Familie Lott. Die Baugattung hatte über Jahre hinweg einen Schwerpunkt seiner Architekturentwürfe gebildet, und es war sein letztes nachgewiesenes Bauvorhaben. In dem 1967 entworfenen Haus der Lotts vermittelt sich auf den ersten Blick Engemanns Neigung, traditionelle Elemente in den großen Zug einer modernen Gestaltung einzubinden. Dem entsprach in der Praxis die Kombination von Selbsthilfe und serieller Technologie. Mehrere Erzählstränge laufen dabei zusammen – von den politischen Verwerfungen des 20. Jahrhunderts inklusive Schikane und Solidarität, vom industriellen Bauen in der DDR und vom Beharren auf Eigenständigkeit. In dieser exemplarischen Dessauer Geschichte begegnen wir überdies dem Reformwerk des Fürsten Franz, Hugo Junkers und Details aus dem Bauhausleben.

Der Autor des Beitrags ist mit der Familie seit den 1980er Jahren bekannt, und doch waren ihm viele Querverbindungen neu. Auf Grundlage der Erinnerungen der Eigentümerin Marlies Lott,[387] ihrer Dokumentensammlung und weiterer Quellen[388] soll nun eine unbekannte Facette der regionalen Moderne beleuchtet werden.

387
Interview mit Marlies Lott im Beisein ihrer Tochter Kirsten am 18.1.2023.

388
Ich danke der Ortschronistin Eva Steiger, die mir ihre Ausarbeitung „Das Gasthaus in Möst“ zur Verfügung stellte.

Individueller Entwurf – industrielle Lösung

Wer aus Dessau kommend den Haideburger Forst, auch Mosigkauer Heide genannt, verlässt, dessen Blick wird vielleicht das Haus der Lotts zur Linken streifen. Allerdings muss man genauer hinschauen, um das Besondere würdigen zu können. Hundert Meter zurückgesetzt, von einer hohen Tanne beschattet, über dem Porphyrsockel in einen naturfarbenen Kratzputz gehüllt, tritt es dezent aus der Waldkulisse hervor; keinerlei Symmetrie verlangt nach Aufmerksamkeit. Doch dann fällt der sanfte Schwung der Oberkante auf ...Die Frage, was dies denn für ein Dach ist, wird in der Südansicht mit ihrer lebhaft-wellenförmigen Silhouette beantwortet: Man steht vor einem hyperbolisch-paraboloiden Schalendach, kurz „HP-Schale“ genannt. Gemeint sind damit, zumindest sehen wir eine Variante davon, stahlarmierte rinnenartige Betonfertigteile, die zur Versteifung zusätzlich in ihrer Längsachse gebogen sind. In enger Reihung aufgelegt, eignet sich das Element dazu, große Innenräume stützenfrei zu überspannen – und dies so dauerhaft wie kostensparend.

Das Haus ist in einen sanften Hang hineingebaut, was zur Folge hat, dass das von der Doppelgarage und Wirtschaftsräumen eingenommene Untergeschoss als Souterrain angelegt ist. An der Ecke zur tiefer gelegenen Südseite springt der Baukörper ein, um Raum für einen Balkon zu bieten. Diese Belebung der Kubatur ermöglichte es zugleich, das ins Untergeschoss ausgelagerte Arbeitszimmer an geschützter Stelle über eine Fenstertür mit vertieftem Freisitz zum Garten hin zu öffnen. Der Hauptzugang zum Haus erfolgt von der gegenüberliegenden Seite. Hier lockert das um die Ecke geführte Vordach die Strenge der Fassade auf – ein Anklang an die Zwanzigerjahre-Moderne.

Zu den Wohnräumen gelangt man über eine Innentreppe; eine zweite verbindet die beiden Geschosse an der Gartenseite. Unter den Räumen sticht das weitläufige, um die Ecke geführte Wohn- und Esszimmer mit seinen breiten nach Süden und Westen gehenden und von Riemchenpfeilern begrenzten Fenstern heraus. Ihr horizontaler Zug wird kraftvoll unterstrichen von den schwarzen Marmorfensterbänken. Mit der Änderung im Ausführungsplan, das Arbeitszimmer vom Untergeschoss nach oben zu nehmen, mussten dort Schreibtisch und Regale Platz finden, was gut gelang. Eine schlichte, in einem Dessauer Betrieb eigens für das Haus entworfene Massivholz-Schrankwand bildet das Gegenstück dazu.

Viel großzügiger als bei Engemanns eigenem Haus in Dessau und im Nachhall eines Schlüsselthemas der Architekturtheorie seit Vitruv – der „Urhütte“ – entstand hier ein Einheitsraum, der die Basisfunktionen Essen, Wohnen, Arbeiten aufnimmt, so wie es bereits in den Gestaltungen von Gropius und noch radikaler von Mies van der Rohe nachweisbar ist. Die Durchreiche zwischen der Küche und dem Hauptraum allerdings, ein modernes Funktionselement, das zur Zeit der Errichtung im Plattenbautyp P2 in der ganzen DDR verbreitet war, wurde von der Familie kaum genutzt.

So frei und unprätentiös das Haus in seinem Raumgefühl auch wirkt, so rationell die Konstruktion geplant wurde, nicht alles kann heutigen Funktionsanforderungen standhalten. Die Verkleidung der Wände des Untergeschosses aus Löbejüner Porphyr, ein regionaler Baustoff, langlebig und gut geeignet zur Gründung, bietet einen ungenügenden Wärmedämmwert, er wurde durch die Hintermauerung mit Langlochsteinen und einen dazwischenliegenden Luftraum verbessert. Vor allem die Erschließung der Wohnräume über ein enges Treppenhaus erschwert behindertengerechte Einbauten. Reminiszenzen wie ein Rundbogen im Flur, die (selten geschlossenen) Klappläden der kleineren Fenster und Fenstertüren sowie der Bruchsteinsockel setzen rustikale Akzente, die aber genug Zurückhaltung üben, damit der Gesamtcharakter nicht in einen „Heimatstil“ abdriftet.

Abb. 91
Ansicht von Südwesten,
2023

Abb. 92
Ansicht von Nordosten,
2023

Abb. 93
Hauptwohnraum, Blick zum Arbeitsplatz, 2023

Abb. 94
Hauptwohnraum, Blick zur Essecke, 2023

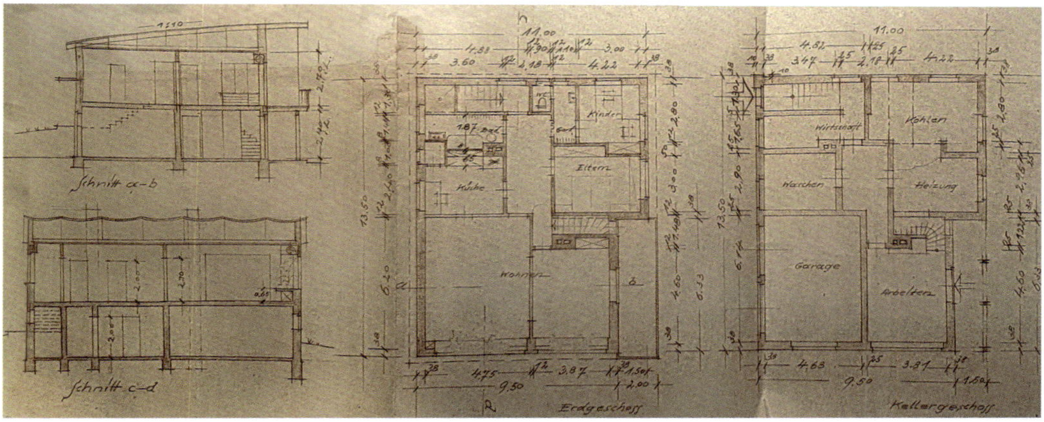

Abb. 95
Ansicht von Süden mit von Hand korrigierter Darstellung der Schalen

Abb. 96
Grundrisse und Schnitte

Eigenheime in der DDR

Bedenkt man die gesamtgesellschaftlichen Ziele des DDR-Bauwesens, und die wurden im Wohnungsbau besonders deutlich, überrascht ein solches Projekt im Privatauftrag. Immerhin hat hier eine Kleinfamilie fast 137 Quadratmeter in zwei Etagen überbaut. Neben der Priorität des Wohnungsbaus für den Massenbedarf war es die Ablehnung des Gartenstadtkonzepts im Rahmen der 1950 verabschiedeten „Sechzehn Grundsätze des Städtebaus", die den Eigenheimbau im Vergleich zu Westdeutschland einschränkten und in den Innenstadtbereichen weitgehend unmöglich machten.[389] Allerdings setzte zu genau jener Zeit mit der „Kulturverordnung"[390] ein Bauprogramm von zumeist getypten „Intelligenzhäusern" für die arrivierte akademische Schicht ein, um diese im Land zu halten. Neben Mehrfamilienhäusern umfasste es vor allem Eigenheime.

Mit der 2. Parteikonferenz der SED 1952 trat dies wiederum in den Hintergrund, dafür wurde durch den Ministerratsbeschluss vom 10. Dezember des Folgejahres die Förderung des Eigenheimbaus durch Kredite für jene Arbeiterfamilien und Angestellten beschlossen, die sofort 25 Prozent der Baukosten aufbringen konnten. Bereits 1956 hatte die Deutsche Bauakademie dafür Typenserien entwickelt.[391] Doch erst der wenig später vorgestellte Entwurf EW 58 des am Institut für Typung tätigen Wilfried Stallknecht, ein quadratisches Grundmodul, konventionell gemauert, eher eng geschnitten und mit Satteldach, wurde dann in mehreren Varianten und Nachfolgeprojekten der 1960er Jahre an Stadträndern sowie auf dem Land realisiert.[392] Für den Staat war es vorteilhaft, die Entstehung von Wohnraum vermelden zu können, ohne eigene „Kapazitäten" zu stark zu belasten, da hierbei ein Großteil in Eigenleistung umgesetzt wurde. Dem Problem einer rigiden Mangelbewirtschaftung beim Baumaterial blieben die Bauherren weiterhin ausgesetzt, und ein eigener, großzügigerer Entwurf, wie für das Haus Lott, machte die Sache nicht einfacher.

389 Das nach einer Phase unter konzeptioneller Offenheit im Zuge der Stalinisierung aller Lebensbereiche unter sowjetischer Regie von DDR-Planern erarbeitete Konzept erklärte die geschlossene, repräsentativ inszenierte Stadt zum Ziel. Gartenstädte und das Einfamilienhaus wurden als Breitenlösung auch deshalb abgelehnt, weil sie zur Entpolitisierung der Arbeiterklasse führen würden. Vgl. Butter, Neues Leben, neues Bauen, S. 173–175.

390 Vgl. Elke Richter, Der Deutschen Intelligenz – Intelligenzwohnungsbau in der DDR. Katalog der Entwürfe, Planlisten und gebauten Intelligenzhäuser 1950–1955, TU Dresden Professur für Baugeschichte Prof. Dr. Hans-Georg Lippert, Betreuung Andreas Schwarting, 2005.

391 Eigenheime 1956, in: Bundesarchiv DH 2-PLAN/5141.

392 Lehrstuhl für Denkmalpflege und Lehrstuhl Entwerfen/Bauen der Brandenburgisch Technischen Universität Cottbus und IRS Erkner (Hg.), Entwerfen im System – Der Architekt Wilfried Stallknecht, http://ddr-planungsgeschichte.de/wp-content/uploads/2018/06/katalog_stallknecht.pdf 2009, S. 13.

Abb. 97
Musterhaus des Typs
Luckenwalde 1, 1972

Einen weiteren Impuls erhielt der private Hausbau in der DDR immerhin 1971, als auf dem VIII. Parteitag der SED ein Förderprogramm beschlossen wurde, das bis 1989 die Errichtung von 265.000 Eigenheimen in einer großen Vielfalt an Typen[393] ermöglichen sollte. Hier spielten dann auch vorgefertigte Bauelemente wie Asbestzementtafeln und HP-Schalen eine Rolle. Verbreitung fand in der DDR der von Klaus Dietrich am WBK (Wohnungsbaukombinat) Halle in Beton-Plattenbauweise mit HP-Schalendeckung entwickelte und 1972 vorgestellte Typ Luckenwalde 1.[394] Auch der für den Export konzipierte und im selben Jahr in nur wenigen Exemplaren realisierte Einfamilienhaustyp ORA besaß ein HP-Schalendach, das allerdings von Wandüberständen verdeckt wurde.[395]

Friedrich Engemann kann mit dem 1967 entworfenen Haus Lott in dieser Hinsicht als ein Vorläufer, vielleicht sogar als Anreger gelten, denn er und Dietrich wirkten in einer Stadt. Auch Herbert Müller (1920–1995), der die HP-Schale bereits 1952 entwickelt hatte – die Baufunktionäre brauchten mehr als zehn Jahre, um ihr Potenzial zu erkennen –,[396] war in Halle, im Ingenieurbüro für Hochbau, tätig. Vor allem im DDR-Gesellschaftsbau wurden ab Mitte der 1960er Jahre HP-Schalenelemente in spezifischen Ausprägungen für die Ausbildung von Dächern und Wänden eingesetzt.[397] Wichtig ist hier, die seriell hergestellte von der handwerklich vor Ort gegossenen großflächigen Schale, wie sie Ulrich Müther (1934–2007) realisierte, zu unterscheiden. Vorzugsweise setzten die Projektanten die Müller-Schale beim Bau von Sport- und Kaufhallen ein. Den Rundkindergärten von Erich Hauschild, an mindestens acht Standorten, unter anderem in Roßlau, ausgeführt, würde ohne das nach innen geneigte Schalendach die Pointe fehlen. Dass sich in Halle-Neustadt die Anwendung dieser Elemente konzentrierte und dass dies auf den ganzen Bezirk Halle ausstrahlte, war kein Zufall: Richard Paulick, in der Dessauer Bauhauszeit Bürochef von Gropius, 1963 bis 1968 Chefarchitekt von „Ha-Neu" und dann Bezirksarchitekt, hatte die Schalenarchitektur in den 1950er Jahren zwar vehement abgelehnt. Als Protagonist und Verfechter des industriellen Bauens allerdings machte es für ihn einen fundamentalen Unterschied, dass sie nun in Form von Montageelementen zur Verfügung stand, wodurch der Baufortgang erheblich beschleunigt wurde.[398]

393 Bauakademie der DDR (Hg.), Eigenheime und mehrgeschossige Wohngebäude auf dem Lande, Projektauswahl, in: https://bauarchivddr.bbr-server.de/bauarchivddr/archiv/plarchiv/02840-3430/akten-und-mappen-pdf/02840-3430-eigenheime-und-mehegesch-wohngeb.pdf.

394 Deutsche Architektur 21 (1972), H. 11 (Sonderheft Eigenheimbau), S. 662–663.

395 Andreas Butter, Platte unter Palmen? Der Wohnungsbauexport der DDR, in: ders. / Thomas Flierl (Hg.), Der Architekturexport der DDR zwischen Sansibar und Halensee, Berlin 2023, S. 35–59, hier S. 54f. und Katalog, S. 242.

396 Tanja Scheffler, Development and application of precast hyperboloid shells, in: Annette Bögle / Manfred Grohmann (Hg.), East and West Germany from the 1950s to the 1980s, Proceedings of the IASS Annual Symposium 2017 „Interfaces: architecture. engineering.science", 25–28 September 2017, Hamburg, Germany.

397 Die Abrisse dieser Bauten schreiten voran, 2018 fiel eines der originellsten Zeugnisse der Anwendung der „Müller-Schale", das eigentlich denkmalgeschützte Planetarium (von 1978) auf der Peißnitzinsel in Halle.

398 Andreas Butter, „Narrenkappen" und „Libanisten". Richard Paulick in den Modernedebatten der fünfziger Jahre, in: Thomas Flierl (Hg.), Bauhaus, Shanghai, Stalinallee, Ha-Neu: Der Lebensweg des Architekten Richard Paulick 1903–1979, Berlin 2020, S. 226–235.

Das Haus Lott kann als ein besonders frühes Beispiel der Anwendung des HP-Schalendachs im privaten Bereich gelten. An ihm kam eine Bauform zum Tragen, die dem von Ökonomisierungszwängen geprägten Ausdruck der DDR-Moderne eine expressive Eigenheit gab.[399]

399
HP-Schalen der Firma Silberkuhl wurden zur selben Zeit in der Bunderepublik produziert, wirkten aber bei Weitem nicht so signifikant in der Breite.

Abb. 98
Verschiedene Einsatzmöglichkeiten der HP-Schale, Messeprospekt aus dem Jahr 1973

Die Moderne kommt nach Möst

Möst ist ein Dorf sorbischen Ursprungs, das jahrhundertelang gar nicht zu Anhalt gehörte. Mit zwei Nachbarorten hatte es eine kleine kursächsische, später preußische Enklave gebildet.[400] Doch die Beziehungen nach Dessau waren stets eng. Im Jahr 1764 erhielt Möst auf Geheiß von Fürst Franz ein stattliches Forsthaus: Das „Gartenreich" begann ganz nah in der Muldeniederung – nicht mit spektakulären Parks wie in Wörlitz, doch als Kulturlandschaft. Die Einbeziehung der Mulde-Altwässer ins Landschaftsbild, Obstpflanzungen im Umkreis der Dörfer und die weiträumige Aufforstung des Landstrichs südlich von Dessau waren Teil der herzoglichen Kulturprogrammatik. So wundert es nicht, dass in den 1920er Jahren – in der Stadt rauchten inzwischen die Schlote – die abwechslungsreiche, für die lokalen Verhältnisse ungewöhnlich hügelige Landschaft die Dessauer zur Sommerfrische anzog. Doch vor allem kamen sie während der Baumblüte im Frühjahr. Auch der bunte Bauhaustross, zu dem sich Friedrich Engemann gesellte, machte sich auf den Weg: Entweder wanderte man durch den Wald oder nahm den Omnibus.

Aus dem Forsthaus war da längst ein Gasthof geworden, betrieben von Max Vollschwitz, dem Großvater von Marlies Lott, als Restaurant-Ballhaus und Café „Zur Erholung". 1927 bekam das Gebäude einen Saalanbau mit Flachdach und vier hohen Fenstern zur Café-Terrasse.[401]

Eine professionelle elektrische Beleuchtung, aparte Dekorationselemente und ein Flugzeugpropeller als Ventilator lieferten nun den Rahmen für ausgelassene Festivitäten. Dahinter stand der innovationsfreudige spätere Schwiegersohn des Inhabers, Curt Seidel (1897–1968), der Vater von Marlies Lott. Der aus dem Vogtland stammende Elektrotechniker hatte eine Stelle in der Deutschen Continental-Gas-Elektrik-AG in Dessau,[402] eine Firma, die Junkers-Gasmotoren in Kombination mit Generatoren zur Energieerzeugung einsetzte. Für

400
Den anhaltischen Nachbarn war dieses Stückchen Ausland mitten im eigenen Territorium befremdlich, sie kommentierten es mit dem Spruch: „Schierau, Prioirau, Möst, da hat der Deibel sein Nest!"

401
Es ist bislang unbekannt, wer für den Entwurf zuständig war; das zuständige Kreisarchiv besitzt keine Dokumente mehr dazu. Die Freitreppe und die Eingangstür stammten von dem kurz zuvor abgerissenen Herzoglichen Palais an der Kavalierstraße in Dessau. Das Haus wurde 1993 abgerissen.

402
Vgl. Geschichte der Firma Curt Seidel Elektroweidezaun, https://seidel-weidezaun.de/firmengeschichte/ (21.11.2023).

Abb. 99
Gasthof in Möst mit dem
Saalanbau von 1927

Abb. 101
Curt Seidel mit Ehefrau Elsa
und den Kindern Manfred und
Marlies, später verh. Lott,
um 1949

Abb. 100
Festsaal des Gasthofs in Möst,
1927

deren Funktion war Seidel als „Elektromontage-Inspektor“ zuständig. Als Inhaber mehrerer Patente, einige davon im Zusammenhang mit Junkerstechnik, war er dem gegenüber wachen Geistern aufgeschlossenen Firmenchef verbunden – nicht zuletzt deshalb, weil sich Junkers für die Anbindung des ländlichen Umfelds von Dessau an das Stromnetz einsetzte. Um so mehr traf ihn die Entfernung Junkers’ aus seiner Position 1933. In den Folgejahren engagierte sich Seidel sowohl für die weitere Elektrifizierung der Muldestadt als auch in der Genossenschaftsbewegung, die 1938 eine moderne Molkerei in Dessau-Süd bauen ließ.

In Möst hatte der junge Techniker, der hier außerdem auf 16 Hektar Milchwirtschaft betrieb, Friedrich Engemann kennengelernt, mit dem er die Verbindung aus kreativer Energie und bodenständiger Herkunft teilte. Kurz nach Kriegsende begegneten sie sich wieder, in einem Untersuchungsgefängnis des sowjetischen Geheimdienstes (von der Bevölkerung „GPU-Keller“ genannt) in der Dessauer Bismarckstraße. Engemann wurde von den sowjetischen Behörden bald entlassen; Seidel, der Bürgermeister des Dörfchens Möst mit seinen dreizehn Höfen gewesen war, kam erst nach einem halben Jahr frei, nachdem ein entlastendes Schreiben von polnischen Zwangsarbeitern beigebracht werden konnte. Der Schock verband beide Familien noch enger, und als Seidels Tochter Marlies von 1956 bis 1962 in Halle Landwirtschaft studierte, konnte sie bei Engemanns wohnen.

Die Gaststättenkonzession hatte die Familie Seidel bereits nach dem 17. Juni 1953 verloren (der Konsum war nicht in der Lage, den Betrieb auf demselben Niveau weiterzuführen, und 1975 wurde der Betrieb eingestellt). Doch Curt Seidel erfand sich neu und eröffnete auf Grundlage seiner Patente einen Handwerksbetrieb zur Herstellung von elektrischen Weidezäunen, die in der kollektivierten Landwirtschaft mit den großen Viehbeständen dringend benötigt wurden.[403] Als sich seine Gesundheit Mitte der 1960er Jahre verschlechterte, musste seine Tochter Marlies, die beruflich gerade Fuß gefasst hatte, den Betrieb übernehmen. Inzwischen hatte sie Reinfried Lott geheiratet, und bald war ein Kind unterwegs. Man brauchte also eine Wohnung. Für Gewerbetreibende auf dem Land hieß das: ein Haus. Und wieder bewährte sich die Freundschaft zwischen den Familien Seidel, und nun auch Lott, und Engemann.

403
Nach der Wende stürzte die Firma in eine Existenzkrise, weil die neuen Vertreiber Ostprodukte generell aus dem Angebot nahmen. Die inzwischen konsolidierte Firma ist seit 2020 weiterhin als Familienbetrieb im vogtländischen Muldenhammer angesiedelt.

Nicht unterkriegen lassen …

Wer privat in der DDR baute, konnte sich nicht darauf verlassen, von den oben genannten Fördermaßnahmen zu profitieren. Sicher half es, zu den Funktionseliten des „Arbeiter-und-Bauern-Staates" zu gehören, an der Erdgastrasse „Drushba" gearbeitet zu haben oder über Westgeld zu verfügen. Auch Kinderreichtum wäre hilfreich gewesen. Doch selbst dann blieb der Zugang zu nicht bewirtschaftetem Baumaterial schwer kalkulierbar.[404] Allein, was die Familie in die Waagschale legen konnte, waren Beharrlichkeit und Beziehungen. Die wichtigste davon war die zu Friedrich Engemann, der auf sein Honorar verzichtete, stets ermutigte und Lösungen fand. Als die Familie versuchte, das Fundament mit Findlingen zu stabilisieren, brach er das Unterfangen ab: „Mein lieber Gott, das wird doch hier nichts, das wird doch ein Kugellager, was ihr macht!"[405], und knüpfte den Kontakt zum Chef des Porphyrsteinbruchs. Weil diesen das Engagement von Marlies Lott und ihrer Schwägerin für das Projekt beeindruckte, durften sie sich die besten Exemplare aussuchen. Das Glück riss nicht ab: Eine Ziegelei in Elsnigk verwahrte einen Restbestand von 30.000 Langloch-Rohziegeln, da ihr Ofen hinüber war. Lotts konnten diese kaufen, nur mussten sie sie ins fünf Kilometer entfernte Merzien transportieren, um sie dort brennen zu lassen. Und so geschah es auch. Die großen Fensterscheiben des Wohnzimmers waren eigentlich Schaufenster und stammten aus einem kriegsbeschädigten Geschäftshaus (nach der Wende ersetzt); verschiedenfarbige Fliesen wurden durch Tausch kombiniert. Beim Schachten legte man selbst Hand an; gemauert haben die Kollegen von Reinfried Lott vom VEB Meliorationsbau in „Feierabendarbeit". Nachdem klar war, dass das ursprünglich geplante Satteldach nicht realisierbar war, weil die Zimmerei in Raguhn ausschließlich in den Westen lieferte, brachte Engemann die Idee mit den HP-Schalen auf. Dies hatte den Vorteil, dass keine der Innenwände tragend ausgeführt werden muss-

404
Der Verfasser baute selbst Mitte der 1980er Jahre eine Garage in Dessau. An glücklichen Tagen, an denen regulär Zement verkauft wurde, bedeutete dies, sich trotz Rationierung unauffällig noch einmal anzustellen und mit dem Beladen aufzuhören, bevor der Trabant zusammenbrach.

405
So erinnert sich Marlies Lott.

te. Die Berechnungen für die Montage übernahm Marlies' Bruder Manfred, verlegt wurden die Elemente mit zwei Kränen des befreundeten Bauunternehmers Heinrich Fackiner. Am Ende stellte der Architekt dem Ingenieur Herbert Müller („Schalen-Müller") das Ergebnis selbst vor.
Als erstaunlich kooperativ erwies sich die Genehmigungsbürokratie – und das bei einem Standort außerhalb der Ortslage! Zudem waren die jungen Ingenieure im Bauordnungsamt Bitterfeld froh, so Marlies Lott, dass es sich um ein von Friedrich Engemann betreutes Projekt mit der „leicht und heiter"[406] wirkenden HP-Schale handelte. Dem neueren Konkurrenzprodukt, einer in ihrer eigenen Stadt hergestellten „VT-Falte", hätten sie wegen der schwereren Ausbildung nicht zugestimmt. Anzumerken ist, dass später Häuser mit ebensolchen Dächern in der Nachbarschaft entstanden.

Aber in der DDR hätte etwas gefehlt, wenn der ungeliebten „Ausbeuterklasse" – unzählige Familienunternehmen machten diese Erfahrung – nicht irgendein Knüppel zwischen die Beine geworfen worden wäre.[407] Als es daran ging, die Rechnung für die Fenster zu bezahlen, verkaufte Marlies Lott, notariell beglaubigt, ein Grundstück bei Möst an Dessauer, die sich dort Wochenendhäuser bauen wollten. Marlies Lott erzählt von der Überraschung, die sie beim Gespräch mit der Sparkasse erlebte: „‚Im ersten Jahr bekommen sie 3000, im zweiten Jahr 3000 und im dritten 2300 Mark.' Ich sag: ‚Warum? Ich hab die Rechnung vom Tischler!' ‚Nein. Das hätten Sie sich vorher überlegen müssen, das bekommen Sie in drei Jahresraten. Sie könnten ja sonst spekulieren mit dem Geld.' Ich sage, ‚Ich hab doch die Rechnung! Ich kann doch nicht mehr spekulieren!' Aber ich konnte nichts dazu machen, ich musste drei Jahre auf die letzte Rate warten."[408] Das Geld wurde dann im Familienkreis zusammengeborgt, und so war das Haus im Herbst 1968 nach einjähriger Bauzeit winterfest.

Das Haus Möst von Friedrich Engemann belegt, besonders im Hauptraum mit seinem offenen Grundriss, wie sich Ideen aus der Bauhauszeit vierzig Jahre später in einem Bauvorhaben auf dem Land anspruchsvoll umsetzen ließen – ein in den Nachkriegsjahrzehnten verbreitetes, aber jeweils in unterschiedlicher Deutlichkeit wahrnehmbares „Durchsickern" in die Baupraxis. Mit dem HP-Schalendach, einer damals hochmodernen Bauform, wurden Modifikationen des Raumprogramms erst zur wirklichen Option. Bei allen systembedingten Einschränkungen durch die Verhältnisse in der DDR wurden zugleich die Spielräume gewürdigt, die sich durch Er-

406 Aus der Erinnerung von Marlies Lott, Telefongespräch vom 9.8.2023.

407 Vgl. Thomas Großbölting, SED-Diktatur und Gesellschaft: Bürgertum, Bürgerlichkeit und Entbürgerlichung in Magdeburg und Halle, Halle 2001.

408 Im Interview mit Marlies Lott im Beisein ihrer Tochter Kirsten am 18.1.2023.

findungsreichtum und Hilfsbereitschaft öffneten. Nicht zuletzt soll die Darstellung dazu anregen, die Entstehungsgeschichte von charaktervollen Zeugnissen der Moderne im ländlichen Raum – sowohl aus der Weimarer Republik als auch aus der Nachkriegszeit – stärker ins Auge zu fassen als bislang.

Anhang

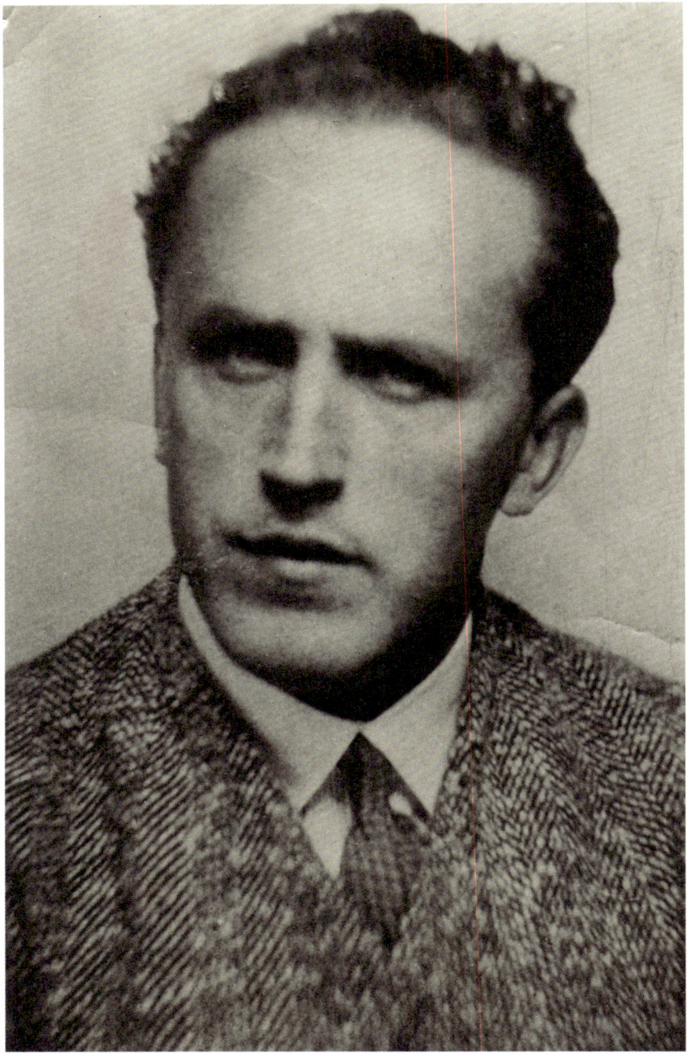

Abb. 102
Friedrich Engemann,
1930

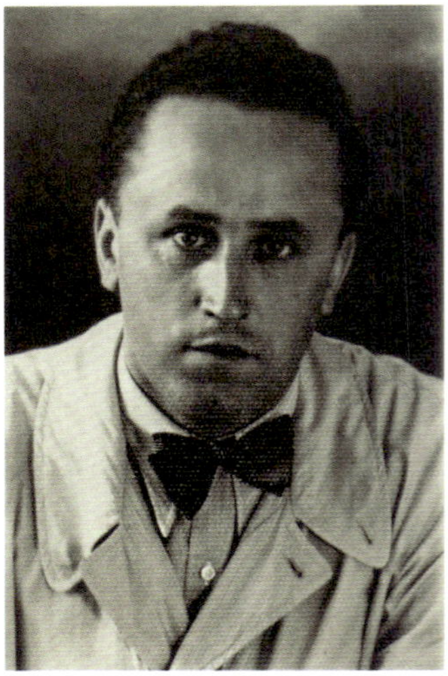

Abb. 103
Friedrich Engemann,
nach 1929

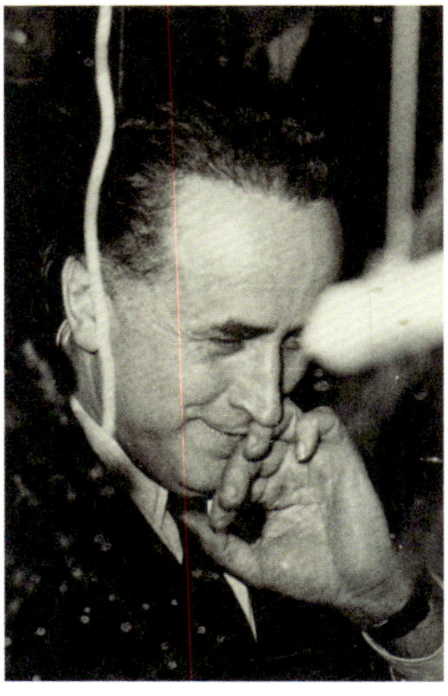

Abb. 104
Friedrich Engemann,
nach 1950

Kurzbiografie Friedrich Engemann

1898	Geboren am 13. Mai in Meuselwitz bei Görlitz, Sachsen
1904–1912	Besuch der Volksschule in Meuselwitz
1912–1915	Lehre als Maurer im Baugeschäft Öhmichen, Reichenbach, Oberlausitz; Gesellenprüfung
1915–1916	Maschinenarbeiter in der Waggonfabrik Görlitz
1916–1918	Kriegsdienst als Musketier an der Westfront
1919–1922	Studium an der Höheren Lehranstalt für Hoch- und Tiefbau Görlitz, Baugewerkschule; praktische Arbeiten auf Baustellen
1922–1923	Entwurfsarbeit und Bauleitung beim Architekturbüro A. Hentschel, Görlitz
1923–1924	Studium an der berufspädagogischen Abteilung der Gewerbeakademie, Chemnitz; Studentenvertreter; Staatsprüfung mit „gut“

1924–1926	Gewerbeoberlehrer an der Gewerblichen Berufs- und Fachschule, Görlitz; Weiterbildung in der Bau- und Möbeltischlerei Becker, Görlitz; Meisterprüfung als Tischler
1925	Heirat mit Alma Else Imboden (später Weberin am Bauhaus)
1926–1927	Studium an der Staatlichen Akademie für Kunstgewerbe, Dresden; Architektur und Raumkunst bei Prof. Erich Zschiesche, Kunstkritik bei Dr. Heinrich Goesch
1927	Leiter der Verbandsberufsschule Geringswalde
1927–1933	Gewerbeoberlehrer an der Gewerblichen Berufs- und Fachschule der Stadt Dessau; Aufbau und Leitung von pädagogischen Fortbildungslehrgängen für Berufsschullehrer im Auftrag der Anhaltischen Regierung, Abteilung Schulwesen
1928–1929	Studium am Bauhaus Dessau im Vorkurs, in der Metallwerkstatt und der Tischlerei
1929–1932	Bauhaus Dessau: Architekt und Lehrer für Bau/Ausbaukonstruktion, Darstellende Geometrie, Technische Mechanik, Ausbaugestaltung; Leitung der Versuchs- und Entwicklungswerkstatt Holz; zahlreiche Möbel- und Architekturentwürfe, unter anderem für den Dessauer Volksblattverlag
1930–1931	Entwurf und Bau des eigenen Wohnhauses inklusive Inneneinrichtung in Dessau, Fischereiweg 13 (heute Nr. 24)
1932–1933	Lehrer und Leiter der Ausbauwerkstätten am Bauhaus Berlin
1933–1939	Mitglied der NSDAP (Mitgliedschaft von Militärangehörigen ruhte während des aktiven Wehrdienstes)

1933–1939	Technische Lehranstalten in Dessau: Lehrtätigkeit als Gewerbeoberlehrer und Leiter der Abteilung Holz, Möbel- und Architekturentwürfe
1939–1945	Einberufung zum Kriegsdienst im fachlichen Einsatz als Architekt in Bau- und Ausbaustellen und an Luftschutz- und Flugmeldeschulen in Halle und Dresden sowie als Leiter einer Zeichenstelle
1945	Im Juni Rückkehr nach Dessau nach kurzer amerikanischer Kriegsgefangenschaft; ab September Leitung der Bau-Lehrwerkstätten der Stadt Dessau
1945	Geburt von Tochter Christine
1946	Kurzzeitige Inhaftierung im Untersuchungsgefängnis des sowjetischen Geheimdienstes („GPU-Keller“) in Dessau; Mitgliedschaft in der SPD / SED
1945–1948	Architekt mit eigenem Atelier in Dessau; Betrieb einer Werkstatt zur Entwicklung von Modellen für die serienmäßige Herstellung zeitgemäßer Möbel; Leiter der Lehrwerkstätten und zeitweise Anstellung im Stadtbauamt; Mitglied in der Planungsgemeinschaft Bauhaus; Versuch der Wiederbelebung des Bauhauses zusammen mit Hubert Hoffmann und anderen ehemaligen Bauhäuslern; Organisation und Leitung von Umschulungslehrgängen für ehemalige Rüstungsarbeiter und Ingenieure; Mitarbeit an Planungsaufgaben und Wiederaufbau-Normungen; Arbeit als Architekt für den FDGB, die SED, die Stadt Dessau und für den VEB Papierfabrik Dessau; Aufbau und Leitung einer Vereinigung von Kunsthandwerkern

1948–1950	Dozent an der Burg Giebichenstein Kunstschule und Werkstätten der Stadt Halle, Übernahme der Klasse für Möbel- und Innenausbau und deren Umprofilierung zum Fachseminar Raumgestaltung mit Versuchs- und Entwicklungswerkstatt Holz
Ab 1950	Organisation und Leitung eines Kollektivs zur Beratung von MAS- und MTS-Kulturbauten
1950	Mit der Umwandlung der halleschen Schule zum Institut für angewandte Künste und Werkstätten der Burg Giebichenstein an der Martin-Luther-Universität Halle-Wittenberg (nach Weggang von Hanns Hopp nun unter dem Direktorat von Walter Funkat) Neuorganisation und Leitung der Abteilung Bau- und Raumgestaltung; Berufung zum Professor
1951	Einzelvertrag als „Professor mit Lehrauftrag“; seither Mitarbeit in Gutachterausschüssen des Deutschen Amtes für Material- und Warenprüfung
1951–1970	Professor am Institut für künstlerische Werkgestaltung Burg Giebichenstein/Halle (1956–1958 der Hochschule für bildende und angewandte Kunst Berlin angegliedert) und ab 1958 an der Hochschule für Industrielle Formgestaltung Halle – Burg Giebichenstein, 1951/52 interimistische Institutsleitung, ab 1952 stellvertretender Direktor für Studienangelegenheiten, 1958–1960 Aufbau und Leitung eines Entwicklungsinstituts für technische Formgestaltung, ab 1960 Prorektor für Forschung und Entwicklung (unter den Rektoren Walter Funkat und Erwin Andrä); Projektstudien für die räumliche Erweiterung der Schule Burg Giebichenstein; Mitarbeit an zahlreichen repräsentativen Bauten; Innen-

	einrichtungen für Flugzeuge, Schiffe und Schienenfahrzeuge; Mitglied des Zentralvorstandes des Verbandes Bildender Künstler der DDR
1952	Angebot von Mart Stam, an die Hochschule für angewandte Kunst Berlin-Weißensee zu wechseln, abgelehnt
1952/53	Möbelentwürfe im Auftrag der Bauakademie, unter anderem für die Berliner Stalinallee
1954	Berufung in den künstlerischen Beirat des Ministeriums für Leichtindustrie und der Deutschen Bauakademie sowie in mehrere zentrale Fachkommissionen verschiedener Industriebereiche und des Handels
Ab 1954	Aufbau und Vorsitz des „Klubs der Intelligenz“ in Halle und Mitglied des Zentralrates des „Klubs der Intelligenz“, Berlin
Ab 1962	Vorsitzender des Rates für Industrieform beim Ministerium für Kultur der DDR
1964	Diplom als Formgestalter ehrenhalber verliehen
1967–1968	Eigenheim der Familie Lott in Möst bei Dessau
1970	Angebot für einen Lehrauftrag an der TU Darmstadt
	Verstorben am 24. Januar in Potsdam nach einem Verkehrsunfall

Hervorhebungen von Friedrich Engemann, SBD, Inv.-Nr.: I 8551/1-5 D

1. bauhaus (ausbauwerkstätten).

ein versuch, produktion und pädagogik in einklang zu bringen. 24.08.1930

augenblicklicher zustand:

in dem bestehden missverhältnis zwischen produktion und pädagogik liegt m. e. der grund für das mangelhafte funktionieren der organisation.

der produktionsgang einer schulischen einrichtung (bauhaus) muss sich wesentlich unterscheiden von dem eines industriebetriebes. das scheint mir am bauhaus zu wenig berücksichtigt zu sein.

der glatte, in allen details vorauszubestimmende arbeitsgang eines industriebetriebes ist am bauhaus (eben weil es eine schulische einrichtung ist) nicht durchzuführen, zumindest nicht unter den z. z. geltenden voraussetzungen.

die egoistischen absichten (geistig und materielle) der lernenden stehen der glatten abwicklung eines normalen (nicht-schulischen) arbeitsganges hindernd im wege.

ohne diesen spekulativen absichten der lernenden ist aber ein bauhaus nicht denkbar, sie sind also als vorhandener sogar zu begrüssender faktor, einzusetzen.

das ist bisher (beispiel tischlerei) nicht systematisch genug geschehen.

vorschlag:

A. nachfragen nach bauhauserzeugnissen können nur dann sofort zusagend beantwortet werden, wenn es sich um festgelegte modelle handelt.

B. anfragen, die sich auf neu zu schaffende dinge beziehen, müssen auf breitester grundlage bearbeitet werden.

1. wöchentlich mehrmals zu festgesetzter zeit bekanntgabe und besprechung aller eingegangenen anfragen, obligatorisch für alle ausbauleute.

2. bildung interessierter bearbeitungsgruppen. festsetzung einer bearbeitungsfrist.

3. nach ablauf dieser frist, besprechung und kritiik der arbeitsergebnisse möglichts innerhalb der gesamten bauabteilung.

4. evtl. nochmalige bearbeitung der dinge unter berücksichtigung der besprechungsergebnisse.

5. kalkulation und ausarbeitung des angebotes unter äusserster berücksichtigung der frage wie weit ist es möglich und ratsam, studierende an der ausführung zu beteiligen. kalkulation und ausarbeitung des angebotes muss von zentraler stelle aus erfolgen.

6. bei auftragserledigung ist darauf zu achten, dass die voraussetzungen, die für das angebot grundlegend waren, (beispielsweise art und umfang der beteiligung von studierenden) unter allen umständen eingehalten werden.

veränderungen oder verbesserungen gegenüber dem angebot dürfen nur vorgenommen werden, wenn die auftragserteilung das zuläst, oder, wenn der auftraggeber sich nachträglich damit einverstanden erklärt hat. alle versuche und spekulationen sind nach möglichkeit vor abgabe des angebotes innerhalb der unter 2 zu bildenden arbeitsgruppen zu erledigen.

die innerhalb der tatsächlichen ausführung gemachten erfahrungen werden in der regel späteren arbeiten zugute kommen.

nur unter strenger innehaltung dieser grundsätze ist es nach meiner ansicht möglich, zu vermeiden, dass fast alle unsere arbeiten „verlustaufträge“ werden, und das enttäuschung und verstimmung das ende jeder geschäftsverbindung sind.

7. alle werkstatterzeugnisse müssen innerhalb der gesamten ausbaugruppe möglichst vielseitig pädagogisch ausgewertet werden.

8. produktionsgewinne sind möglichst nicht direkt an einzelne studierende sondern in bestimmte werkstatt- oder abteilungsfonds zu zahlen. aus diesen fonds würden aufwendungen für versuchsarbeiten, für informationen und unterrichtszwecke und für besondere leistungen von arbeitsgruppen oder einzelpersonen zu machen sein.

die vorteile einer meinem vorschlage entsprechenden organisation würden m. e. in folgendem bestehen:

zu 1. die jetzt sehr fragliche zusammenarbeit zwischen den einzelnen werkstätten wird zu einer wirklichen. jede Frage wird von mehreren seiten aus aufgegriffen und untersucht werden können. interessenverbindungen von werkstatt zu werkstatt, von beteiligten zu beteiligten (auch von meister zu meister) werden entstehen und anregungen werden gegeben.

zu 2. die an der sache besonders interessierten werden sich zu einer arbeitsgruppe zusammen finden, damit ist die wichtigste pädagogische forderung für eine erspriessliche arbeit erfüllt.

im mittelpunkt aller unterweisungen theoretischer und praktischer art steht die interessierende sache.
damit ist der jetzige unmögliche zustand, dass man „arbeitspädagogik“ treibt ohne zu arbeiten, beseitigt.

durch festsetzung einer bearbeitungsfrist erzieht man zur konzentration und überhaupt zur systematischen arbeit.

zu 3. durch gemeinsame besprechung der ergebnisse verhindert mandie bildung von cliquen und egoistisch eingestellten grüppchen. außerdem können die arbeitsergebnisse auf breiter basis pädagogisch ausgewertet werden.

zu 4. unter möglichster beteiligung der oder des verantwortlichen meisters wird nun aus den arbeits- und besprechungsergebnissen das ausführungsreife angebot herauszukristallisieren sein.

zu 5. bei der kalkulation muss die feststellung, ob und wieweit studierende an der ausführung beteiligt werden können, eine große rolle spielen. diese mitarbeit ist ihrer art und ihrem umfang nach auch in bezug auf ihre geldliche auswirkung genau festzulegen.

zu 6. die werkstattleiter bezw. Werkmeister sind dafür verantwortlich, dass bei auftragserledigung die kalkulationsvoraussetzungen absolut innegehalten werden.

zu 7. die „technische werklehre" (beispielsweise holzverbindungen, metallverbindungen, materialausnutzung) wird hier zum grossen teil erledigt, zumindest aber angeknüpft werden können, so weit sie nicht schon innerhalb der versuchsarbeit (unter 2. und 3.) erledigt ist. kalkulation dürfte sich hier ebenfalls besonders lebendig treiben lassen (vergl. zwischen vor- und nachkalkulation beispielsweise).

zu 8. durch die unter punkt 8 vorgeschlagenen massnahmen wird die gesamte werkstatt leistungsfähiger. an stelle persönlichen egoismusses tritt ein allgemeines interesse an der werkstatt. das halte ich im hinblick auf die jetzigen zustände (beispiel tischlerei) für sehr wertvoll.

mit den gleichen massnahmen verhindern wir ein wettlaufen nach „guten aufträgen" (d. h. also nach solchen, bei denen der beiteiligte voraussichtlich geld verdient).

ich sehe überhaupt in punkt 8 meines vorschlages die einzig mögliche grundlage für <u>eine wirkliche kollektivarbeit</u> innerhalb der werkstätten.

2. Brief von Friedrich Engemann an Hermann Henselmann v. 17.9.1945
(nicht abgeschickt)

SBD, Inv.-Nr.: I 17225/1-5 D

Friedrich Engemann D e s s a u , Fischereiweg 13.

17.9.1945

Herrn Prof. H e n s e l m a n n Weimar
Bauhaus.

Sehr geehrter Herr Professor !

Durch die „Tägliche Rundschau" vom 16.9.45 erfahren wir von Ihrer Absicht, die Tradition des Bauhauses weiterzuführen.
Diese Nachricht wird bei den alten Bauhausfreunden Freude und Zustimmung auslösen. Mit Genugtuung werden alle, die das Bauhaus wirklich kannten, Ihrer Erklärung entnehmen, dass Sie entschlossen sind, mit dem Namen auch das verpflichtende Erbe dieser einzigartigen Schule zu übernehmen.

Das Bauhaus ist aus der Reihe der Faktoren, die das moderne Bauen (Bauen im weitesten Sinne) wesentlich beeinflussten, nicht wegzudenken. Diese Tatsache wird heute von vielen anerkannt. Auch die Zahl derer, die dem Institut ein besonderes Verdienst als Impulsgeber im Rahmen moderner Berufs- und Fachpädagogik zusprechen, ist größer als man so gemeinhin annimmt. Alle diese Meinungen und Auffassungen – so positiv sie auch sein mögen – treffen doch nur zu einem Teil den tatsächlichen Kern. Der wirkliche Werte dieses einmaligen Instituts ist wohl nur dem ganz deutlich geworden, der es erlebt, der sich selbst als Teil dieses Ganzen empfunden hat. Es ist wohl kaum an einer anderen Schule so fanatisch gesucht, gekämpft und gerungen worden, wie an diesem Bauhaus; trotzdem war etwas da, etwas alle Teile verbindendes Gemeinsames, das in seiner Originalität so absolut und so bestimmend war, dass selbst ein Wechsel zwischen zwei so starken und in ihrer Art so verschiedenen Persönlichkeiten wie Hannes Meyer und Mies van der Rohe diese Originalität nur mehr in der Form als Wesen berührte.

Ich habe das Glück gehabt, das Bauhaus von innen her zu erleben, ich habe 5 Jahre lang aktiv und z.Teil massgeblich darin mitarbeiten dürfen (1 Jahr als Schüler und 4 Jahre als Lehrer, davon 2 Jahre als Mitarbeiter von Hannes Meyer und 2 Jahre als Mitarbeiter Mies van der Rohes). Ich war außerdem Mitglied des aus drei hauptamtlichen Lehrern bestehenden Direktionsbeirates, der die Aufgabe, hatte, den Direktor in allen zur Diskussion stehenden Fragen zu beraten. Es ist schwer, für das , was am Bauhaus spezifisch war, eine Formel zu finden. Was man den Fachschulen aller Art und aller Stufen vorwerfen darf, dass sie krampfhaft versuchen den „Fachmann" zu produzieren und dabei am Menschen vorbei gehen, das war hier anders. Hier – am Bauhaus – stand der Mensch im Mittelpunkt aller Betrachtungen, den Mensch und sein Verhältnis zur Umwelt, die wir – ob wir wollen oder nicht – mit unserem Bauen verändern gestalten. Das ist natürlich „Politik", wie man ja nun einmal ehrliches Bauen und Weltanschauung nicht voneinander trennen kann. Das Bauhaus war wohl die einzige Schule, die das ganz klar erkannte, und die den Mut hatte, daraus für ihre Arbeit die Konsequenzen zu ziehen.

Wenn Sie, sehr geehrter Herr Professor, dem Bauhaus den Vorwurf einer zu geringen Verbindung zur Praxis machen, so kann sich das, wie Sie ja auch selbst betonen, tatsächlich nur auf seine erste Periode beziehen. In der Dessauer wie auch in der kurzen Berliner Zeit war das Gegenteil der Fall, was ja die Dessauer Siedlungsbauten und die hohen Lizenzeinnahmen für Bauhaus-Werkstättenerzeugnisse beweisen. Diese Einnahmen hatten bis zuletzt steigende Tendenz und zu den bestehenden Bearbeitungsverträgen für Tapeten, Reklamen, Druckstoffen, Einzelmöbeln, Leuchten usw. kamen laufend neue. Wir konnten es damals alle nicht fassen, dass mit dem gewaltsamen Eingreifen der Berliner Gestapo im März 1933 diese ganze positive Entwicklung erledigt und tot sein sollte.

Inzwischen sind 12 Jahre vergangen. Im stark angeschlagenen Bauhausgebäude, das zwischendurch „Amtswalterschule der NSDAP" und Bürogebäude der Rüstungsindustrie war, schulen wir jetzt in den gleichen Werkstatträumen, in den ich einst die Abteilungen „Holz" und „Metall" führen und beeinflussen durfte, im Auftrage der Stadt Dessau hunderte von Ingenieuren, Kaufleuten und Rüstungsarbeitern um zu Bauleuten (Maurern, Zimmerern, Tischlern). Ein eigentümlicher Kreislauf, in dem wir ehemaligen Bauhäusler so etwas wie eine Genugtuung erblicken durften.

Ihr Entschluss schließt den Kreis erst vollkommen. Wenn man heute daran geht, die Entwicklungsfäden wieder aufzunehmen, die uns vor 12 Jahren aus den Händen geschlagen wurden, so stellt man immer wieder fest, wie erschreckend wenig wirklich Produktives in der Zwischenzeit geschehen ist. Ich bin überzeugt, dass Sie dort anfangen werden, wo wir aufhören mussten.

Ich weiß nicht, wie Mies van der Rohe die Nachricht von der Wiedererstehung des Bauhauses in Deutschland aufnehmen wird. Mit seiner Übersiedlung nah Amerika ging die Verbindung zu ihm verloren.

Als einer seiner ehemals engsten Mitarbeiter kenne ich ihn aber so, dass ich überzeugt bin, dass im Grunde auch bei ihm Freude und Genugtuung überwiegen werden.

Hochachtungsvoll
Friedrich Engemann.

(Unveröffentlicht, Hervorhebungen von Friedrich Engemann), SBD, Inv.-Nr.: I 17234/1-6 D

3. Wiedereröffnung des Bauhauses, Februar 1947

In der „Freiheit“ Nr. 43 v. 21.2.47 erschien unter der Frage „Wird das Bauhaus eröffnet?“ ein Artikel, der uns Veranlassung gibt, etwas ausführlicher auf diese Gedanken einzugehen.

Vor 20 Jahren schuf Walther Gropius das Dessauer Bauhaus. Was wir in der Zwischenzeit erlebten, gibt uns genügend Abstand, die Dinge nunmehr aus der erforderlichen Entfernung zu sehen.
Es ist wohl niemals soviel für und wider eine Schule geschrieben und gesprochen worden, wie über diese Hochschule für Gestaltung. Die lange Reihe der an der Existenz des Bauhauses so oder so Interessierten umfasste alle Einstellungen von der unversöhnlichen Ablehnung durch eine rückständige Welt, die sich in ihrer spießbürgerlichen Existenz bedroht fühlte bis zur kämpferischen Bejahung durch die besten und bekanntesten Künstler und Wissenschaftler aus allen Teilen der Welt, von den Schreibern kleiner Schmierblättchen bis zu den Vertretern der Weltpresse. Diese Tatsache allein beweist, dass es sich hier um etwas Besonderes handeln musste.
„Der Wahre Künstler lebt seiner Zeit voraus!“ Dieses nur allzu gern angewandte Wort hat eine doppelte Bedeutung, es umschließt Bejahendes und Verneinendes zugleich. Indem es einerseits das schöpferische Primat des wahren Künstlers anerkannt, dient es leider gleichzeitig als Entschuldigung für die eigene Trägheit, für die Verständnislosigkeit und dem vielfachen feststellbaren Mangel an gutem Willen, die fortschriftlichen Impulsgeber zu begreifen und ihrem Wirken den erforderlichen Raum zu geben. Aber gerade darauf kommt es an!
Im Rahmen unserer heißen Bemühungen um den Aufbau einer neuen, wahren und lebensstarken Demokratie ist es geradezu unsere erste staatsbürgerliche Pflicht, die wirklich schöpferischen Kräfte der Zeit zu erkennen und ihrem Wirken zum Durchbruch zu verhelfen. Das gilt nicht nur für die Kunst, sondern gleichbedeutend für alle Gebiete unseres Gemeinschaftslebens. Wenn die „Geschichte des Bauhauses“ einmal alle die bejahenden und fördernden Stimmen aus aller Welt aufzählen wird, dann wird man erstaunt und überrascht sein von der Einmütigkeit aller wirklich fortschrittlichen Kräften in ihrer Einstellung zu dieser Schaffensstätte, die mit ihnen gemeinsam im revolutionären Drängen der Zeit voraus lebte, wie uns andererseits die

Stimmen des Hasses und der Ablehnung heute, nachdem sie von der Entwicklung widerlegt sind, gerade in ihrer Negation merkwürdig erscheinen, wie sich allein in ihrem damaligen Vorhandensein schon der kämpferische vorwärts drängende Charakter des Instituts beweist.
Die Vertreter der fortschrittlichen Parteien des damaligen Dessauer Gemeinderates dürfen heute mit Genugtuung feststellen, dass sie in die Reihe derer gehören, die das schon damals erkannten, und die den Mut hatten, für ihre Erkenntnis einzutreten. „Bauen heißt Gestaltung aller Lebensvorgänge!“ Das war Lehr- und Lebensgrundsatz im Bauhaus. Im Gegensatz zu den „Fachschulen“ aller Arten, die Ihre ausschließliche Aufgabe darin sehen, „Fachwissen“ zu vermitteln, den „Fachmann“ zu schulen, stand im Bauhaus der Mensch im Mittelpunkt aller Betrachtungen, der Mensch und sein Verhältnis zur Umwelt, die wir mit unserem Bauen verändernd gestalten. Vom Bauhaus und seinem Wirken gingen Impulse aus, deren reformierenden Einfluss auf die gesamte Kunsterziehung heute kaum noch bestritten wird. Ebenso sind die zweckmäßigen und formschönen, durch zahlreiche Herstellerfirmen vervielfältigten Werkstatterzeugnisse des Bauhauses aus der Gestaltungsentwicklung der letzten Jahrzehnte nicht wegzudenken.
Das Bauhaus schuf schon damals allen Widerständen zum Trotz in sich den neuen Typ einer Hochschule, die jedem Begabten, ohne Rücksicht auf Besitz- und Bildungsvorrechte zugänglich war. In seinem Lehrverfahren, in seinen Lehr- und Modellwerkstätten war das Bauhaus eine sozialistische Arbeitsgemeinschaft. Die aus der engen Verbindung von Schulen und Leben, von Bauen und Weltanschauung resultierende, der damaligen Zeit weit vorauseilende Erziehungsform musste sich ganz selbstverständlich den Hass und die Ablehnung des Spießertums und der Reaktion zuziehen.
Im Oktober 1932 wurde die Schließung des Bauhauses in Dessau durch die Nazis erzwungen. In allen fortschrittlichen Zeitungen des In- und Auslandes kamen Entrüstung und Entsetzen zum Ausdruck über dieses erste, weithin sichtbare Zeichen einer beginnenden Kulturtyrannei, deren ganzes Ausmaß man damals nur vorausahnen konnte. Alles, was irgendwie mit dem Begriff Bauhaus zusammenhing – Mensch und Dinge – suchte man mit der Bezeichnung „Kulturbolschewismus“ zu diffamieren. Vieles wurde später nachgeahmt und von den Nazis und ihren Helfern als eigenes Geistesgut deklariert.
14 Jahre sind seitdem vergangen. Langsam und mit unendlicher Mühe tasten wir uns heute aus dem Dunkel innerer und äußerer Not durch die Trümmer einer zerstörten Welt und

suchen die Fäden wieder zu knüpfen, die wir in Krieg- und Nazizeit aus den Händen verloren. Es geht uns wie dem Menschen, der nach langem, verzehrendem Kranksein wieder erste, zögernde Gehversuche macht.
Erst jetzt, an der eigenen Schwäche, ermessen wir die ganze Schwere der Krankheit, die uns so niederwarf. Es gehört viel Selbstvertrauen und ein starker positiver Glaube dazu, in solcher Lage nicht ungeduldig und mutlos zu werden.
Nur wer die Kraft aufbringt, sich in seiner Einstellung zu den Dingen über das eigene Schicksal hinauszuheben, sich der gegebenen Aufgabe so zu verschreiben, dass er über die persönlichen großen und kleinen Nöte und Kümmernisse des Tages hinweg den Blick auf das Ganze nicht verliert, hat Aussicht, die Prüfungen zu bestehen, die uns die Zeit auferlegt.
Millionen Wohnungen sind zerstört! Zur Durchführung ihres Neuaufbaues müssen neue Mittel und Methoden gefunden werden.
Der enorme Bedarf an Ausbauteilen, an Türen, Fenster, Treppen, an Installationen aller Art u. a.zwingt zu einer völligen Umstellung in der Verwendung der zur Verfügung stehenden und der neu zu schaffenden Ausbaustoffe wie Holz, Metall, Pressstoff, Faserstoff, Glas, Papier usw.
Für die Vielzahl der mechanischen Hilfsvorrichtungen wie Schlösser, Drücker, Dreh-, Gleit- und Sperrvorrichtungen usw. müssen z. T. ganz neue, einfache, aber trotzdem gute und zweckmäßige Leistungen gefunden werden.
Einfachste Möbel, praktisches Hausgerät, lebenswichtige Gebrauchsgegenstände sind für Millionen Menschen nicht mehr vorhanden, während zur gleichen Zeit noch immer Unmengen wertvollen Materials zu einer Massenherstellung durchaus entbehrlicher Gegenstände für Schund und Kitsch vergeudet werden.
Gerade aus letzterem geht klar hervor, dass die hier notwendigen grundlegenden Wandlungen und Impulse nicht „vor selbst“ oder aus irgend einem „freien Spiel der Kräfte“ kommen, wie es viele aus einer überalterten Auffassung heraus noch gern glauben möchten. Auch mit einem „Verbot“ allein ist hier wenig geholfen.

> Hier gibt es nur den Weg einer gesunden und zweckmäßigen Planwirtschaft, die sich aufbaut auf der Grundlage einer umfassenden schöpferischen und technisch-wirtschaftlichen Vorarbeit.

Die bewusste Planung und geistige Vorarbeit zur Anregung einer Massenherstellung einfacher, aber anständiger Möbel, praktischen Hausgerätes und lebenswichtiger Gebrauchsgegenstände ist ebenso unerlässlich, wie die geistig-schöpferische Arbeit zur Schaffung der neuen Mittel und Wege, ohne welche der gesamte Wiederaufbau nicht denkbar ist. Es müssen zu diesem Zwecke Zentralstellen geschaffen werden, bei denen in möglichst breiter, aktiver Zusammenarbeit aller Interessierten Kreise Anregungen, Erfahrungen und Erkenntnisse zusammenlaufen, wo sie planmäßig erfasst, erprobt, weiterentwickelt und in ihrem Ergebnis in Form von Vorschlägen, Beispielen, Vorträgen, Veröffentlichungen, Sonderlehrgängen u. dergl. weitergegeben werden.

„Bauen heißt Gestaltung aller Lebensvorgänge!“ Die alte, übersättige Welt, die sich einer neuen Gestaltung des Lebens mit allen ihr damals zur Verfügung stehenden Mitteln widersetzte, ist zerbrochen. Was kann uns heute, wo wir vor der Aufgabe stehen, unser ganzes Leben von Grund auf neu zu gestalten, daran hindern, der durch die Entwicklung als richtig erwiesenen Auffassung Geltung zu verschaffen!?

Das Bauhaus gehört in die vorderste Reihe der Kräfte, die berufen sind, zu ihrem Teil am Aufbau unseres neuen Lebens mitzuwirken.

Das darf uns nicht weniger selbstverständlich sein, als den vielen Freunden des Bauhauses im Auslande, die in ihren Briefen davon wie von einer Selbstverständlichkeit reden. Die große Zahl dieser ausländischen Freunde und besonders die vielen ehemaligen Bauhäusler unter ihnen und deren Verhältnis zur Bauhausidee, die auch in der Zeit stärkster Bedrückung immer lebendig geblieben ist, berechtigt uns zu der Hoffnung, dass auch das Bauhaus seinen Teil dazu beitragen wird, uns allmählich wieder Achtung und Anerkennung der anderen Völker zurück zu erringen.

Erwecken wir die Bauhauswerkstätten zu neuem Leben! Die sachlichen Voraussetzungen sind vorhanden. Machen wir diese Stätte wieder zu dem, was sie war, zu einer Zentralstelle geistig-schöpferischer Arbeit! Stellen wir sie mitten hinein in die Aufgaben unserer Zeit! Schaffen wir auf dem Boden der hier gegebenen Erkenntnisse und der Stufe vorhandener Erfahrung und Verpflichtung eine Arbeitsgemeinschaft Gleichgesinnter, die im gemeinsamen Schaffen in gegenseitiger Anregung und Ergänzung die Lösungen suchen, die wir zur Bewältigung der gestellten Aufgaben brauchen.

„Die Bauhauswerkstätten“, die Planungsstelle, Entwicklungsbetrieb, Modellwerkstatt und Beratungsinstanz zugleich sein würden, bieten damit auch die besten Voraussetzungen für einen Lehr- und Schulbetrieb modernster Art und lebendigster Verbindung zum praktischen Leben.

Das Bauhaus war damals eine der wenigen, wenn nicht die einzige Schule, die sich zu der Auffassung bekannte, dass modernes Bauen und demokratische Lebensauffassung nicht voneinander zu trennen sind. Seine Wiedererrichtung und damit die Mobilisierung bewährter Kräfte für die heutigen Aufgaben wäre nicht nur eine Angelegenheit der Wiedergutmachung, sondern eine durchaus wirtschaftlich zu begründende Frage der Zweckmäßigkeit.
Die Aufgaben sind riesengroß, ihre Dringlichkeit wird deutlich an der Not der Millionen Menschen, denen das notwendigste zum Leben fehlt.

Worauf warten wir noch?

4. Gründung des Rates für Industrieform am 12. September 1962

Veröffentlichet in:
form + zweck,
Jahrbuch 1963
(Hervorhebungen von Friedrich Engemann)

Die Frage nach der Form war entscheidend für die Wahl des ersten Steines, den der Mensch aufhob, um ihn als Werkzeug oder als Waffe zu benutzen. Sie stand fordernd, anregend und bestimmend vor jeder neuen Etappe der jahrtausendelangen Auseinandersetzung des Menschen mit seiner Umwelt. An den Formen der Ergebnisse ihrer gegenständlichen Gestaltungsarbeit erkennen und beurteilen wir das Leben und die Kultur der Menschen in den einzelnen Abschnitten der Vergangenheit.

Auch die gegenwärtig erreichte Stufe dieser Entwicklung, die moderne Technik und die mit ihr verbundenen gesellschaftlichen Verhältnisse finden ihre Widerspiegelung und ihren Ausdruck im Charakter und in den Formen ihrer Erzeugnisse. Mit der Überwindung des kapitalistischen Missbrauchs der Technik und den aus diesem Missbrauch erwachsenden Bedrückungen und Gefahren beginnt ein neuer Abschnitt der Entwicklung, ein natürlicheres Verhältnis zur Technik, ein neues Verhältnis des Menschen zur Arbeit und zum Leben.

Technik, so stark ihr Einfluss auf die Entwicklung auch sein mag, ist niemals Selbstzweck! Sie ist ein Mittel, und als solches ist sie weder dazu bestimmt noch in der Lage den Charakter der Gegenstände ihrer Produktion allein zu bestimmen. Die bewusste Planung, Entwicklung und Herstellung gegenständlicher Dinge erfordert die Fähigkeit, Überholtes, Falsches und Unnützes auszuscheiden, Neues zu erkennen, aufzunehmen, einzugliedern und der Entwicklung nutzbar zu machen. Das setzt die enge Zusammenarbeit von Wissenschaft, Technik und Kunst voraus.

Charakter und Formen unserer Gebrauchsgüter und aller Erzeugnisse unserer Produktion sind Ausdruck unseres Lebens. Damit wird die Gestaltung aller Teile unserer gegenständlichen Umwelt in unseren Wohnungen, in unseren Arbeits- und Feierstätten, in den Einrichtungen des Verkehrs und unseres gesamten gesellschaftlichen und individuellen Lebens zu einer bedeutenden Aufgabe. Die Aufgaben der Gestaltung industrieller Erzeugnisse sind in ihrer Komplexität weder vom Konstrukteur noch vom Künstler allein zu lösen. Wir sprechen deshalb auch nicht isoliert von „künstlerischer Gestaltung“ oder von „ästhetischer

Qualität" wie von etwas äußerlich Zusätzlichem. Wir sprechen von Industrieformgestaltung und dazu gehört das eine wie das andere! Wir sprechen von der Notwendigkeit einer Zusammenarbeit, die vom Künstler ein ebenso hohes Maß an ökonomischer Einsicht und an Fähigkeit zu technisch-wissenschaftlichem Denken erfordert, wie vom Techniker das Verständnis und die Bereitschaft zur Berücksichtigung ästhetischer Gesichtspunkte und gesellschaftlich-kultureller Bedingungen.

Der Begriff <u>Qualität</u> ist unter den Forderungen einer sozialistischen Produktion neu zu fassen! Innerhalb dieses Begriffes darf es keine Haupt- und Nebensachen geben. Er schließt alle Forderungen in gleicher Weise ein, die ökonomischen wie die funktionellen, die technologischen wie die künstlerischen. Ohne Berücksichtigung des einen oder des anderen ist die Bezeichnung Qualität nicht anwendbar!
Das ökonomische Grundgesetz des Sozialismus verpflichtet uns, zugleich mit der quantitativen Steigerung der Produktion auch ihre Qualität zu verbessern. Dabei gibt es keine Beschränkung auf bestimmte Warenklassen. Es erscheint uns selbstverständlich, dass in einer von der kapitalistischen Raffgier und Ausbeutung befreiten sozialistischen Welt <u>jeder Gegenstand</u> entsprechend seiner kulturellen Bedeutung auch so gut und so schön wie möglich gestaltet sein wird.

Die Bedeutung der Formgestaltung reicht weit über die Forderungen der Ästhetik hinaus. Formgestaltung heißt nicht nur „Verbesserung der Formqualität", sie ist zugleich:

Steigerung des Gebrauchswertes,

Einsparung von materiellem und zeitlichem Produktionsaufwand,

Steigerung der Arbeitsproduktivität,

ökonomischer und ideeller Nutzen!

Mit der Steigerung des materiellen und ideellen Nutzens ist die Industrieformgestaltung von fundamentaler politischer Bedeutung. Sie stärkt mit ihren Mitteln und mit ihrer Potenz die Basis unseres Staates, sie trägt wesentlich zur Formung des neuen Menschen und zur Verbesserung der Beziehungen der Menschen zueinander bei. Jede Formgestaltung am einzelnen Gegenstand berührt auch die komplexen Zusammenhänge der räumlich-gegenständlichen Einordnung dieses Gegenstandes und das Verhältnis des Menschen zu seiner Umwelt.

Die Arbeit des Formgestalters in der kapitalistischen Wirtschaft wird mitbestimmt vom Konkurrenzkampf der Firmen untereinander und durch die Methoden dieses Kampfes, die er notgedrungen zur Grundlage und zum Prinzip seiner Arbeit machen muss. Der Antagonismus zwischen einer echten künstlerischen Verantwortung und einer solchen Praxis (wie er auch in zahlreichen Aufsätzen bekannter Formgestalter der westlichen Welt immer wieder zum Ausdruck kommt) ist unvermeidlich. In der sozialistischen Wirtschaft gibt es diese Widersprüche nicht, weil es in der Richtung auf das gemeinsame Ziel kein Gegeneinander, sondern nur ein Miteinander geben kann, und weil es zwischen der Entwicklung eines neuen politisch-moralischen Handelns und einer echten künstlerischen Verantwortung keine unüberbrückbaren Gegensätze gibt.

Die vielfach vertretene Auffassung, dass wir in der Deutschen Demokratischen Republik auf dem Gebiet der Industrieformgestaltung einen Vorsprung aufzuweisen hätten, ist nur bedingt richtig. Den zweifellos in einigen Bereichen unserer Produktion vorhandenen beachtlichen Leistungen steht die Tatsache gegenüber, dass von einer Planmäßigkeit des Einsatzes, von einer zentral gelenkten, koordinierten und nach Schwerpunkten geordneten Einbeziehung der Formgestaltung in die Gesamtproduktion noch keine Rede sein kann. Es ist anzuerkennen, dass die noch vor einigen Jahren bestehenden Vorurteile leitender Funktionäre in der Produktion und im Handel gegen die Mitarbeit des Gestalters weitergehend als überwunden angesehen werden können. Man erkennt an, dass die Gestaltung einen wichtigen Faktor in der Erzeugnisentwicklung darstellt und die Erfüllung hoher ästhetischer Ansprüche immer mehr zu einer selbstverständlichen Bedingung des Erfolges unserer Waren im In- und Ausland geworden ist.

Was bisher erreicht werden konnte, beruht im wesentlichen auf der persönlichen Initiative der Formgestalter, auf der Wirkungsweise der Institute, an denen sie tätig sind, und auf der Bereitwilligkeit und Einsicht einzelner Betreibe und VVBs (Vereinigung Volkseigener Betriebe). Es sind beachtliche Erfolge und für die weitere Entwicklung unentbehrliche Erfahrungen, die auf diese Weise erzielt werden konnten. Wir denken dabei u. a.an die zielbewusste und konsequente

Arbeit der VVB Eisen-Blech-Metallwaren, der es durch eine wirksame Ordnung und Lenkung ihrer Erzeugnisgruppen in verhältnismäßig kurzer Zeit gelang, über den Rahmen der VVB hinaus Einfluss zu gewinnen. In den durchgeführten Arbeitsausstellungen „EBM-Industrieform“ wurden alle in der DDR hergestellten Erzeugnisse der Gruppen Bestecke, Tafelgeräte und Schneidwaren, Emaillegeschirr, Öfen und Herde für feste und gasförmige Brennstoffe, Handwerkszeuge, Bauschlösser, und Beschläge einer eingehenden Prüfung unterzogen.

Die Kommission, die sich aus Experten der Hochschulen und Institute für Industrieformgestaltung, aus Vertretern des DAMW (Deutsches Amt für Messwesen und Warenprüfung), der zentralen Fachkollektive des Handels, der Staatlichen Güteinspektion, des örtlichen Handels und Betrieben der Erzeugnisgruppen zusammensetzte, beurteilte nach einem gemeinsam erarbeiteten, strengen Bewertungssystem, in dem alle Faktoren industrieverbundener Gestaltung berücksichtig waren. Die im Zuge dieser Beurteilungen und in den anschließenden ausführlichen Diskussionen mit den Herstellern geführten Auseinandersetzungen beseitigten mache anfangs noch vorhandenen konservativen Auffassungen und Vorbehalte und schufen die heute hier festzustellende Aufgeschlossenheit der Herstellerbetriebe aller Eigentumsformen gegenüber der neuen, zeitgemäßen Industrieformgestaltung.

Die Formgestaltung wurde mit den ökonomischen Aufgaben der Standardisierung, Typisierung und der Spezialisierung der Produktion eng verbunden, ja sie wurde sogar zu einer wesentlichsten Voraussetzung! Die durchgeführten und an vielen beispielen nachzuweisenden Veränderungen ermöglichten:

eine Konzentration der Produktion,

eine kontinuierliche und wirtschaftliche Fertigung durch optimale Losgrößen,

die Bereitstellung standardisierter Werkzeuge,

den Einsatz wirtschaftlich arbeitender Maschinen,

einen minimalen Vorbereitungsaufwand,

die Mechanisierung und Automatisierung der Produktion.

Auch alle anderen Gebiete der Entwurfs- und Entwicklungsarbeit, in der plastverarbeitenden Industrie, in der keramischen Produktion, bei Koffer- und Taschenbeschlägen, in der Schmuckindustrie, bei den Beispielen der Haushalts- und Elektrogeräte, des Maschinenbaus, der Fahrzeugindustrie und der bau- und architekturverbundenen Industrieproduktion ergab sich die gleiche Feststellung:

Die Leistungen der Industrieformgestaltung sind über ihren gesellschaftlich-kulturellen Nutzen hinaus stets auch an ihren ökonomischen Erfolgen zu messen! Das gilt insgesamt für alle Erfahrungen, die bisher auf den verschiedenen Gebieten der Industrieformgestaltung und von allen daran beteiligten Stellen gemacht werden konnten.

Trotz aller Bemühungen und aller Erfolge vollzieht sich die Arbeit noch viel zu sehr in Einzelaktionen, sie ist insgesamt gesehen zu sporadisch, zu unplanmäßig, im Verhältnis zur Gesamtproduktion unkontrolliert und von Zufälligkeiten abhängig. Die Methoden ihrer Einbeziehung in die Produktion befinden sich zum Teil noch im Nachtrab kapitalistischer Praxis. Es fehlt die zentrale Lenkung, die Einbeziehung der Formgestalter in die Plansystematik der Wirtschaft!

Wir sollten uns auch nicht damit abfinden, dass Teile mancher Produktion als unabsetzbar bezeichnet werden müssen, weil es versäumt wurde, die vorhandenen oder gegebenenfalls zu schaffenden Möglichkeiten der Formgestaltung zeitig und wirksam genug einzusetzen, um zu gewährleisten, dass die Qualität und der Charakter der Erzeugnisse nicht hinter der Entwicklung der Ansprüche der Verbraucher zurückbleiben. Produktionsergebnisse, die sich als nicht verwendbar erweisen, bezeichnet man als Ausschuss. Das gilt auch dann, wenn Erzeugnisse abgelehnt werden, weil ihre Formen als überholt oder unzureichend angesehen werden müssen. Das stimmt um so nachdenklicher, wenn man gleichzeitig feststellen muss, dass manche Wünsche und Forderungen nicht voll erfüllt werden können, weil die verlangten Formen immer noch in viel zu kleinen Serien hergestellt werden. Wir sollten uns – ebenso wie unsere Arbeiter in der Produktion – auch in der Formgestaltung verpflichten, keinen Ausschuss mehr zuzulassen!

Formgestaltung kann nicht von außen her an die Dinge herangetragen werden. Sie ist keine „Hüllenmacherei“, kein nachträgliches „Schönmachen“. Formalistische und modernistische Formenspielereien und zweifelhafte Effekthaschereien haben in einer sozialistischen Industrieformengestaltung keinen Platz und keine Berechtigung! Es ist auch unwirtschaftlich und nicht vertretbar, die Formgestaltung neuentwickelter Erzeugnisse erst „überprüfen" zu lassen, nachdem diese Modelle bereits in die Produktion gegangen sind. Eine Ablehnung oder Beanstandung bedeutet in einem solchen Falle Verlust an Entwicklungskosten und unzureichende Kompromisslösungen.

Die Industrieformgestaltung ist Gegenstand des Entwicklungs- und Konstruktionsprozesses; sie ist ein wesentlicher Bestandteil der Entwicklung selbst und ein Kriterium innerhalb der K-Stufen! In die speziellen Direktiven zum „Plan neue Technik" sind deshalb Hinweise aufzunehmen, die eine solche Mitwirkung des Formgestalters sicherstellen.

Wir sehen in der Industrieformgestaltung und in den Mitteln und Möglichkeiten ihrer mittelbar wirksamen, wertsteigernden Mitarbeit in der Produktion eine neue Art sich formierender Produktivkräfte, deren voller, gelenkter Einsatz nicht länger aufgeschoben werden darf. Zwischen den Prinzipien der Formgestaltung und dem Kampf um die maximale Einsparung von Gewicht, Zeit und Geld gibt es keine Gegensätze. Hier decken sich Prinzip und Forderung weitgehend, und wir sind der Auffassung, dass dieser Kampf um Gramm, Minute und Pfennig ohne Mitwirkung des Industrieformgestalters nicht zu einem maximalen Erfolg geführt werden kann. Das erfordert die Erarbeitung von Richtlinien für eine planmäßige und gesetzlich festzulegende Einbeziehung der Formgestaltung in die Produktion der Konsumgüter und aller Erzeugnisse unserer industriellen Produktion.

In der Bildung des Rates für Industrieform durch das Ministerium für Kultur sehen wir den ersten Schritt zur Schaffung einer Organisation, deren vordringliche Aufgabe es sein wird, an der Herbeiführung und Durchführung der notwendigen Regelungen mitzuwirken. Die vorgesehene und im Zuge der Arbeit notwendigerweise zu ergänzende Zusammensetzung des Rates entspricht dem Bedürfnis eines ständigen Kontaktes und der erforderlichen Koordinierung zwischen den verschiedenen Bereichen der Produktion, ihren wissenschaftlichen und künstlerischen Institutionen und Hochschulen, den Ministerien und den zentralen Leitstellen des Staates und der Wirtschaft, insbesondere dem Volkswirtschaftsrat und der Staatlichen Plankommission.

Der Rat für Industrieform entsteht zu einem Zeitpunkt, an dem es notwenig geworden ist, vom bisherigen Stadium der Einzelaktionen – vorangetrieben von Instituten, Hochschulen und bereits in der Industrie wirksamen Formgestaltern – überzugehen zu einem zentral gelenkten koordinierten Handeln. Wert und Bedeutung der bisher geleisteten Arbeit werden dabei in keiner Weise übersehen. Sie bilden die Basis, auf der es gelingen muss, eine höhere Stufe der Wirksamkeit zu erreichen und die gewonnenen Erfahrungen und Erkenntnisse in breiter Anwendung nutzbar zu machen.

Verwaltungs- und Ausführungsinstrument des Rates ist das bisherige Institut für angewandte Kunst. Es wird in seiner Struktur entsprechend verändert und erhält eine neu aufzustellende und vom Rat zu beschließende Arbeitsordnung.

Der Rat für Industrieform bedient sich zur Durchführung seiner Aufgaben weitgehend der bestehenden Mittel und Einrichtungen. Das setzt die volle Bereitwilligkeit und die aktive Unterstützung seiner Arbeit durch alle bereits auf diesem Gebiet tätigen Kräfte, ihrer Ateliers, Entwicklungsstellen und Büros und aller entsprechenden Institutionen, Hochschulen und Leitstellen voraus.

Veröffentlicht in: Deutsche Architektur, XI Jg. (1962), H. 9. (Hervorhebungen von Friedrich Engemann)

5. Architektur und Wohnkultur

Eine Sache vom Standpunkt des Architekten aus betrachten, heißt das Ganze sehen!

Alle Bemühungen um die moderne Wohnung müssen vereint werden, und zwar von der Einordnung des Bauvorhabens in die städtebauliche Situation über die Gestaltung des Grundrisses, die Ausführung des Bauwerks, den Ausbau und die Möblierung der Wohnung bis zur industriellen Formgestaltung aller Gegenstände für die Ausstattung und den Einrichtungsbedarf. Die Herbeiführung einer solchen Komplexität ist nicht so sehr eine Frage der Organisation, sondern vielmehr eine Frage des Umdenkens, des Denkens in Zusammenhängen, das uns ermöglicht, jede spezielle Leistung sinnvoll in das größere Ganze einzuordnen.

Organisationen, Einrichtungen und Verfahrensmethoden entfalten nicht selten eine Selbstentwicklung, eine Art Eigenleben, wobei mancher mittelbar oder unmittelbar Beteiligte vergisst, dass nicht die Existenz dieser Einrichtungen entscheidend ist, nicht das Vorhandensein ihrer Mittel und Möglichkeiten, sondern der Grad der Bewältigung dieser Mittel in der Richtung auf ihre Wirksamkeit und auf die Qualität ihrer Erzeugnisse.

Ohne die Bedeutung des interessanten und in vielfacher Hinsicht wichtigen Experimentalbaus schmälern oder seinen Wert unterschätzen zu wollen, muss festgestellt werden, dass hier erst die erste Etappe eines notwendigen Zusammenwirkens alles an der Wohnungsgestaltung Beteiligten zu verzeichnen ist. Diese Zusammenarbeit sollte daher künftig viel früher beginnen und noch umfassender angelegt werden.

Aus den gemeinsamen Bemühungen um eine neue harmonische Ordnung unserer Umwelt sind auch „die tausend Dinge“, mit denen der Mensch sich umgibt, nicht wegzudenken. Die Unmittelbarkeit der täglichen Berührungen, das ununterbrochene Gebrauchen und Nutzen dieser Gegenstände wirken in hohem Maße auf den Charakter der Wohnung und auf das Verhältnis des Menschen zu seiner Umwelt ein. Die Ausstattung einer Wohnung ist keine Frage der Dekoration, sondern eine Aufgabe der Architektur. Man kann sie weder schematisieren – hierzu gehört jeder gewollte oder ungewollte Versuch, das Leben in der Wohnung durch starres Möblierungsschema in vorausbestimmte Formen zu pressen –, noch kann man sie die Zufälligkeit eines nachträglichen Zusammenfindens der Dinge überlassen.

Der Experimentalbau zeigt, dass es in einer grundrißmäßig gut durchdachten und bauseitig weitgehend ausgebauten kleine Wohnung – und gerade in ihr – durchaus möglich ist, Schematisierungen zu vermeiden, alle praktischen Forderungen an mobile Einrichtungsgegenstände, Behältnisse und dergleichen zu erfüllen, jeden Eindruck der Einengung und Bedrückung zu vermeiden und dem Bewohner entsprechend der Zusammensetzung, Eigen¬art und Lebensgewohnheit der Familie das zu erstrebende maximale Maß an Variationsmöglichkeiten zu bieten. Das Leben und die verschiedenartigsten Bedürfnisse der Menschen lassen sich nicht in die Uniformität eines Wohnschemas hineinpressen. Das spricht nicht gegen die typisierte Wohnung, sondern gegen die leider immer wieder festzustellende – und auch im Experimentalbau nicht in allen Fällen ganz vermiedene – Tendenz, den lebendigen Wohnbetrieb durch starre, raumbeherrschende und raumdiktierende Möblierung und Einrichtungen einzuengen. Selbstwichtig und anmaßend drängen sie sich vor, anstatt dienend und helfend zurückzutreten, um dem Menschen und seinen Ansprüchen Bewegungs- und Bestimmungsfreiheit zu geben.

Der Vorzug der neuen, auswechselbaren und kombinierbaren Einzelmöbel ist allgemein anerkannt. Die alte starre „Garnitur“ wurde aber nicht überwunden, um an ihre Stelle festgelegte Kompositionen von Einzelmöbeln, also neue Garnituren, treten zu lassen. Das in einem echten Sinne moderne – nicht modische – Wohnmilieu erreichen wir weniger durch eine langweilige, äußerlich aufgepfropfte Gleichartigkeit der Gegenstände (gleiche Holzart, gleiche Farbe, gleicher Formcharakter), sondern vielmehr durch ihre übereinstimmenden Wertmerkmale, wie Zweckdienlichkeit, unkomplizierte und sinnvolle industrielle Herstellungsart, durch anspruchsvolle Schlichtheit und raumrespektierende Zurückhaltung und durch ihr klares und überzeugendes Verhältnis zum Menschen. Das gilt nicht nur für die Möbel, sondern ebenso für die Leuchten, die immer noch viel zuwenig den vorstehend genannten Forderungen entsprechen, das gilt für einen nicht geringen Teil der Raumtextilien, bei denen die Absicht des „Dekorierens“ zuungunsten einer wünschenswerten Einordnung in die Architektur noch zu stark in den Vordergrund tritt, das gilt für das Gebrauchsgerät, das Tischgeschirr, die Gläser,

Bestecke, Vasen, Schalen und für all die Dinge, die erst in einer verbesserten Formqualität, in einem neuen Verhältnis zum Ganzen in größerem Umfange zum Zusammenklang und zu einer harmonischen Ordnung beitragen werden.
Das Bemühen mancher Raumausstatter, alle Bestandteile einer Gesamtausstattung bis zur Farbe und Ortsbestimmung des Sofakissens festzulegen, steht im Widerspruch zur Lebendigkeit und Vielfältigkeit des Lebens und Wohnens einer Familie.

Je mehr angestrebt wird, dem Benutzer einer Wohnung den letzten, intimsten Charakter seiner Umwelt selbst bestimmen zu lassen, um so mehr und um so aktiver sollten wir daran mitwirken, die immer noch vorhandene Flut von Kitsch durch schön gestaltete Gebrauchsgegenstände aus unserer Industrieproduktion zu verdrängen. Im Maße, wie das Minderwertige verschwindet, wird sich auch der Käufer nur für das Gute entscheiden können. In einem sozialistischen Verhältnis zwischen dem Menschen und seiner Umwelt wird sich das neue Wertempfinden entwickeln, das auf dem Wege zur gebildeten Nation unerlässlich ist.
Das Experiment hat sich gelohnt. Es wird soviel wert sein, wie wir Erkenntnisse daraus gewinnen, wie wir es verstehen, überholte Vorbehalte und Reste einseitigen Denkens zu überwinden und die gewonnenen Erkenntnisse anzuwenden.

„Ja, aber wo und wann bekommen wir das endlich?“
So und ähnlich lauten immer wieder und immer ungeduldiger die vielen Eintragungen in den Gästebüchern aller Ausstellungen, in denen gut gestaltete Industrieerzeugnisse gezeigt werden. Das ist erfreulich und ganz natürlich. Die Menschen, die in ihrer täglichen Arbeit beim Aufbau des sozialistischen Lebens immer klarer und immer konsequenter Positives und Negatives, Vorwärtsdrängendes und Hemmendes, Wert und Unwert voneinander zu trennen und zu unterscheiden wissen, wollen nun auch in ihrer eigenen häuslichen Umgebung keine Scheinwelt, keine hohle Phrase, keinen lächerlichen Aufguss überholter Lebensauffassungen mehr dulden. Umso bedrückender und unerträglicher ist die Flut der unschönen, wertlosen und unpraktischen Dinge, die wir in ihrer phrasenhaften Überladenheit und marktschreierisch bunten und billigen Aufdringlichkeit immer noch in unseren Schaufenstern sehen können.

Wer will das eigentlich noch verantworten!?

So fragen auch wir Architekten, die wir uns immer noch wie Entdecker vorkommen, wenn wir in dieser Flut des Überholten, zwischen der Maskerade des Gestrigen einmal das gefunden haben, wovon wir sagen können, dass es dem Neuen zugewandt ist, dass es dem Menschen von heute und seinem veränderten Lebensgefühl entspricht.

Hervorhebungen von Friedrich Engemann, SBD, Inv.-Nr.: I 17220/1-16 D

6. Gedanken zum Bauhaus

Manuskript zum Vortrag im Rahmen einer Veranstaltung des Kulturbundes der DDR in Dessau
Dessau, 29.3.63

Gedanken zum Bauhaus

Meine Damen und Herren,
liebe Kollegen,
liebe Freunde und Genossen!

Sie haben mich gebeten, Ihnen etwas über das „Bauhaus" zu sagen. Ich habe mich über die Tatsache, dass ein solcher Wunsch von Dessau aus an mich herangetragen wurde, ganz besonders gefreut.

Das alte Wort, dass der Prophet in seinem Vaterlande nichts gilt, scheint also langsam auch an Bedeutung zu verlieren.

Verstehen Sie mich bitte nicht falsch, ich meine damit selbstverständlich nicht mich. Ich bin nicht so überheblich oder so dumm, mich für einen Propheten zu halten. Ich meine das Bauhaus ist zwar in erster Linie das in der Welt als solches bekannte „Dessauer Bauhaus", das seiner Zeit weit voraus war, und von dem wir heute in seinem engsten und ureigensten „Vaterlande" –eben in Dessau– sprechen wollen. Und ich glaube tatsächlich - und deshalb komme ich auf das alte Sprichwort - dass man an vielen entlegenen Orten der Welt mehr davon weiß, als hier am Orte seines einstigen Wirkens.

Der Name B a u h a u s ist zu einem in der ganzen Welt bekannten Begriff geworden.

Das gilt für die Gebiete der Gestaltung ebenso wie für die Fragen und Probleme der Kunstpädagogik. Es ist nicht übertrieben, wenn man behauptet, dass es heute von allen Schulen der Welt die sich mit Kunst und Architektur oder speziell mit angewandter Kunst beschäftigen, kaum eine geben dürfte, die nicht bewusst oder unbewusst, Gedanken, Methoden und Impulse, die vom Bauhaus ausgegangen sind, in ihre Arbeit und ihre Unterrichtsmethodik übernommen haben.

Wir haben auch heute Studenten aus allen Erdteilen an unseren Hochschulen und es ist am Anfang nicht ganz leicht, die erforderliche sprachliche Verständigung herbeizuführen. Eine Vokabel bringen sie fast alle mit, ganz gleich, ob sie aus Vietnam, oder Kuba oder aus anderen fernen oder nahen Ländern kommen. Das Wort Bauhaus, und es ist erstaunlich, was sie darüber alles wissen, besonders dann, wenn es sich um Aspiranten oder Dozenten dortiger Schulen handelt.

In der weltliterarischen Betrachtung der Kunstentwicklung des 20. Jahrhunderts hat das Bauhaus seinen festen Platz, ganz unabhängig davon, dass es unterschiedliche Betrachtungen und Bewertungen seiner Bedeutung geben mag. Das gilt durchaus nicht nur für die kapitalistischen Länder, in denen es eine Unzahl von Schulen und Institutionen gibt, die sich häufig mehr zu Unrecht als zu Recht als Erbvollstrecker und Fortführer des Bauhausgedankens bezeichnen. Der Bauhausgedanke ist in seiner tiefsten Bedeutung auch an den Gestaltungszentren und den künstlerischen Ausbildungsstätten der sozialistischen Länder lebendig und wirksam in einer Weise die überhaupt erst hier unter den veränderten gesellschaftlichen Verhältnissen zur vollen Entfaltung kommen kann.

Ich habe bei meinen Besuchen an den Kunsthochschulen in Moskau, Leningrad, Budapest, Warschau und anderen, ebenso wie auf den internationalen Formgestaltertagungen der sozialistischen Länder immer wieder feststellen können, dass das Bauhaus und seine Lehrmethoden weitgehend bekannt waren und dass gerade der politisch-gesellschaftlichen Seite seiner Auffassungen ein außerordentlich lebhaftes Interesse entgegengebracht wurde.

Ob und ggf. wie weit das Ideengut des Bauhauses unserer sozialistischen Entwicklung nutzbar gemacht werden kann, das ist natürlich eine Frage eingehender kunst- u. gesellschaftswissenschaftlicher Untersuchungen.

Es wird Sie interessieren, dass von Seiten sowjetischer Wissenschaftler bereits eine ganze Reihe derartiger Untersuchungen und ihrer Ergebnisse veröffentlicht wurden. Auf einige dieser Arbeiten komme ich noch zurück. Auch in den anderen sozialistischen Ländern laufen derartige Bemühungen um eine Würdigung und positive Auswertung der progressiven Elemente des Bauhausschaffens. Es scheint mir an der Zeit, dass auch wir uns etwas eingehender mit diesen Fragen beschäftigen, um zu einer echten und objektiven Beurteilung der Erscheinungen zu kommen, denen in der übrigen Welt eine solche Beachtung geschenkt wird.

Wenn wir das Bauhaus in seinen Methoden und in seiner Wirkungsweise richtig einschätzen wollen, dann müssen wir uns zurückversetzen in die Zeit vor 30 bis 35 Jahren und in die Verhältnisse, die damals wirksam waren. In dieser Zeit der Weimarer Republik, in der sich alle Reformbestrebungen im Schulwesen nur sehr schwer gegen den immer noch dominierenden preußischen Beamtengeist durchsetzen konnten, in der an den Hochschulen des Bauwesens und der Architektur jene konservative Standesüberheblichkeit vorherrschte, die in dünkelhafter Arroganz alles Neue mit Misstrauen und Ablehnung betrachtete die ihre „Kunst“ im geistlosen Eklektizismus, d. h. im immer wiederkehrenden Aufwärmen überholter Stilelemente, produzierte. Diese Architekten, die so bauten wie die Pharaonen vor 4–6 tausend Jahren (1 Stein, 1 Kalk, 1 Stein, 1 Kalk usw.) die so borniert und rückständig waren, dass sie glaubten, die Bemühungen des Bauhauses um die seit langem fällige Industrialisierung des Bauens – wie sie Gropius in Dessau-Törten zum ersten Male in diesem Umfange realisierte – ignorieren, oder gar als „Irrsinn“ bezeichnen zu dürfen, das waren die erbittertsten Gegner von damals.

Wie wir alle wissen, hat sich in den inzwischen vergangenen 30 Jahren einiges verändert. Das gilt nicht zuletzt für die Gebiete des Bauwesens und der Architektur. Die Bestrebungen des industriellen Bauens sind zur Forderung unserer Zeit geworden. Die Forderungen nach dem techn.-wissensch. Höchststand der Produktion gilt für das Bauen in einer ganz besonderen Weise, weil es hier im Verhältnis zu anderen, bereits früher entwickelten Industriezweigen noch vieles aufzuholen gibt.

Die Siedlung Dessau-Törten ist und bleibt in der Welt bekannt als jene Pionierleistungen, die am Beginn dieser Entwicklungen standen. Der Name dieses kleinen Dörfchens „Törten“ am Rande von Dessau, das höchstens bei den Jagden früherer Landesfürsten auf Rekruten als Grenzdörfchen gelegentlich eine Rolle spielte, ist in Verbindung mit seinen Bauhaus-Versuchsbauten in allen Fachliteraturen der Welt zu finden. Es überrascht nicht, dass man heute in Westdeutschland auf allen Gebieten versucht, zu ignorieren, was in den inzwischen vergangenen 30 Jahren geschehen ist. So hat man auch mit dem neuen Bauhaus in Ulm mehr oder weniger versucht, dort anzufangen, wo das eigentliche Bauhaus damals aufhören musste. Wir wissen heute, dass alle solche Bemühungen um die Veränderungen unseres Lebens (wie sie unbestritten am Bauhaus in einem erheblichen Umfange vorhanden waren) niemals losgelöst vom Kampf um die notwendigen gesellschaftlichen Veränderungen betrachtet und zum Erfolg geführt werden können.

Die so genannte „Pflege des Bauhaus-Erbes“ um dass sich die westliche Welt angeblich so sehr bemüht, ist vielfach gerade dadurch gekennzeichnet, dass man die wirklich fortschrittlichen, der gesellschaftlichen Entwicklung verbundenen progressiven Impulse, die vom Bauhaus ausgingen, verleugnet. Wer sich mit der Geschichte der Reformbewegung auf dem Gebiete der Architektur und der angewandten Kunst beschäftigt hat, der weiß, dass es sich bei dieser Bewegung von den Engländern Morris und Ruskin - also von den ersten Kämpfern gegen den Missbrauch der Maschine in der Mitte des vergangenen Jahrhunderts bis zum 1. Weltkrieg und darüber hinaus - um eine ausgesprochen bürgerliche Bewegung handelte, um eine Reformbewegung, die mehr oder weniger von außen, von der Oberfläche her, versucht dem Übel beizukommen. Am Bauhaus versuchte man zum ersten Male die Erscheinungen von der Ursache her zu erfassen, und das Suchen nach der Lösung mit dem Kampf um die hier notwenigen Veränderungen zu verbinden. Die biologische Seite des Verhältnisses zwischen dem Menschen und seiner Umwelt wurde zu einem Zentralproblem aller Auseinandersetzungen an dieser Hochschule.

Das Wort von der „Kathedrale des Sozialismus“, das anlässlich der Einweihung des Dessauer Bauhausgebäudes zum ersten Male auftauchte, war mehr als eine äußerliche Proklamation.

Am stärksten kam der politische Inhalt der Bauhausarbeit zum Ausdruck unter Hannes Meyer. Hannes Meyer war in der Zeit von 1928 – 1930 (zwischen Gropius und Mies van der Rohe) Direktor des Dessauer Bauhauses. Er bekannte sich offen zur kommunistischen Weltanschauung. Das führte dann unter den damaligen Verhältnissen schließlich auch zu den sehr durchsichtigen Manipulationen seiner Entlassung im Jahre 1930. Auch das ist typisch für die heutigen Verhältnisse in Westdeutschland, dass man bei allen Berichten und Veröffentlichungen über das Bauhaus und bei allen Versuchen einer Rekonstruktion des Gewesenen gerade diese fortschrittlichste Etappe seines Wirkens am liebsten ganz verschweigen möchte. Man denkt unwillkürlich wieder an den „Propheten im eigenen Vaterlande“, wenn man zur Kenntnis nimmt, dass sich – wie schon bewährt – die Kunstwissenschaftler fast aller Länder sehr systematisch mit der Auswertung dessen befassen, was damals hier – der eigenen Zeit weit voraus – künstlerisch und pädagogisch praktiziert wurde.

Es kann kein Zweifel darüber bestehen, dass auch wir im Ringen um die neuen Ausdrucksformen und die künstlerischen Schaffensmethoden auf den Gebieten des industriellen Bauens, der Industrieformgestaltung und allen Bereichen der angewandten Kunst das damals hier in Dessau Geleistete nicht länger ignorieren dürfen.

Verstehen Sie mich bitte nicht falsch. Ich bin nicht der Meinung, dass alles, was am Bauhaus damals gelehrt und getan wurde, einfach auf unsere Zeit übertragen und in unsere Arbeit übernommen werden könnte. Was in dieser Richtung in den kapitalistischen Ländern geschieht oder nicht geschieht, darauf habe ich bereits hingewiesen.

In der Sowjetunion begann mit der Abwendung von der Periode der übertriebenen Schmuckanwendung in der Architektur eine neue Etappe der baulich-gegenständlichen Gestaltung. Ministerpräsident Chruschtschow empfahl damals den Architekten und Gestaltern, sich in der Welt umzusehen, und Erscheinungen und Erkenntnisse dort zu studieren, wo fortgeschrittenste Technik und ökonomisches Denken zur Grundlage des Bauens und Gestaltens gemacht und optimale Leistungen erzielt werden konnten. Wer diesen Weg und seine Entwicklung konsequent (also wissenschaftlich) verfolgt, der kann an der Grundsätzlichkeit der Bauhausarbeit und ihrer methodischen Anwendung in Lehre, Forschung und Entwicklung nicht vorübergehen. Mit welcher Gründlichkeit die sowjetischen Wissenschaftler auch an diese Untersuchungen herangingen, davon sprechen die Berichte, die ich hier im Rahmen dieser kurzen Betrachtung nur auszugsweise behandeln kann.

Ich habe hier vor mir den Artikel von P a z i t n o w über „das schöpferische Erbe des Bauhauses“ der 1962 in einer Moskauer Kunstzeitschrift in 2 Teilen erschienen ist. Nach seiner Auffassung stellt (ich zitiere wörtlich) „die Tätigkeit des Bauhauses eine eigenartige historische Wende in der Entwicklung der dekorativ-angewandten Kunst“ dar.

Ihm – das Bauhaus (ich zitiere weiter) „war es beschieden, nicht nur den Schlussstrich unter die Bemühungen auf diesem Gebiet zu ziehen, von denen die zweite Hälfte des 19. und die ersten Jahrzehnte des 20. Jahrhunderts erfüllt waren, sondern auch neue Prinzipien in der künstlerischen Formgebung in der Industrie herauszuarbeiten, die die fortschrittliche Entwicklung der dekorativ-angewandten Kunst in den folgenden Jahrzehnten bis in unsere Tage befruchtet haben.“ Pazitnov entwickelt dann ein sehr anschauliches Bild des Übergangs von den früheren handwerklich gestalteten Lebensbereichen, die „eine organisch, vom einheitlichen schöpferischen Willen des Meisters geschlossene Einheit“ darstellten zu den ohne Mitwirkung des Künstlers entstehenden maschinellen Erzeugnissen. In dem dadurch entstehenden scharfen Gegensatz zu den traditionellen Vorstellungen des ästhetischen Bewusstseins der Massen sieht er den Grund für „den Kampf gegen die Maschine“ die der Entwicklung in der zweiten Hälfte des 19. Jahrhunderts den Stempel aufdrückte. Der Verfasser unterscheidet folgende Etappen der Entwicklung:

> 1. Etappe = Verleugnung der Maschine,
> Vortäuschung und Nachahmung von „Handarbeit“
>
> 2. Etappe (um die Jahrhundertwende) = Mitarbeit von Künstlern, die ihre Aufgabe darin erblickten, den maschinellen Erzeugnissen äußerliche dekorative Schmuckelemente anzuhängen, (gusseiserne gotische Portale vor Stahlbrücken, ornamentale Gusseisengestelle unter Maschinen und Geräten, barocke Verzierungen an Möbeln und Gebrauchsgütern und vieles andere) die eigentliche Form der Maschine und ihrer Erzeugnisse und ihr Gebrauchszweck wurde versteckt und verschleiert unter zusätzlichem dekorativem Bauwerk.

Der Künstler war am Produktionsprozess selbst nicht mehr beteiligt. Seine Arbeit wurde in den Händen tüchtiger Geschäftsleute zu einem unentbehrlichen Mittel mangelhafte Qualität der Massenbedarfsartikel zu verschleiern, die Aufmerksamkeit des Kunden von diesen Mängeln abzulenken und ohne Rücksicht auf die mindere Qualität einen hohen Marktpreis zu erzielen.

Pazitnov zeigt dann in seiner sehr interessanten Darstellung der geschichtlichen Entwicklung, wie sich das Bewusstsein des Volkes langsam von den Vorurteilen der vorindustriellen Epochen befreite und eine Auffassung in ihren Anfängen erkennbar wurde, die auch den Formen der modernen Technik ihren eigenen ästhetischen Wert zuerkannte. Mit dem zunehmenden Einfluss der Technik auf unser Leben und mit dem massenhaften Eindringen technischer Erzeugnisse in die engere und weitere Umwelt der Menschen, werden die Formen und Methoden einer solchen künstlerisch-dekorativen Gestaltung allmählich gesprengt. Neue Materialien der Industrieproduktion und die neuen Baustoffe wie Stahlbeton, Aluminium, Stahl und Glas verdrängen das Handwerkliche der äußeren Formen, das Wesen des Bauwerks, des Möbels, des Gerätes, seine Zweckbestimmung und seine Konstruktion treten in den Vordergrund.

Es beginnt die 3. Etappe dieser Entwicklung, die Mitarbeit des Künstlers an der Gestaltung der technisch, funktionell und ästhetisch begründeten Form.

Dieser radikale historische Umschwung, dessen Vollendung wir eigentlich erst jetzt erleben, und der in der Bedeutung, die man heute der industriellen Formgestaltung in der ganzen Welt zuerkennt, zum Ausdruck kommt, hat sich nicht von gestern auf heute vollzogen. Seine ersten mutigen Anfänge waren bereits auf der Pariser Weltausstellung im Jahre 1889 zu sehen.

Der Eifelturm, der damals wie ein Protest in die auf „äußeren Prunk" bedachte Gestaltungswelt zum ersten Male in Erscheinung trat und in seiner „Sachlichkeit" einen Sturm des Widerspruchs hervorrief, hat Jahrzehnte gebraucht, um in der Ästhetik unseres 20. Jahrhunderts Anerkennung zu finden. Aber mit dieser Anerkennung des Eifelturms und einiger anderer Momente und Beispiele einer neuen Auffassung waren durchaus noch nicht alle zählebigen Vorstellungen aus vergangenen Zeiten überwunden. Und auch heute zeigt uns ein Blick in die Schaufenster, welches Maß von Arbeit hier noch zu leisten ist.

Kehren wir zurück zu Pazitnov und seinem Artikel über das schöpferische Erbe des Bauhauses.

Ich könnte mich nun bei dem, was ich Ihnen über diese „Tätigkeit des Bauhauses" zu sagen habe an das halten, was an vielen Stellen darüber gesagt und geschrieben worden ist. Ich könnte auch ausschließlich davon berichten, was ich in diesen 6 Jahren meiner Mitarbeit am Bauhaus selbst erlebte. Es erscheint mir richtiger und objektiver, wenn ich mich auch dabei gleichzeitig an die Feststellung dieses sowjetischen Wissenschaftlers halte. Seine Feststellungen beruhen auf dem kritischen Studium einer Fülle von Material, das mir heute, nach 30 Jahren, selbstverständlich in dieser Präzision nicht mehr gegenwärtig ist.

Das „Bauhaus“ war im Wesentlichen eine Hochschule für Bauwesen und industrielle Formgebung. Dem Bauhaus ist vieles nachgesagt worden, was von der großen Zahl seiner Nachläufer und Nachahmer hinzugetan wurde. So z. B. der so genannte „Bauhausstil“, den es am Bauhaus gar nicht gegeben hat, im Gegenteil es wehrte sich zumindest in der Zeit seines Kampfes um die Durchsetzung seiner neuen Grundsätze gegen jede schablonenhafte Anwendung vorgefasster Formvorstellungen.

Auch das Suchen nach neuen Formen um jeden Preis (wobei sich die Modernisten des Westens so gern auf das Bauhaus berufen) war am Bauhaus verpönt. Walter Gropius sagte dazu in seinen „Grundsätzen der Bauhausproduktion“ schon im Jahre 1925: „Das Suchen nach neuen Formen um jeden Preis muss ebenso abgelehnt werden wie die Anwendung rein dekorativer praktisch gestalteter oder historischer Geschmacksformen, da es nicht vom Wesen der Dinge ausgeht.“

Wir sehen also, das ist ein weit verbreiteter Irrtum, teilweise auch eine böswillige abwertende Äußerung, wenn man behauptet, das Bauhaus hätte einen „bestimmten Stil“ vertreten. Es hätte nach „neuen Formen“ um jeden Preis gesucht. Genau das widerspricht den wahren Prinzipien die am Bauhaus galten und die dort wo sie auftraten, immer wieder konsequent bekämpft wurden.

Wenn man alles, was sich vom überholten Alten unterschied, was den echten neuen Aufgaben, die sich aus der gesellschaftlichen und technischen Entwicklung ergaben, als einen „Stil“ bezeichnen will, dann käme dem so gesehen eine gewisse Berechtigung zu. Man kann aber unmöglich alle die vielen Nachahmungen und teilweise dilettantischen, verantwortungslosen, modernistischen Formspielereien aller Nachläufer und Nachahmer des Bauhauses, dem Bauhaus selbst zuschreiben. Denn wie Sie aus dem zitierten Äußerungen von Gropius und aus vielen anderen, die ich hier nicht alle aufführen kann, ersehen können, hat sich das Bauhaus gegen diese Veroberflächlichung und Verzerrung seiner Ideen genau so entschieden gewehrt, wie gegen die geistlose Nachahmung überholter und veralteter Stilelemente.

Die Schwierigkeiten mit denen das Bauhaus damals fertig werden musste, bestanden aber nicht allein in der Auseinandersetzung mit den Vertretern der Rückständigkeit und den Nachläufern, die seine Ideen auf billige Weise zu kopieren versuchten, sondern auch in der Überwindung der Widerstände, die sich aus den damaligen Verhältnissen ergaben. Dazu möchte ich einige Stellen aus den Untersuchungen des sowjetischen Wissenschaftlers Pazitnov zitieren: „Zu jener Zeit wies das System der akademischen Kunstausbildung einen völligen Zerfall auf. Es vermochte lediglich von künstlerischem Dünkel erfüllt, in den schlechten Traditionen einer Salonkunst verknöcherte soziale Parasiten zu befruchten, die absolut nicht die Fähigkeit besaßen, im werktätigen Leben des Volkes eine nützliche Mitarbeit zu leisten. Andererseits praktizierten die Schulen des traditionellen Kunsthandwerks eine Werkausbildung, die sich unter den Verhältnissen der modernen Maschinentechnik als primitiv und dilettantisch erwiesen.

Das Bauhaus zog als Dozenten eine internationale Gruppe der künstlerisch-technischen Intelligenz heran, die jedoch durch eine gemeinsame „linke“ antiakademische Tendenz verbunden war. Es war die Blüte der europäischen künstlerischen Avantgarde aus der Zeit nach dem ersten Weltkriege, die danach strebte, die künstlerischen Horizonte auf irgendeine Weise zu erweitern, sie aus der Sackgasse und der Zersplitterung herauszuführen und organischere Verbindungen mit dem Leben aufzuspüren.

Ungeachtet aller subjektivistischen Differenzen in der ideologischen Einstellung dieser Künstler zeichnete sie alle das leidenschaftliche Bestreben aus, auf dem Gebiet der Form zu experimentieren, neue künstlerische Ausdrucksmittel ausfindig zu machen, die mit dem modernen Weltgefühl des Menschen im Einklang standen. Seine Hauptaufgabe war es, die Individualität freizulegen, sie vom Formalen und den Vorurteilen der schulmäßigen und nur aus Büchern stammenden Erziehungen zu befreien. Im Laufe dieser Zeit lernten die Studenten die verschiedenen Stoffe kennen, lernten es, ihre natürlichen Eigenschaften, ihre Struktur, Faktur und Textur zu verstehen und gefühlsmäßig vielseitig zu erfassen, machten sie die ersten Versuche, diese Stoffe künstlerisch zu gestalten, wobei sie bestrebt waren, ihre Kräfte bei der Schaffung verschiedener plastischer Kompositionen zu erproben. Das Ziel bestand darin, das individuelle Gefühl für die wichtigsten Stoffe – Metalle, Stein, Holz, Glas, Ton usw. - zu wecken und im Laufe selbstständiger Übungen die Fähigkeit zu entwickeln, sie einander gegenüberzustellen, ihre konstruktive Wechselbeziehung zu erfassen und diese Beziehung sichtbar und fühlbar zu machen. Gleichzeitig wurden die Fähigkeiten zum Erfassen der Proportionen, des Rhythmus, der Farbe, des Helldunkel sowie die Fertigkeit, mit verschiedenen Werkzeugen umzugehen, entwickelt.

Nach erfolgreichem Abschluss des Vorbereitungslehrganges trat der Studierende nach einiger Wahl zwecks weiterer Ausbildung und Vervollkommnung seiner Fähigkeiten in eine der Bauhauswerkstätten ein.“

Die klare, konsequente, auf die gesellschaftliche Entwicklung bezogene Aufgabenstellung des Bauhauses lässt sich an vielem nachweisen und so manches, was mit der Veränderung der gesellschaftlichen Verhältnisse in unserem Teil Deutschlands zur Forderung erhoben wird, war bereits in diesem Prinzip enthalten. Das gilt u. a.für die Forderung einer engen Verbindung von Kultur und Leben, von Kunst und Wirklichkeit.

Pazitnov verweist in diesem Zusammenhang auf ein Wort von Gropius: Es wäre sinnlos einen künstlerisch begabten Studenten, der nicht auf die materielle Arbeit vorbereitet ist, in die Industrie zu schicken, um auf diese Weise die verloren gegangene Verbindung mit der Welt der Produktion wiederherzustellen. Der ausgesprochene merkantile und einseitig die Arbeit betonende Geist der heutigen Fabrik würde ihn ersticken. Im Gegensatz dazu entspricht die handwerkliche Arbeit ihrer Natur nach seinen geistigen Bedürfnissen und ist daher für ihn das beste Mittel der Werkausbildung.

Das machte das Bauhaus keineswegs zu einer handwerklichen Schule. Die handwerkliche Ausbildung dient nur dazu, die Hände und die technischen Fertigkeiten auszubilden; sie ist Mittel, aber nicht Selbstzweck. Ihr Ziel ist die Allseitigkeit der Ausbildung, nicht aber die weitgehend überholte handwerkliche Produktionsform.

Das, was der gestaltende Meister in der Zeit der baulichen Hochleistungen unserer Vergangenheit in seiner Person vereinigte, werkhafte Leistung und gestalterisches Können, das wurde hier auf einer höheren Ebene in Verbindung zwischen werkhafter Leistung und geistig-künstlerischer Gestaltung zu einer neuen Einheit.

Wie weit diese neue Einheit zu einer Basis der Arbeit als allen Gebieten moderner Industrieformgestaltung in der ganzen Welt geworden ist, das ergibt ein flüchtiger Rückblick über das, was in dieser Richtung heute in der ganzen Welt geschieht.

Ich sagte es schon, dass es kaum eine namhafte Industrie gibt, in der nicht Formgestalter tätig sind. Darüber hinaus gibt es in allen Industrieländern Formgestalter-Organisationen und staatliche Einrichtungen, die sich bemühen den Aspekten der Formgestaltung und ihren ökonomischen und kulturellen Möglichkeiten die entsprechende Wirksamkeit zu sichern.

Es kann uns nicht überraschen, dass dabei den merkantilen Gesichtpunkten in den kapitalistischen Ländern die größte Aufmerksamkeit gewidmet wird.

Die amerikanische Wirtschaft lässt sich das Millionen kosten, weil sie weiß, dass es sich millionenfach rentiert. Auch die anderen kapitalistischen Länder machen seit Jahren in dieser Richtung gewaltige Anstrengungen und die Erfolge dieser Anstrengungen (wir denken an englische, italienische u. a. Produktionen solcher Art) sind erheblich.

In den sozialistischen Ländern hat man den Forderungen der Industrieformgestaltung und den durch sie gegebenen Möglichkeiten lange Zeit nicht die notwendige Beachtung geschenkt. Das hat sich grundsätzlich geändert. In allen Ländern des sozialistischen Lagers nehmen jetzt die Bemühungen um eine wertsteigernde moderne künstlerische Formgestaltung einen erheblichen Raum ein.

Sie wissen alle, welche Bedeutung die Stärkung der ökonomischen Basis unseres Arbeiter- und Bauernstaates beigemessen werden muss, und wie auch alle Sparten der Kunst die Aufgabe haben, an der Erfüllung der großen Aufgaben mit ihren Mitteln mitzuwirken. Das gilt für die Industrieformgestaltung in erhöhtem Maße und unmittelbar. Doch darüber hinaus unterscheidet sich die Industrieformgestaltung bei uns doch wesentlich von der in den kapitalistischen Ländern. Der Aufbau des Sozialismus stellt uns die gewaltige Aufgabe einer Veränderung aller Lebens- und Schaffensbereiche. Alles was wir entwickeln, formen, gestalten und produzieren wird in seiner Summe und in seiner sinnvoll räumlichen Ordnung die Formen und den Charakter dieser Lebens- und Schaffungsbereiche, das neue Verhältnis des

Menschen zu seiner Umwelt ausführen und bestimmen. Das stellt den Formgestalter insgesamt in eine Verantwortung und in eine kulturelle und ökonomische Verpflichtung, die mit den Aufgaben des Formgestalters in der kapitalistischen Welt nicht vergleichbar ist. Daraus ergibt sich die Anforderung, die wir an die Arbeit des Formgestalters, an seine Ausbildung und an die Tätigkeit unserer Organisation zu stellen haben.

Dazu einige kurze Ausführungen:
(Hier bricht das Manuskript ab.)

7. Betrachtungen zur Industrieformgestaltung

Wiedergabe des Diskussionsbeitrages von Friedrich Engemann auf der Tagung des Komitees der VI. Deutschen Kunstausstellung am 14. April 1967 in Leipzig.
Veröffentlicht in: Bildende Kunst (1967), Heft 8

Wenige Tage vor dem VII. Parteitag der Sozialistischen Einheitspartei Deutschlands sollten wir uns mit besonderer Deutlichkeit ins Bewusstsein rufen, dass alle unsere Bemühungen und Vorbereitungen für die VI. Deutsche Kunstausstellung auf ein doppeltes Ziel gerichtet sein müssen.

Es geht einmal um den Leistungsstand unserer künstlerisch-schöpferischen Arbeit auf allen Gebieten der bildenden und angewandten Kunst, in der bewußteren Mitarbeit der Künstler an der Lösung der geistigen Probleme unserer Zeit und zum anderen um die klärende Auseinandersetzung mit den uns bewegenden gestalterischen und politisch-ideologischen Grundfragen. Eine Auseinandersetzung, in die wir einen möglichst weiten Kreis unserer in allen Lebens- und Schaffensbereichen tätigen Menschen einbeziehen sollten.

Beides, das helfende und anregende Gespräch unter uns, ebenso wie die Auseinandersetzung in der breiten Öffentlichkeit, setzt voraus, dass wir einander verstehen, dass wir das Spezifische der einzelnen Disziplinen unserer gestalterischen Arbeit, die teilweise sehr verschiedenen Aufgaben und Forderungen der bildenden Kunst, des Kunsthandwerks und der Industrieformgestaltung und ihre unterschiedlichen gestalterischen Mittel ebenso klarstellen und werten wie das, was ihnen gemeinsam ist.

Während diese klärenden Bemühungen um das Verständnis und die richtige Einschätzung der Arbeit der bildenden Kunst und ihrer Aufgaben in einem anerkennenswerten Umfange vorliegen (ich erinnere an die seit langem im Umlauf befindliche Konzeption des VBKD [Verband Bildender Künstler Deutschlands] zur Vorbereitung und Durchführung der VI. Deutschen Kunstausstellung) und für die Einschätzung kunsthandwerklicher Leistungen zumindest traditionell bedingte Bewertungsmaßstäbe bestehen, so ist in Bezug auf die Besonderheiten der Industrieformgestaltung und ihrer unmittelbar spezifischen Bedeutung in der Verbindung zwischen sozialistischer Kunst und materieller Produktion noch vieles offen geblieben, was zum richtigen Verständnis und zur Entfaltung einer breiten, allseitig nützlichen und schöpferischen Diskussion gesagt werden muss.

Lassen sie mich in dieser Richtung nur einige Gedanken skizzenhaft andeuten: Das Verständnis von Nützlichkeit und Schönheit, das Verhältnis von Wissenschaft und Kunst in der Industrieformgestaltung, der Begriff des „Optimalen“ in der Gestaltung industrieller Erzeugnisse, die Forderungen der Komplexität, die Begriffe der Schönheit und des Geschmacks in der marxistischen Ästhetik, „das bewusste Erlebnis der Gestalt als Gegenstand und Ergebnis menschlich-gesellschaftlicher Arbeit und Leistung und ihr gesellschaftlich-erzieherischer Wert!“ (Beispiel: eine elegante Maschine, ein besonders interessanter Industriebau oder eine Brücke, die sich kühn und leicht über einen breiten Strom spannt.)

Uns geht es dabei zunächst weniger um philologische Betrachtungen, ob und wie weit solche Leistungen terminologisch zur „Kunst“ gehören, ob sie mit „künstlerischen Mitteln“ gestaltet oder ob sie in die Kategorie „Kunst“ überhaupt nicht einzuordnen sind. Uns geht es darum, die Distanzvorstellungen zu beseitigen, die der Kapitalismus dem Arbeiter zum Ergebnis seiner Arbeit anerzogen hat, und ihm an Stelle dessen ein neues, bewusstes Verhältnis zu seiner Leistung über das Erlebnis zu vermitteln.

Weitere Gedanken und Probleme, auf die wir in Verbindung mit den Aufgaben der Industrieformgestaltung eingehen sollten, sind u. a.: Ein Vergleich der verschiedenen „Wege und Methoden der schöpferischen Aneignung der Realität, der Wirklichkeit“ die Beziehung von „Kunst und materieller Produktion und ihr Verhältnis zur Wirklichkeit“ unter Hinweis auf die Kunst mit ihrer Möglichkeit des weiten Vorausträumens und die materielle Produktion mit ihrer weitgehenden Bindung an den jeweiligen Stand der Produktivität und der ökonomischen Gegebenheiten. Beides bestimmt den Standort des Industrieformgestalters. Er hat beidem zu entsprechen, dem Vorausdenken und Vorausdefinieren ebenso wie den Bedingungen und Forderungen der Gegenwart, die er ständig und stetig bestrebt sein muss zu erweitern.

In unserem Sprachgebrauch erscheint der Begriff „Kultur“ noch allzu häufig als etwas Besonderes, etwas Zusätzliches oder Ergänzendes, etwas außerhalb und neben dem praktischen Leben, der praktischen Arbeit Stehendes. Hier die Arbeit, dort die Kultur bzw. das Vergnügen. Hier das Programm einer Veranstaltung, dort die „kulturelle Umrahmung“.

Was wir wollen und was wir auch in Verbindung mit der VI. Deutschen Kunstausstellung deutlich machen wollen, das ist die Überwindung der Trennung von gestaltender Arbeit und materieller Produktion, der Trennung von Kunst und Leben auf allen Gebieten unseres Daseins, die Einheit von technischer Revolution und geistig-kultureller Entwicklung, die Entwicklung einer neuen Nationalkultur, die als eine echte Volkskultur die Millionenmassen der Bevölkerung unserer Republik umfassen wird. Das heißt für uns und unsere Ausstellung, dass wir – wenn wir von vielen verstanden werden wollen – die verschiedenen Aufgaben und Probleme der bildenden Kunst, der angewandten Grafik, des Kunsthandwerks und der Industrieformgestaltung ebenso differenziert behandeln und darstellen müsse, wie wir sie in ihrer Verflechtung und ihrer Verbindung zur Gesamtentwicklung aufzuzeigen haben.

Die da und dort herausgestellte Tatsache, dass Neuerer über ihre Arbeit Feierabend und Freizeit vergessen, gibt es viel häufiger, als sie nach außen hin in Erschienung tritt. Dieses zunehmende schöpferische Wirken vieler Menschen auf allen Gebieten ist eine wichtige Erscheinung innerhalb unserer kulturellen Entwicklung. Es muss uns gelingen, unsere Bemühungen um die Gestaltung einer neuen räumlich-gegenständlichen Umwelt mit dem schöpferischen Wirken aller dieser vorwärts drängenden Menschen zu verbinden.

Dieser Gedanke ist mitbestimmend für die Form und den Charakter unserer Ausstellung und für alles, was dazu gesagt und getan werden soll. Die ganz anders als in den Aufgaben der bildenden Kunst gearteten vielfältigen Funktionen und der geforderte unmittelbare hohe Nützlichkeitswert, den der Industrieformgestalter bei der Lösung seiner Aufgaben zu berücksichtigen hat, bedingen, dass die Wertmaßstäbe der bildenden Kunst nicht einfach auf die Formgestaltung übertragen werden können. Die Arbeit des Formgestalters ist abhängig von den Bedingungen und den differenzierten Anforderungen der verschiedenen Arbeitsgebiete der Gestaltung, der Arbeitsumwelt, des Verkehrs, des Wohnens, der Bildung, Erziehung und Erholung und allen Einrichtungen unseres vielseitigen wirtschaftlichen und gesellschaftlichen Lebens; der Anteil wissenschaftlicher Disziplinen an seiner Arbeit und zahlreiche Bedingungen wirtschaftlicher und technologischer Art bestimmen den Charakter seiner gestalterischen Tätigkeit. Ihre Bewertungsmaßstäbe ergeben sich auch nicht aus dem Suchen nach dem Besonderen, dem Exquisiten, dem Nochnichtdagewesenen und schon gar nicht dem Schielen nach wesentlicher Anerkennung, sondern aus der Frage nach dem Ergebnis einer verantwortungsbewussten gestalterischen Mitwirkung an unserer eigenen sozialistischen Entwicklung. Es wird notwenig sein, die angedeuteten spontan und lückenhaft skizzierten Grundsatzfragen und Anregungen um Wesentliches zu ergänzen und sie in geeigneter Form mit der Ausstellung zu verbinden.

8. Das Bauhaus in Dessau

Auszug aus einem Vortrag vor Vertretern des sowjetischen Verbandes bildender Künstler, Moskau 1969. Erstveröffentlichung in: Dessauer Kalender, Dessau 1977, S. 4–14 (Hervorhebungen von Friedrich Engemann)

Das Bauhaus entstand als Ergebnis und Höhepunkt einer zunächst rein bürgerlichen Reformbewegung, mit der sich in Deutschland neben vielen anderen solche Namen verbinden wie Gottfried Semper, mit seinen in dieser Zeit aufrüttelnden und zur Besinnung mahnenden Büchern, insbesondere seinem 1851 unter dem Eindruck der Londoner Weltausstellung erschienenen Werk „Wissenschaft, Industrie und Kunst" und den darin enthaltenen und begründeten Forderungen nach Material- und Werkgerechtigkeit und nach einer Reorganisation des Kunstschulbetriebes; und Peter Behrens, von dem es in einer englischen Enzyklopädie aus dem Jahre 1964 unter anderem heißt: „... der erste bekannte Industrie-Designer arbeitete unter vortrefflichen Bedingungen. Peter Behrens war 1907 bei einer AEG in Deutschland als Architekt, Industrie-Designer und Gebrauchsgrafiker tätig, um diesem Unternehmen durch seine vielseitige Tätigkeit ein anschauliches, sichtbares Gepräge zu geben... Als Mitglied des Architektenstandes gebrauchte Behrens dessen Maßstab und Ästhetik für sein Werk als Industrie-Designer..." Peter Behrens war einer der hervorragendsten Mitgründer des 1907 ins Leben gerufenen „Deutschen Werkbundes", den man als eine erste Kulmination dieser Reformbewegung ansehen darf. Drei seiner damaligen Mitarbeiter, die zugleich in seinem Büro tätig waren, haben sein Erbe aufgegriffen und, jeder auf seine Weise, später als Avantgardisten der modernen Architektur in genialer Weise praktiziert – Gropius, Le Corbusier und Mies van der Rohe. Wir denken weiter an Adolf Loos, an seine leidenschaftlichen Appelle an die Vernunft und an das soziale Gewissen seiner Zeitgenossen, und an die vielen anderen uns bekannten Träger der Reformbewegung und des Kampfes gegen den Verfall, der

- im gesinnungslosen Stilkitsch der Prunkbauten der Neureichen in der Gründerzeit,

- in der Verleugnung der Maschine durch manipulierte Vortäuschung von Handarbeit

- in der gusseisernen Zierverbrämung bedeutender Ingenieurleistungen und

- in den baulichen Unmenschlichkeiten der barbarischen Hinterhofbebauungen der großen Städte seinen Tiefstand erreicht hatte.

Es überrascht uns nicht, dass wir die Namen fast aller dieser Werber und Kämpfer für eine neue Baugesinnung, die uns aus den Berichten und Protokollen über die Werkbundbewegung bekannt sind, auch in den engeren und weiteren Kreisen der Freunde, Ideenträger und Mitstreiter des „Bauhauses“ wieder finden.

Bezeichnend für den Charakter der Reformbewegung und die Entwicklung ihres weiteren Kampfes erscheint und das frühe Eingreifen des damals noch sehr jungen (1883 in Berlin geborenen) Architekten Walter Gropius. In seiner 1910 erschienenen Denkschrift über „Die Idee eines Baukastens im Großen“ sind bereits die Grundzüge eines modernen industriellen Bausystems enthalten, das erst 16 Jahre später im Bauhaus Dessau und in der damals in der ganzen Welt beachteten Versuchssiedlung Dessau-Törten seine teilweise Verwirklichung fand.

In dieser Denkschrift geißelte der spätere Gründer des Bauhauses „die dem Bauwesen und dem Publikum durch Spekulanten- und Unternehmertum zugefügten Schäden“. Ziel seiner Vorschläge war schon damals – also vor dem 1. Weltkrieg – die Bildung einer Gesellschaft zur Industrialisierung des Hausbaues, um dem Bauen die von Gropius schon damals erkannten „unstreitbaren Vorteile der industriellen Herstellung, beste Qualität des Materials und der Arbeit und billigen Preis“ zugute kommen zu lassen. 1911 – mit 28 Jahren – baute Gropius das Fagus-Werk in Alfeld an der Leine; 1914 Modellfabrik und Bürogebäude auf der Werkbundstellung in Köln. Mit dem Fagus-Gebäude schuf Gropius eines der ersten und entschiedenen Beispiele einer neuen Bauauffassung, das in jeder geschichtlichen Betrachtung des modernen Bauens als eine ganz besondere Pionierleistung bezeichnet wird. Und immer wieder (auch in den jetzt nach seinem Tode erschienenen Würdigungen seines Gesamt-Werkes als Architekt) wird die Auffassung vertreten, dass „ein solcher Wurf“, wie er ihn damals – 1911 – mit der Konzeption des gläsernen Gehäuses für die Fagus-Schuhleistenfabrik erreichte, auch ihm selbst – trotz aller seiner Erfolge – niemals wieder gelungen sei.

Nach Beendigung des 1. Weltkrieges entfaltete Gropius als eines der aktivsten Mitglieder des revolutionären „Arbeitsrates für Kunst“ eine lebhafte Tätigkeit für die Durchsetzung seiner Reformideen. Mit seiner Berufung nach Weimar im Jahre 1919 entstand in der Fortführung seiner Gedanken und Forderungen auf einer neuen Ebene das „Staatliche Bauhaus“ …

Das Bauhaus Dessau unter Walter Gropius (1925–28)

Von den Städten, die dem Bauhaus eine neue Heimstatt anboten, kam insbesondere (schon allein von der Großzügigkeit her) Dessau in Betracht. Das von Weimar aus gegen das Bauhaus verspritzte Gift war natürlich auch bis Dessau vorgedrungen. Das machte die Übernahme und die Durchsetzung der notwendigen Beschlüsse im Parlament nicht leicht. Auch in der ehemals kleinen Residenzstadt Dessau gab es noch viel konservativ-rück-ständiges Denken. Die Einwohnerzahl hatte allerdings inzwischen die Zahl 70 000 erreicht und eine sich stürmisch entwickelnde Industrie veränderte von Tag zu Tag mehr das Gesicht dieser Stadt. Der fortschrittlichen Stadtleitung gelang es, die erforderlichen Beschlüsse durchzusetzen und dem Bauhaus eine Wirkungsstätte zu sichern, die in ihren Möglichkeiten weit über das hinausging, was in Weimar aufgegeben werden musste. Das bezog sich nicht zuletzt auf den Beschluss der Stadt Dessau zur Errichtung eines neuen Bauhaus-Gebäudes.

Die Unterbringung des 1925 von Weimar nach Dessau übergesiedelten Bauhauses erfolgte zunächst behelfsmäßig im Bereich vorhandener Schulgebäude. Am 4. Dezember 1926 erfolgte die Einweihung des von Gropius und seinen Mitarbeitern entworfenen (in der kurzen Zeit von 1 1/2 Jahren für Entwurf und Ausführung entstandenen) neuen Dessauer Bauhaus-Gebäudes. Was dieses Bauwerk und die darin zum Ausdruck kommende neue Bauauffassung zur Zeit seiner Entstehung den Menschen bedeutete und wie sie es aufnahmen, darüber schrieb der bekannte Kunstkritiker Max Osborn zum Tage der Einweihung des Dessauer Bauhauses und der gleichzeitig mit ihm errichteten Meisterhäuser:

„Was hier geschaffen wurde, ist zugleich ein erstaunliches Denkmal der beispielhaften Energie, mit der ein einzelner Mann, von dem Bewusstsein seines künstlerischen Rechts durchdrungen und getragen, Widerstände besiegt, die sich wie Berge türmten …

Der Eindruck, den man von der weitzügigen Anlage empfängt, ist großartig und überzeugend. Im Westen der Stadt, in einem werdenden Viertel, wo schon die üppigen Waldungen anrücken, an denen die schöne Landschaft der Umgebung Dessaus reich ist, erhebt sich die Hauptgruppe. Sie gliedert sich in drei Teile: das Fachschulgebäude, für die Zwecke der vom Bauhaus übernommenen gewerblichen Berufsschule bestimmt, die eigentlichen Lehrräume des Bauhauses oder „Laboratoriumswerkstätten“ und das „Atelierhaus“ mit Wohnungen und Arbeitsräume für eine Anzahl Studierender heben sich voneinander ab. Aber Gropius hat die Teile einheitlich verbunden. Zwischentakte, von denen einer eine werdende Straße überbrückt und damit ein besonders reizvolles Motiv heranträgt, bilden Durchgänge. In jenem freien Rhythmus, der der üblichen Pendant-Symmetrie ausweicht, dafür aber seine innere Balance hat, ist der Gesamtgrundriss entworfen.

Die neue Baukunst vermochte hier, ohne Gebäude unmittelbarer Nachbarschaft, die Rücksicht fordern könnten, ihre Sprache ohne Hemmung zu entfalten. Noch nie hat sich der Grundsatz der klaren, kubischen Fügung, das System des unverwischten Kontrastspiels von geradlinig durchgeführten Horizontalen und Vertikalen mit so starker Wirkung an einem Exempel bewährt. Das Rechteck regiert und schmiedet die Mannigfaltigkeit der Bilder zu einer großen sachlichen Geschlossenheit zusammen …

Dem neuen Gedanken kam der neue Stoff zu Hilfe. Der Eisenbeton ruft nach ingenieurhafter Klarheit der Konstruktion. Alles wächst aufs natürlichste empor. Aus dem selbstverständlichen Ausdruck für das, was das Haus sein will und enthält, quellen auch seine ästhetischen Werte. Das Werkstättenhaus soll Räume mit möglichster Helligkeit umschließen. So gibt ihm Gropius kolossale Glaswände. Wirklich, mächtige Flächen von Spiegelglasscheiben, rechteckig geschnitten und von schmalen Eisenstäben gehalten, bilden, über dem breiten Bande eines verputzten Betonstreifens und dem darunter ein wenig zurücktretenden Sockelgeschoß, durch drei Stockwerke hin bis zum flachen Bande des Hauptgesimses die Fronten. Von den Pfeilern her werden Ausleger vorgekragt, an denen die Glaswände hängen. Ein zauberhaftes Bild ergibt sich. Das Glas, das trennt und die Trennung wieder halb aufhebt, umschießt den Riesenwürfel des Gebäudes mit einer transparenten Haut, durch die man in das lebendige Getriebe seines inneren Organismus blickt. Doppelt zauberhaft am Abend, wenn der Würfel beleuchtet ist und aus sich blendende Helligkeit in den Umkreis wirft.

Beim Fachschulgebäude lockt wieder ein anderer Effekt. Breite Fensterreihen, zusammengefasst, in verschiedenen Stockwerken rhythmisch versetzt, schneiden als dunkle Flächen in die hell verputzten Fassaden. Das Atelierhaus wieder soll verkünden, dass an 30 Einzelwohnungen in ihm stecken.

Die Inneneinrichtung namentlich beweist, welche Entwicklung die Tätigkeit des Bauhauses genommen. Alles ist von bester technischer Einfachheit der Gestaltung, von exaktester Präzision in der Verarbeitung, von ungemein praktischer Durchdachtheit. Das Provisorische, Experimentelle, das man in Weimar noch antraf, ist stabilen und endgültigen Formungen und Anordnungen gewichen.

Nirgends wird diese Wandlung deutlicher als in den Häusern der ‚Bauhausmeister-Siedlung', wo Gropius für sich selbst und für das Sextett seiner ältesten Kollegenschaft, also für Moholy-Nagy und Feininger, Muche und Schlemmer, Kandinsky und Klee, Heimstätten gebaut hat. Abseits von dem Werkstattkomplex, eingebettet zwischen alten Kiefern, die aus grünem Rasen aufsteigen. Ich denke noch an das Musterhaus der Weimarer Ausstellung von 1923 zurück, wo es bös ungemütlich, orthodox-puritanisch, leer und kalt aussah. Jetzt haben die Wohnhäuser in ihrer Raumgestaltung wie in ihrer Inneneinrichtung Wohnlichkeit, Behagen, Komfort angenommen. Mit raffinierter Überlegung ist jede Einzelheit auf die Praxis berechnet. Dem einzelnen Bewohner wird durchaus nicht Gewalt angetan. Wenngleich die Hälfte der Zwillingshäuser der genannten sechs Meister sich aufs Haar gleichen, sieht es überall anders aus. Jeder bringt seine Individualität hinein. Kandinsky hat sogar aus altem Besitz feine russische Möbel vergangener Jahrzehnte eingestellt, und siehe, es geht vortrefflich.

Besonderen Akzent erhalten alle Innenräume durch die kühne und ausgezeichnet wirkende Anwendung der Farbe. Wände desselben Zimmers erhalten oft verschiedene oder rhythmisch wechselnde Tönung. Dabei fehlen in den Wohnungen auch goldene oder silberne Wandflächen nicht, die außerordentlich apart wirken können. Auch schwarze Flächen fehlen nicht. Doch alles das bleibt nicht beim Originellen stehen, sondern verbindet sich zu einer hellen, unsentimentalen, reichlichen, ungemein wohltuenden Umrahmung menschlichen Daseins, schaffender Tätigkeit …"

Interessant für uns, die wir in der Fülle dessen, was sich heute als „moderne Architektur“ anbietet, häufig schon vergessen haben, was sie in ihren Anfängen bedeutete und was sie sein sollte: nicht eine Welt abstrakter Gegenstände und Formen um ihrer selbst willen, sondern gestalteter Raum für die Entwicklung neuen menschlichen Lebens! Es ist gut und nützlich, sich gelegentlich daran zurückzuerinnern.

Eine Flut in- und ausländischer Zeitungen befasste sich schon damals mit diesem Bauwerk, das die Idee dieser Schule und ihres Gründers so sichtbar zum Ausdruck brachte. Die Einweihung des Bauhausgebäudes im Dezember 1926, an der über 1000 Gäste aus dem In- und Ausland (prominente Politiker, deutsche und ausländische Architekten, Künstler und Gelehrte aus aller Welt) teilnahmen, wurde zu einem Höhepunkt – nicht zuletzt auch zu einem gewissen Wendepunkt – in der Entwicklung des Bauhauses.

Zwei Erscheinungen verdeutlichen die mit dem Übergang vom Weimar nach Dessau vollzogene Wandlung im Lehrprogramm und in der Zielsetzung des Bauhauses, einmal die Betonung des Laboratoriums – Charakters der Werkstätten und die damit verbundene Forderung eines neuen Charakters der Entwurfs- und Entwicklungsarbeit als Produktivarbeit …, zum andern ist man in Dessau von Anfang an bestrebt, die Arbeit aller Abteilungen stark und unmittelbar mit der Praxis zu verbinden, um über die fortschrittliche pädagogische Bedeutung einer solchen Verflechtung hinaus dem Bauhaus eine zusätzliche tragfähige wirtschaftliche Grundlage zu sichern.

Zum ersten Male erhält das Bauhaus eine eigene Abteilung „Architektur“ und ein besonders auf der Basis der „wirtschaftlichen Rechnungsführung“ arbeitendes Bau-Entwurfsbüro. Es erweist sich in der Durchführung seiner Aufgaben als wirksames Instrument der koordinierenden Anregung und bisher fehlenden Zusammenfassung aller auf das Bauen und Ausbauen ausgerichteten Teilarbeit in den einzelnen Fachbereichen.

Auch anderen, besonders in der Weimarer Zeit zutage getretenen Widersprüchen geht man zu Leibe, z. B.der Tatsache, dass man einerseits die entscheidende Rolle der bildenden Kunst und ihre notwendige Verbindung mit dem Bauen proklamierte, zur gleichen Zeit aber jedes Bildwerk und überhaupt jeden bildkünstlerischen Beitrag innerhalb der modernen Baugestaltung ablehnte …

Im Oktober 1926 wurde das Bauhaus als Hochschule anerkannt. Es führte im Verzeichnis der Hochschulen die Bezeichnung „Hochschule für Gestaltung“ und untersteht als solche der staatlichen Aufsicht. Die Lehrkräfte – soweit sie bereits in Weimar als „Formmeister“ tätig waren – erhalten den Titel „Professor“. Das ist – und war damals – mehr als eine „Formsache“. Es beweist den Übergang von einer „höheren Schule des Handwerks“ zu einer Hochschule der modernen Formgestaltung, auf der Ebene einer vorwiegend industriellen Produktion.

Trotz aller Anerkennung und aller Erfolge hörten die hasserfüllten Angriffe auf das Bauhaus nicht auf. Die steigenden Wirtschaftsschwierigkeiten in den nun folgenden Jahren und die damit verbundene Arbeitslosigkeit wurde von den Gegnern des Bauhauses geschickt ausgenutzt, um jede Aussicht auf eine Erweiterung der dem Institut zur Verfügung stehenden äußerst geringen Mittel zu vereiteln. Die jedes Jahr notwenige Bewilligung der Haushaltsmittel durch das Parlament wurde immer schwieriger. Im Februar 1928 übergibt Gropius sein Rücktrittsgesuch. Er war – wie er auch viel später und kurz vor seinem Tode noch zugab – müde geworden im unaufhörlichen Kampf um die Durchführung seiner Ideen und glaubte, mit seinem Abgang den Angriffen, die sich auch stark auf seine Person bezogen, den „Wind aus den Segeln“ nehmen zu können und dem Bauhaus zu nutzen. Studierende und Meister waren (soweit sie nicht vorher von Gropius informiert worden waren) wie vom Donner gerührt. Seitenlange Artikel erschienen in allen bekannten Zeitungen der Weltpresse „zur Situation am Bauhaus“ und zur Frage „Warum geht Gropius?“.

Es gab dramatische Szenen auch im Bauhaus selbst. Viele können sich nicht vorstellen, wie es am Bauhaus ohne Gropius überhaupt weitergehen soll. Die Studierenden bestürmen ihn mit Äußerungen und Beweisen tiefster Zuneigung ebenso wie mit harten und bitteren Vorwürfen und Protesten. Gropius bleibt hart! Sein Entschluss ist unabänderlich. Würdigung der Dirktoren Hannes Meyer (1928 – 30) und Mies van der Rohe (1930 – 33)

Es beginnt die Ära Hannes Meyer. Hannes Meyer hat es schwer. Ein Mann wie Gropius, dessen Genialität in der Welt schon damals anerkannt war, der sich selbst bei seinen Gegnern bereits eine Art legendären Rufs erworben hatte, war nicht so leicht zu ersetzen. Meyer war erst ein Jahr am Bauhaus, er war Leiter der Bauabteilung und als

Lehrer bisher kaum in Erscheinung getreten. Viele Studierende waren zunächst gegen ihn eingenommen, weil das Gerücht verbreitet worden war, er, Meyer, hätte Gropius langsam aus seiner Position hinausgedrängt. Ein Gerücht, dem Gropius stets entgegengetreten ist, indem er darauf hinwies, dass er bereits bei der Auswahl seines Atelierleiters in Hannes Meyer seinen Nachfolger gesehen und ihn deshalb auch vorgeschlagen habe.

Unter den alten Professoren und vielen „Freunden des Bauhauses" befürchtete mancher, dass Hannes Meyer bei der von ihm bekannten „radikalen", d. h. also kompromisslosen politischen Haltung nicht in der Lage sein würde, das Bauhaus zu halten …

Wer war dieser Hannes Meyer und welches war seine Rolle im Leben und in der Entwicklung des Bauhauses?

Vielleicht lag der große Einfluss Hannes Meyers auf uns alle – ohne Rücksicht darauf, ob wir ihm in diesem oder jenem Punkte zustimmten oder nicht – gerade darin, dass er uns Einblick gab in sein eigenes inneres Suchen, dass er uns teilnehmen ließ am Für und Wider, das sich in ihm selbst vollzog. Für uns war Hannes Meyer in der ungewöhnlichen Art, wie er lehrte und sich mit uns auseinandersetzte, ein großes und starkes Erlebnis im Menschlichen. Ganz im Gegensatz zum üblichen Lehrer, der sich gut vorbereitet, um ja mit seiner Auffassung und ihrer Darstellung „bestehen zu können", und um Gottes willen „nichts Widersprüchliches" zu sagen, führte uns Hannes Meyer stets mitten in die Probleme, ohne sich in jedem Falle selbst schon eine feste „lehrhaft begründbare" eigene Meinung gebildet zu haben.

Dabei war es eine Art, jeder Meinung und jedem Gedanken möglichst bis auf den Grund zu gehen, oft bis zur Überspitzung, so dass es durchaus möglich war, dass der radikalen Formulierung eines Gedankens im Prozess der weiteren Durchdenkung des Ganzen eine ebenso radikale gegenteilige Formulierung gegenübergestellt werden konnte. Ist das der Beweis einer Wankelmütigkeit, der „Zwielichtigkeit" und der „Inkonsequenz", wie sie Hannes Meyer so häufig von seinen akademischen Widersachern vorgeworfen wird?!

Im Gegensatz zu seiner pädagogischen Methode vertrat Hannes Meyer seine Ansichten nach außen vielfach mit einem Absolutheitsanspruch und einer Intoleranz anderen

Auffassungen gegenüber, die immer wieder schockierte und zu Widerspruch und Ablehnung führte. Was damals alles zu Recht oder zu Unrecht geschrieben wurde, das trug – angesichts der heraufziehenden politischen Gefahr in Deutschland – wesentlich bei zu der verhältnismäßig kurzen Dauer der „Ära Hannes Meyer" …

Der Laboratoriumscharakter der Werkstätten wurde unter Hannes Meyer weiterentwickelt, vertieft und in der Richtung auf eine stärkere Verbindung von Werkstattarbeit mit Lehre und Praxis organisiert und systematisiert. Die letzten Reste einer weltfremden Romantik in der Arbeit wurden beseitigt, die analysierende und synthetisierende Seite der Gestaltungsarbeit gefördert und wissenschaftlich unterbaut. Die Zusammenarbeit mit der Industrie in Verbindung mit den Forderungen des praktischen Lebens wurde nach zwei Seiten hin erweitert: in der Form konkreter Forschungs- und Entwicklungsverträge und im Ausbau lebendiger Kontakte mit der Bevölkerung (durch Entwicklung von Arbeiterwohnungen und von Musterbeispielen für deren Einrichtung; durch Entwurf; Baudurchführung und Einrichtung der Gewerkschaftsschule Bernau u. a.)

So bedeutsam diese Periode (1928–30) für die Entwicklung des Bauhauses gewesen sein mag, umso unerfreulicher waren die Auseinandersetzungen in der Öffentlichkeit und im Bauhaus selbst, die 1930 zu einem erneuerten Wechsel in der Leitung führten. Über die Ursachen und die Begleitumstände dieses Leitungswechsels und die Art und Weise seiner Durchführung ist viel gesprochen und geschrieben worden. Es besteht kein Zweifel, es war eine politische Entscheidung. In dieser politisch auf Hochspannung geladenen Situationen erschien dieser Bauhausdirektor auch den in die Defensive gedrängten bürgerlichen Kreisen, die sich bisher zum Bauhaus bekannt hatten, „nicht mehr tragbar".

Von 1930 bis August 1932, als das Bauhaus in Dessau von den Nazis geschlossen wurde, und dann noch bis 1933 in Berlin war Mies van der Rohe Direktor des Bauhauses. Er war schon damals ein konsequenter Vertreter einer Synthese von Technik und Kunst, ein Architekt, der den Begriff „Baukunst" vom Städtebau bis zum „Salzfässchen" angewandt wissen wollte – wobei er den verschiedenen Gegenständen keine Wertunterschiede, sondern nur Größenordnungen zubilligte. Seine Forderungen: Unkompliziertheit, Überschaubarkeit, „Ordnung im Sinne erlesener Harmonie in Proportionen und Materialanwendungen", „großzügige Einfachheit, nicht im Sinne des Primitiven, sondern im Sinne gelöster Probleme".

Kunst ist nach Mies van der Rohe „die höchste Stufe formgestalterischer Leistung", die nicht jeder Gestalter erreicht. Einer seiner pädagogischen Leitsätze: „Wir haben den jungen Architekten eine Grammatik zu geben; wenn sie Künstler sind, können sie eine Poesie daraus machen!"

Manches an der Haltung Mies van der Rohes als Direktor des Bauhauses wurde damals und wird heute noch von verschiedenen Standpunkten aus betrachtet. Auf das, was er als Lehrer und Gestalter zu geben vermochte, würde keiner, der es erleben durfte, verzichten wollen.

Es gelang ihm, trotz der von außen her sich häufenden Schwierigkeiten, den begonnenen Weg zumindest in pädagogisch-methodischer Hinsicht, vielleicht sogar mit einseitig gesteigerten Anforderungen, erfolgreich fortsetzen und ein Niveau der schulischen Leistungen zu erreichen, dem auch Gegner des Bauhauses – soweit sie nicht von blindem Hass erfüllt waren – eine gewisse Anerkennung nicht versagen konnten.

Bücher und Aufsätze zum Thema „Bauhaus" sind in den letzten 20 Jahren in erheblicher Anzahl erschienenen… Nicht immer gelingt es, das Lebendige, Vorwärtsdrängende, die schöpferische Atmosphäre darzustellen, die alles und alle damals beherrschte und die sich – wie es der sowjetische Wissenschaftler L. Pazitnov in seiner Betrachtung über „Das schöpferische Erbe des Bauhauses 1919–1933" überzeugend darstellt, als so tiefgehend wirksam erwiesen hat. In der Reihe der Untersuchungen und Analysen über das Bauhaus kommt der Arbeit Pazitnovs eine besondere Bedeutung zu …

Wir sehen die schöpferische Anwendung des Bauhauserbes in erster Linie in der heute bei uns möglichen Verwirklichung des humanistischen, fortschrittlichen Anliegens seiner besten Kräfte, und zwar

- in der Erfüllung ihrer Maximen im Dienste der Gesellschaft,

- in der Befriedigung der kulturellen Bedürfnisse großer Bevölkerungskreise,

- im Verfolg der Prinzipien einer Ausbildungsarbeit im Sinne der Einstellung auf die Industrieproduktion,

- in der Einheit von Forschung, Entwicklung und Lehre, in enger Zusammenarbeit mit Produzenten und Konsumenten und der damit verbundenen Überwindung jeglicher Lebensfremdheit in der Gesamtarbeit dieses neuen Hochschuletyps,

- in der Weiterentwicklung eines neuen Schüler-Lehrer-Verhältnisses,

- in der Zusammenführung aller Künste mit der Architektur.

Die Maxime des Bauhauses: „Erziehung des Gastalters zu schöpferisch-sozialer Verantwortung", von deren voller Verwirklichung die fortschrittlichsten Kämpfer der Vergangenheit – auch die des Bauhauses – nur träumen konnten, hat in unserer sozialistischen Welt ihre objektiven Voraussetzungen erhalten!

Veröffentlichungen von Friedrich Engemann

Möbel aus Glas, in: Holz und Wohnraum. Fachzeitschrift des Bau- und Möbeltischlers für Innenraumgestaltung, wirtschaftliche Fertigung und Schulung, 1. Jg. (1953), Nr. 4, S. 114–115

(mit Walter Funkat), Am Anfang einer Wende in der Architektur,in: Freiheit, 6.8.1955, Nr. 182, S. 6

Architektur und Formgestaltung, in: Lehrgang Formgebung der VVB EBM an der Hochschule für bildende und angewandte Kunst Berlin-Weißensee, hg. vom Institut für angewandte Kunst, Berlin 1959, S. 139–150

Architektur und angewandte Kunst, in: Vorkonferenz zur Kulturkonferenz des Instituts für angewandte Kunst, hg. vom Institut für angewandte Kunst, Berlin 1960, S. 62–69

Architektur und Wohnkultur, in: Deutsche Architektur, XI. Jg. (1962), H. 9, S. 541–542

Gründung des Rates für Industrieform am 12. September 1962, in: form + zweck, Jahrbuch 1963, S. 27–31

Harmonie von Licht und Form, in: Leuchten-information, hg. vom VVB Elektrogeräte Leipzig unter dem Patronat von Prof. Engemann, Vorsitzender des Rates für Industrieform und Prorektor der Hochschule für industrielle Formgebung, 1964, S. 4, 10

Die Entwicklung der Industrieformgestaltung in der deutschen Demokratischen Republik, in: Informationen. Rat für Industrieform, Nr. 2, hg. vom Zentralinstitut für Formgebung Berlin, 1964, S. 1–6

Betrachtungen zur Industrieformgestaltung, in: Bildende Kunst (1967), H. 8, S. 436–437

Vom schöpferischen Kern der Bauhaus-Idee, in: ars. Kunsthistorische Revue der Slowakischen Akademie der Wissenschaften, 1969, H. 2, S. 118–123 (Protokollband zur Konferenz anlässlich des Jubiläums der Kunstgewerbeschule Bratislava)

Das Bauhaus in Dessau (aus einem Vortrag vor Vertretern des sowjetischen Verbandes bildender Künstler, Moskau 1969), in: Dessauer Kalender, Dessau 1977, S. 4–14

Literatur zu Friedrich Engemanns Leben und Werk

Amt für industrielle Formgestaltung (Hg.), Das Schicksal der Dinge. Beiträge zur Designgeschichte. Zusammengestellt und redigiert von Dagmar Lüder, Dresden 1989

Baabe, Sabine, Friedrich Engemann – Berufspädagoge, Architekt und Formgestalter am Bauhaus und an der Burg Giebichenstein, in: Für das Leben stärken – Zukunft gestalten. Festschrift zum 60. Geburtstag von Klaus Struve, hg. von Sabine Baabe / Eva Maria Haarmann / Ilka Spiess, Paderborn 2002, S. 45–54

Baabe-Meijer, Sabine, Die Rolle von Friedrich Engemann am Bauhaus in Dessau und in Berlin, in: dies., Berufliche Bildung am Bauhaus. Die Lehre am historischen Bauhaus und daraus resultierende Entwicklungsperspektiven für berufspädagogisch-didaktische Arbeit im Berufsfeld Farbtechnik und Raumgestaltung, Paderborn 2006, S. 245–270

Bauhaus-Archiv (Hg.), Experiment Bauhaus. Das Bauhaus-Archiv Berlin (West) zu Gast im Bauhaus Dessau, Ausst.-Kat., Berlin (West) 1988

Bauhaus-Archiv, Berlin / Deutsches Architekturmuseum, Frankfurt am Main, in Verbindung mit dem Institut für Geschichte und Theorie der Architektur an der ETH Zürich (Hg.), hannes meyer 1889–1954 architekt urbanist lehrer, Berlin 1989

Bauhaus-Archiv / Wolsdorff, Christian (Hg.), Bauhaus-Möbel. Eine Legende wird besichtigt, Ausst.-Kat. Bauhaus-Archiv, Berlin, Bauhaus-Museum, Stiftung Weimarer Klassik und Kunstsammlungen, Berlin 2002

Bax, Marty, Bauhaus Lecture Notes 1930–1933. ideal and practice of architectural training at the Bauhaus, based on the lecture notes made by the Dutch ex-Bauhaus student and architect J.J. van der Linden of the Mies van der Rohe curriculum, Amsterdam 1991

Behr, Adalbert, Ludwig Mies van der Rohe und das Jahr 1933, in: Wissenschaftliche Zeitschrift der Hochschule für Architektur und Bauwesen Weimar 33 (1987), H. 4/5/6

Bergdoll, Barry / Dickerman, Leah, Bauhaus 1919–1933: Workshops for Modernity, Ausst.-Kat. Museum of Modern Art, New York 2009, S. 56, 287, 337

Bild BZ, Illustrierte Beilage der Berliner Zeitung, 7. Jg. (1952), Nr. 23, 8.6.1952

Bittner, Regina / Klaus, Katja (Hg.): Gestaltungsproben. Gespräche zum Bauhaus-Unterricht, Leipzig 2019

Blunck, A., Zur Frage der Gewerbelehrerausbildung, in: Fachblatt für Holzarbeiter, 23. Jg. (1928)

Bräunig, Steffen / Horn, Rudolf, Dokumentation eines Fachbereichs, in: form + zweck (1983), H. 3, S. 15–25

Brüning, Ute / Dolgner, Angela, Walter Funkat. Vom Bauhaus zur Burg Giebichenstein, Dessau 1996

Butter, Andreas, Neues Leben, neues Bauen. Die Moderne in der Architektur der SBZ / DDR 1945–1951, Berlin 2006

Butter, Andreas, Die unsichtbare Bauhausstadt. Eine Spurensuche in Dessau, Leipzig 2013

Butter, Andreas, Zwischen Modernebegeisterung und Nationalen Traditionen, in: Thomas Schleper (Hg.), Staatsaffäre Bauhaus. Beiträge zur internationalen Bauhaus-Rezeption, Berlin 2020, S. 91–116

Dauer, Horst, Die Geschichte der Handwerker- und Kunstgewerbeschule zu Dessau, in: Anhaltischer Kunstverein Dessau e. V. (Hg.), Wilhelm Danz und die Kunstgewerbeschule Dessau, Dessau 1999, S. 11–23

Dolgner, Angela, Architektur an der Burg, in: 75 Jahre Burg Giebichenstein 1915–1990. Beiträge zur Geschichte, ausgewählt und eingeleitet von Renate Luckner-Bien, Halle 1990, S. 180–197

Dolgner, Angela, Das Universitätshauptgebäude in Halle als Objekt gestalterischer und denkmalpflegerischer Maßnahmen, in: Wiss. Zeitschrift Univ. Halle XXXX'91 G, H. 3, S. 124

Dolgner, Angela, Architektur und Raumausstattung, in: Burg Giebichenstein. Die hallesche Kunstschule von den Anfängen bis zur Gegenwart, hg. von der Staatlichen Galerie Moritzburg, Halle (Saale)/Karlsruhe 1993, S. 77–112

Dolgner, Angela, „Fauler Abfall des Kurfürstendammes“. Repressalien an der Kunstschule Burg Giebichenstein in Halle (Saale) während der 1950er Jahre. In: Benjamin Schröder/Jochen Staadt (Hg.), Unter Hammer und Zirkel. Repressionen, Opposition und Widerstand an den Hochschulen der SBZ/DDR (Studien des Forschungsverbundes SED-Staat an der Freien Universität Berlin; Bd. 16), Berlin 2011, S. 141–156

Dolgner, Angela, Der Bauhäusler Friedrich Engemann und die Architekturausbildung an der Kunstschule Burg Giebichenstein in Halle. In: Nadja Horsch/Tita Á Pataki/Thomas Pöpper (Hg.), Kunst und Architektur in Mitteldeutschland. Thomas Topfstedt zum 65. Geburtstag, Leipzig 2012, S. 187–200

Droste, Magdalena, Bauhaus 1919–1933, Köln 1990

Droste, Magdalena/Ludewig, Manfred (Hg.), Das Bauhaus webt. Die Textilwerkstatt am Bauhaus, Berlin 1999, S. 282, 292–298 (Teilveröffentlichung der Protokolle des Geschäftsausschusses und Beirates des Bauhauses von 1930–1933)

Düchting, Hajo (Hg.), Seemanns Bauhaus-Lexikon, Leipzig 2009, S. 102–103

Ebert, Hiltrud (Hg.), Drei Kapitel Weißensee. Dokumente zur Geschichte der Kunsthochschule Berlin-Weißensee 1946–1957, Berlin 1996

Erb, Andreas/Seyderhelm, Bettina/Volkmar, Christoph (Hg.), Sachsen und Anhalt. Jahrbuch der historischen Kommission Sachsen-Anhalt, Halle (Saale) 2020

Fitzermann, Joachim, Ziele und Aufgaben der Hochschule für industrielle Formgestaltung, Halle, Burg Giebichenstein, in: Junge Kunst (1961), H. 2, S. 37–44

Flierl, Thomas/Oswalt, Philipp (Hg.), Hannes Meyer und das Bauhaus im Streit der Deutungen, Leipzig 2018

form + zweck (1967), H. 1, S. 55

Hahn, Peter (Hg.), Bauhaus Berlin. Auflösung Dessau 1932, Schließung Berlin 1933, Bauhäusler und Drittes Reich, Weingarten 1985

Heider, Katharina, Vom Kunstgewerbe zum Industriedesign, Weimar 2010

Hesse, Fritz, Von der Residenz zur Bauhausstadt, Bonn 1963/1990

Hirdina, Heinz, Gestalten für die Serie in der DDR 1945–1985, Dresden 1988

Höhne, Günter, Das große Lexikon: DDR-Design, Köln ca. 2008

Höhne, Günter, Design made in GDR. Der Formgestalter Martin Kelm im Gespräch, Berlin 2021

Horn, Rudolf/Bräunig, Steffen, Zur geschichtlichen Entwicklung des Fachbereichs Möbel- und Ausbaugestaltung von 1915 bis zur Gegenwart, in: Möbel-Ausbau, Fachbereichskatalog, Hochschule für industrielle Formgestaltung – Burg Giebichenstein, Halle (Hg.) 1983, S. 4–10, Abb. S. 18–19

Irrgang, Christin Isabell, Friedrich Karl Engemanns Zeit am Bauhaus, Magisterarbeit, Justus-Liebig-Universität Gießen, FB Geschichts- und Kulturwissenschaften, Institut für Kunstgeschichte, 2004

Isaacs, Reginald R., Walter Gropius, Der Mensch und sein Werk, Bd. II, Berlin 1984, S. 616–617

Kern, Ingolf/Knorr, Susanne/Welzbacher, Christian, Bauhaus Reisebuch Weimar Dessau Berlin, München/London/New York 2017

Keßler, Hans, Die letzten zwei Jahre des Bauhauses, Berlin 2013

Kipp, Martin, Arbeitspädagogik in Deutschland: Johannes Riedel, Hannover 1978

Köster, Hein/Michel, Horst, Biographie und Zeitgeschichte, in: form + zweck (1979,) H. 5, S. 8–16

Kremer, Elisabeth, Unsichtbare Orte. Das Bauhaus in Dessau. Kat. zur Freiraumausstellung der Stadt Dessau-Roßlau in Kooperation mit der Stiftung Bauhaus Dessau zum 100. Bauhausjubiläum, Dessau 2019

Kropp, Ernst, Wandlung der Form im XX. Jahrhundert. Dem Deutschen Werkbund gewidmet (Bücher der Form. Im Auftrag des Deutschen Werkbundes hg. von Dr. Walter Riezler, Bd. 5), Berlin 1926

Langenhagen, Johannes, Zur Entwicklungsgeschichte der Sektion Produkt- und Umweltgestaltung im Bereich der Produktion, in: 75 Jahre Burg Giebichenstein 1915–1990. Beiträge zur Geschichte. Ausgewählt und eingeleitet von Renate Luckner-Bien, Halle 1990, S. 235–259

Lichtenstein, Claude (Hg.), Bauhaus 1919–1933. Meister- und Schülerarbeiten aus Weimar, Dessau, Berlin, Ausst.-Kat., Museum für Gestaltung Zürich, Kunstgewerbemuseum, 1988, S. 52

Lingner, Alice, Eine Frau beurteilt die Möbelausstellung im Berolina-Haus, in: Holz und Wohnraum 4 (1953), S. 106–108

Muth, Wolfgang, Berufsausbildung in der Weimarer Republik, Stuttgart 1985

Nadolni, Florentine: alltag formen! bauhausmoderne in der DDR, Ausstellungskatalog des Dokumentationszentrums Alltagskultur der DDR, Eisenhüttenstadt o. J. (2019) [Engemann erwähnt]

Nerdinger, Winfried (Hg.), Bauhaus-Moderne im Nationalsozialismus, München 1993

Neumann, Eckhard (Hg.), Bauhaus und Bauhäusler, Köln 1985

Oswalt, Philipp (Hg.), Hannes Meyers neue Bauhauslehre. Von Dessau bis Mexiko, Basel 2019

Pažitnov, Leonid Nikolaevič, Das schöpferische Erbe des Bauhauses 1919–1933 (Studienreihe angewandte Kunst – Neuzeit; 1), Berlin 1963

Prigge, Walter (Hg.), Ernst Neufert: Normierte Baukultur im 20. Jahrhundert, München 1999

Reibestein, Dimitri, Die Formalismusdebatte Ost und der Bauhäusler Friedrich Karl Engemann. Untersuchung der allgemeinen Entwicklung bei Innenarchitektur und Möbelbau und konkrete Auswirkungen an der Kunsthochschule Burg Giebichenstein in Halle zwischen 1948 und 1958, Masterarbeit im Aufbaustudiengang design studies, Dessau/Halle 2013

Schädlich, Christian/Engelmann, Christine, Die Bauhausbauten in Dessau, Berlin 1998

Schnaidt, Claude, Hannes Meyer und das Bauhaus, in: form + zweck (1976), H. 6, S. 33–40

Schnaidt, Claude, Umweltbürger und Umweltmacher. Schriften 1964–1980, Dresden 1982

Schöbe, Lutz/Thöner, Wolfgang, Stiftung Bauhaus Dessau. Die Sammlung, Dessau 1995

Schöbe, Lutz, Mann im Schatten der großen Meister. Zum 100. Geburtstag von Friedrich Karl Engemann, in: Mitteldeutsche Zeitung, 28.5.1998

Schöbe, Lutz/Thöner, Wolfgang/Perren, Claudia (Hg.), Bauhaus Dessau. Die Sammlung, Bielefeld 2019

Schöbe, Lutz, Der Arbeitsplatz des Architekten, in: Bauhaus – Zeitschrift der Stiftung Bauhaus Dessau, 10. Jg. (2020), Ausgabe 12, S. 112–115

Schütte, Friedhelm, Berufserziehung zwischen Revolution und Nationalsozialismus, Weinheim 1992

Siebenbrodt, Michael/Schöbe, Lutz, Bauhaus 1919–1933, New York 2009

Simon, Svenja, Der Versuch der Wiedereröffnung des Bauhauses in Dessau nach 1945, in: Wolfgang Thöner/Stiftung Bauhaus Dessau (Hg.), … das Bauhaus zerstört 1945, 1947 das Bauhaus stört …, Dessau 1996, S. 8–34

Stiftung Bauhaus Dessau (Hg.), Die Dessauer Bauhausbauten, Leipzig 2016

Strob, Florian/Meyer, Thomas, Bauhaus Dessau Architektur, München 2019

Thöner, Wolfgang/Stiftung Bauhaus Dessau (Hg.), … das Bauhaus zerstört 1945, 1947 das Bauhaus stört …, Dessau 1996

Thöner, Wolfgang/Schöbe, Lutz, Klausur der Moderne. Das Bauhaus und Dessau, in: Dessauer Kalender 46, Dessau 2002

Thöner, Wolfgang, Zur Bauhausrezeption in Ostdeutschland 1945–1990, in: Wolfgang Thöner, Claudia Perren (Hg.), Fortschrittliches Bauhauserbe. Zur Entstehung einer ostdeutschen Bauhaussammlung, Dessau 2019

Thöner, Wolfgang/Strob, Florian/Schätzke, Andreas, Linke Waffe Kunst. Die Kommunistische Studentenfraktion am Bauhaus (Bauwelt Fundamente, Bd. 175), Basel 2022

Thormann, Olaf (Hg.), Bauhaus Sachsen, Leipzig 2019

Vahlen, Reinhard: Alte Burg = Moderne Formen, in: Hallesches Monatsheft, 1960, H. 8, S. 384 (Nachdruck aus „Für Dich“, Zeitschrift für die Jugend des VEB Leuna-Werke „Walter Ulbricht“, 1959, H. 1) [Engemann nicht namentlich, aber indirekt erwähnt]

Weber, Klaus (Hg.), Die Metallwerkstatt am Bauhaus, Berlin 1992

Wick, Rainer K., Bauhaus. Kunstschule der Moderne, Stuttgart 2000

Wingler, Hans Maria, Das Bauhaus. 1919–1933. Weimar, Dessau, Berlin und die Nachfolge in Chicago seit 1937, Köln 1962 (2., erw. Aufl. 2002)

Winkler, Klaus-Jürgen, Der Architekt Hannes Meyer. Anschauungen und Werk, Berlin 1989

Winkler, Klaus-Jürgen, Baulehre und Entwerfen am Bauhaus 1919–1933, Weimar 2003

Wölfel, Christian/Wölfel, Sylvia/Krzywinski, Jens (Hg.), Gutes Design. Martin Kelm und die Designförderung in der DDR, Dresden 2014 [Engemann erwähnt]

Bildnachweise

Umschlagmotiv: Friedrich Engemann, um 1930,
SBD, Inv.-Nr.: I 8408 F, Foto: unbekannt

1 Foto: unbekannt, © Christine Wendt-Engemann
2 SBD, Inv.-Nr.: I 8705 F, Foto: unbekannt
3 SBD, Inv.-Nr.: I 15037 F, Foto: unbekannt
4 SBD, Inv.-Nr.: I 8706 F, Foto: Felix Lichtnau
5 SBD, Inv.-Nr.: I 15046 F, Foto: Friedrich Engemann
6 SBD, Inv.-Nr.: I 8418 F, Foto: unbekannt
7 SBD, Inv.-Nr.: I 15038 F, Foto: unbekannt
8 SBD, Inv.-Nr.: I 44193, Foto: unbekannt
9 SBD, Inv.-Nr.: I 8219 D, Autor: Bauhaus Dessau, Hochschule für Gestaltung; Hannes Meyer
10 SBD, Inv.-Nr.: I 46048/1-2, Foto: Erich Consemüller
11 Junkers-Luftbild aus dem Nachlass von Friedrich Engemann, SBD, Inv.-Nr.: I 8428 F
12 SBD, Inv.-Nr.: I 17205 F, Foto: Friedrich Engemann
13 SBD, Inv.-Nr.: I 17204 F, Foto: Friedrich Engemann
14 SBD, Inv.-Nr.: I 8010 G, I 8011 G, Grafik: Friedrich Engemann
15 SBD, Inv.-Nr.: I 8017/1-2 G, Grafik: Friedrich Engemann
16 SBD, Inv.-Nr.: I 8423 F, Foto: unbekannt
17 SBD, Inv.-Nr.: I 17249/1 G, Grafik: Friedrich Engemann
18 SBD, Inv.-Nr.: I 16829 G, Grafik: Friedrich Engemann
19 SBD, Inv.-Nr.: I 9365 F, Foto: unbekannt
20 SBD, Inv.-Nr.: I 8355 D, Autor: unbekannt (Entwurf); Bauhaus Dessau
21 SBD, Inv.-Nr.: I 8447/1-6 D, Grafik: Hannes Meyer
22 SBD, Inv.-Nr.: I 18972 F, Foto: Stella Steyn
23 SBD, Inv.-Nr.: I 15081 G, Autor: Friedrich Engemann
24 SBD, Inv.-Nr.: I 8420 F, Foto: unbekannt
25 SBD, Inv.-Nr.: I 15032 F, Foto: Friedrich Engemann
26 SBD, Inv.-Nr.: I 6528 F, Foto: Pius Pahl
27 SBD, Inv.-Nr.: I 16767 G, Möbelentwurf: Gerd Balzer
28 SBD, Inv.-Nr.: I 8441 ZA, Autor: unbekannt
29 SBD, Inv.-Nr.: I 8517 F–I 8524 F, Fotos: Friedrich Engemann
30 SBD, Inv.-Nr.: I 15066 G, Zeichnung: Friedrich Engemann
31 SBD, Inv.-Nr.: I 36180, Grafik: Eduard Ludwig
32 SBD, Inv.-Nr.: I 50734, Foto: Waldemar Hüsing
33 SBD, Inv.-Nr.: I 8517 F, I 8519 F, Fotos: Friedrich Engemann
34 SBD, Inv.-Nr.: I 51681, Foto: Andreas Feininger
35 SBD, Inv.-Nr.: I 17311 F, Foto: unbekannt
36 Fotograf konnte nicht ermittelt werden
37 SBD, Inv.-Nr.: I 16725 G, Zeichnung: Friedrich Engemann
38 SBD, Inv.-Nr.: I 18916 G, Zeichnung: Carl Fieger
39 SBD, Inv.-Nr.: I 46951, Foto: Friedrich Engemann
40 SBD, Inv.-Nr.: I 16843 F–I 16858 F, Fotos: Friedrich Engemann
41 SBD, Inv.-Nr.: I 46926, Zeichnung: Friedrich Engemann
42 SBD, Inv.-Nr.: I 8416 F, Foto: unbekannt
43 SBD, Inv.-Nr.: I 16708 G, Zeichnung: Friedrich Engemann
44 SBD, Inv.-Nr.: I 17308 F, Fotos: Friedrich Engemann
45 SBD, Inv.-Nr.: I 16847 F– I 16850 F, Fotos: Friedrich Engemann
46 SBD, Inv.-Nr.: I 8421 F, Foto: unbekannt
47 SBD, Inv.-Nr.: I 8437 F, Foto: unbekannt
48 SBD, Inv.-Nr.: I 8417 F, Foto: Friedrich Engemann
49 SBD, Inv.-Nr.: I 8506 F, Foto: Friedrich Engemann
50 SBD, Inv.-Nr.: I 46936, Zeichnung: Friedrich Engemann
51 SBD, Inv.-Nr.: I 46784, I 8509 G, © Christine Wendt-Engemann/Foto: Gunter Binsack
52 SBD, Inv.-Nr.: I 8512 G, I 8515 G, Foto: Friedrich Engemann
53 SBD, Inv.-Nr.: I 17290 M, I 15057 G, © Christine Wendt-Engemann/Foto: Gunter Binsack
54 Foto in: bauhaus, zeitschrift für gestaltung, 2. Jg, Nr. 4, 1928, S.13
55 SBD, Inv.-Nr.: I 8512 G, I 8515 G, Foto: Friedrich Engemann
56 SBD, Inv.-Nr.: I 46783/1-4, Foto: Gunter Binsack
57 SBD, Inv.-Nr.: I 16866–16868 F, Fotos: Friedrich Engemann
58 SBD, Inv.-Nr.: I 8527 G, Autor: Bauhaus Dessau, Ausbau-Werkstatt
59 SBD, Inv.-Nr.: I 17262 G, Entwurf: Friedrich Engemann
60 Bauhaus Archiv Berlin
61 SBD, Inv.-Nr.: I 17289 M, © Christine Wendt-Engemann, Foto: Binsack, Gunter, 2018
62 SBD, Inv.-Nr.: I 15028 G, Autor: Friedrich Engemann
63 SBD, Inv.-Nr.: I 8759 G, I 758 F, Foto: Friedrich Engemann
64 SBD, Inv.-Nr.: I 7217/1-2 M, © (Brandt, Marianne (geb. Liebe)) VG Bild-Kunst, Bonn 2023/Foto: Gunter Binsack
65 SBD, Inv.-Nr.: I 8409 F, Foto: Friedrich Engemann
66 Foto aus: i10. Internationale Revue, 1927, H. 10, S. 350
67 SBD, Inv.-Nr.: I 16832 G, I 16833 G, Zeichnung: Friedrich Engemann
68 SBD, Inv.-Nr.: I 17264 G, Zeichnung: F. Zenke
69 SBD, Inv.-Nr.: I 16850 F, Foto: Friedrich Engemann
70 Besitz Christine Engemann
71 SBD, Inv.-Nr.: I 17263 G, Zeichnung: Friedrich Engemann
72 SBD, Inv.-Nr.: BA 40-A-Engemann-16(18), Foto: Archiv der Burg Giebichenstein Halle
73 SBD, Inv.-Nr.: I 15039 F, Fotograf: unbekannt
74 Burg-Archiv (Original Porträtsammlung, Repro Werner Ziegler)
75 Landesarchiv Sachsen-Anhalt, K 10 Ministerium für Volksbildung, Kunst und Wissenschaft, Nr. 6051, Bl. 53
76 Repro: Eberhard Renno/Weimar
77 Burg-Archiv, Inv.-Nr.: S 1.2.1, 2448, Foto: Heinz Valentin/Halle (Saale)
78 Burg-Archiv, Inv.-Nr. S 1.2.1, 8166, Foto: Karl August Harnisch/Halle (Saale)
79 Burg-Archiv, Inv.-Nr.: 40-R-IV-1, Foto: Eberhard Renno/Weimar
80 Burg-Archiv, Inv.-Nr. Z 10.2, 7, Repro: Eberhard Renno/Weimar
81 Burg-Archiv, Inv.-Nr. S 1.2.1, 8169, Foto: Walter Danz
82 Burg-Archiv, Inv.-Nr. S 1.2.1, 8170, Foto: Walter Danz
83 SBD, Inv. Nr.: I 46968 und I 46969, Foto: Friedrich Engemann (?)
84 Burg-Archiv, [40-R-III-001], historisches Foto: Karl August Harnisch, Inv.-Nr.: S 1.2.1, 5458 bzw. S 1.2.6, 226 (Auftrag im Rahmen des Nationalen Aufbauprogramms Berlin, Einrichtungsmöbel für den HO-Tabakwarenladen im Block Nord, Abschnitt E der Stalinallee in Berlin, insgesamt wurden drei Tische dieser Art gebaut)
85 Burg-Archiv, Inv.-Nr.: Z 10.2, 8
86 Burg-Archiv, Inv.-Nr.: S 1.2.1, 5481 bzw. S 1.2.6, 444, Foto: Karl August Harnisch/Halle (Saale)
87 Burg-Archiv, Inv.-Nr.: S 1.2.6, 953, Foto: Karl August Harnisch/Halle (Saale)
88 Burg-Archiv, Inv.-Nr.: S 1.2.6, 956, Foto: Karl August Harnisch/Halle (Saale)
89 Burg-Archiv, Inv.-Nr.: S 1.2.6, 347 und S 1.2.6, 346
90 SBD, Inv.-Nr.: I 8575 G, Zeichnung: Friedrich Engemann
91 Foto: Andreas Butter
92 Foto: Andreas Butter
93 Foto: Andreas Butter
94 Foto: Andreas Butter
95 Foto im Bestand Marlies Lott
96 Foto im Bestand Marlies Lott
97 in: Deutsche Architektur 21 (1972), H. 11
98 Sammlung Knut Müller
99 Foto im Bestand Marlies Lott
100 Foto im Bestand Marlies Lott
101 Foto im Bestand Marlies Lott
102 SBD, Inv.-Nr.: I 8745 F, Foto: unbekannt
103 SBD, Inv.-Nr.: I 15035 F, Foto: H. Lohoff,
104 SBD, Inv.-Nr.: I 15034 F, Foto: unbekannt

Trotz intensiver Recherchen konnten nicht alle Rechteinhaber und Urheber ausfindig gemacht werden. Für Informationen zur Ergänzung und Korrektur unserer Angaben sind wir dankbar.

Impressum

Friedrich Engemann
Vom Bauhauslehrer
zum Burgdozenten

Edition Bauhaus 63

Herausgegeben von der
Stiftung Bauhaus Dessau
Mit Textbeiträgen von
Lutz Schöbe,
Dr. Angela Dolgner und
Dr. Andreas Butter

Projektkoordination und Redaktion
Dr. Florian Strob

Wissenschaftliches Lektorat
Dr. Andreas Butter

Stilistisches Lektorat
Tanja Milewsky

Gestaltung
Yvonne Tenschert nach dem Erscheinungsbild
von Daniel Ober (Herburg Weiland)

Druck:
druckhaus köthen

Stiftung Bauhaus Dessau
Direktorin Dr. Barbara Steiner
Gropiusallee 38
06846 Dessau-Roßlau
bauhaus-dessau.de

mdv Mitteldeutscher Verlag GmbH
Rannische Straße 19
06108 Halle (Saale)
www.mitteldeutscherverlag.de

Die Stiftung Bauhaus Dessau ist eine gemeinnützige Stiftung öffentlichen Rechts. Sie wird institutionell gefördert durch die Beauftragte der Bundesregierung für Kultur und Medien, das Land Sachsen-Anhalt und die Stadt Dessau-Roßlau.

Die Beauftragte der Bundesregierung für Kultur und Medien

SACHSEN-ANHALT

Dessau
Roßlau

#moderndenken

Die Deutsche Nationalbibliothek verzeichnet diese Publikation in der Deutschen Nationalbibliografie; detaillierte bibliografische Daten sind im Internet über http://dnb.dnb.de abrufbar.

1. Auflage

ISBN 978-3-96311-899-9

Printed in Germany